PREMIERS LUNDIS

II

CALMANN LÉVY, ÉDITEUR.

OUVRAGES
DE C.-A. SAINTE-BEUVE
DE L'ACADÉMIE FRANÇAISE
Format grand in-8

NOUVEAUX LUNDIS....................................	13 vol
PREMIERS LUNDIS......................................	3 —
PORTRAITS COMTEMPORAINS, nouvelle édit., très augmentée.	5 —
CHATEAUBRIAND ET SON GROUPE LITTÉRAIRE SOUS L'EMPIRE, nouvelle édition, augmentée de notes de l'auteur.....	2 —
LE CLOU D'OR. — La Pendule, avec une préface de M. Jules Troubat...	1 —
CORRESPONDANCE (1822-1869)........................	2 —
ÉTUDE SUR VIRGILE, suivie d'une étude sur Quintus de Smyrne, nouvelle édition........................	1 —
P.-J. PROUDHON, sa Vie et sa Correspondance, 3ᵉ édition..	1 —
SOUVENIRS ET INDISCRÉTIONS. — Le dîner du vendredi-saint, 2ᵉ édition.....................................	1 —
LETTRES A LA PRINCESSE, 3ᵉ édition.....................	1 —
MADAME DESBORDES-VALMORE...........................	1 —
LE GÉNÉRAL JOMINI, 2ᵉ édition........................	1 —
MONSIEUR DE TALLEYRAND, 2ᵉ édition..................	1 —
A PROPOS DES BIBLIOTHÈQUES POPULAIRES...... Brochure.	
DE LA LIBERTÉ DE L'ENSEIGNEMENT SUPÉRIEUR.	—
DE LA LOI SUR LA PRESSE.............................	—

POÉSIES COMPLÈTES
Nouvelle édition revue et très-augmentée
DEUX BEAUX VOLUMES IN-8

BOURLOTON. — Imprimeries réunies, B.

PREMIERS LUNDIS

PAR

C.-A. SAINTE-BEUVE
DE L'ACADÉMIE FRANÇAISE

—

TOME DEUXIÈME

NOUVELLE ÉDITION

PARIS
CALMANN LÉVY, ÉDITEUR
ANCIENNE MAISON MICHEL LÉVY FRÈRES
3, RUE AUBER, 3

—

1885

Droits de reproduction et de traduction réservés

PREMIERS LUNDIS

13 décembre 1830.

JOUFFROY

COURS DE PHILOSOPHIE MODERNE.

I

L'éclectisme, silencieux depuis longtemps, a repris la parole avant-hier.

M. Cousin ayant abandonné la chaire d'histoire de la philosophie moderne, un homme autrefois son disciple, aujourd'hui maître, et maître en apparence peu soucieux de se rattacher à l'école du traducteur de Platon, M. Jouffroy a recommencé le cours devant un auditoire nombreux. L'objet de la séance a été de poser la question de la destinée de l'homme et de l'humanité. En voici le résumé :

« Aujourd'hui les destinées de l'homme et de l'humanité s'agitent ; elles sont représentées par le pays qui a toujours marché à la tête de la civilisation moderne, en sorte que, si ces destinées peuvent être trouvées par la France, elles le seront pour l'Europe et pour le monde entier.

« Je viens poser devant vous le problème moral de l'homme et chercher à le résoudre, *autant que cela m'est possible dans un* COURS DE PHILOSOPHIE.

« Lorsque nous contemplons cet univers, nous y voyons un ensemble, une harmonie admirable; tout se tient, tout s'enchaîne. Il a été créé pour une fin; *il a une destination;* de même chaque partie a une fin, une destination. La vie d'un être, c'est le développement de sa nature vers l'accomplissement de sa destinée; mais tous les êtres n'ont pas conscience de la *fin* pour laquelle ils ont été créés.

« Le caillou, la plante, ne sentent pas dans quel but ils existent ; ils n'ont ni bonheur ni malheur quand on favorise ou que l'on arrête leur développement ; brisez ou polissez le caillou, coupez ou arrosez la plante, ils ne souffrent ni ne jouissent, du moins nous le croyons. Ils ne savent pas quelle est leur destinée, ils n'ont pas d'intelligence. L'animal jouit et souffre ; il compare des objets différents, et se dirige vers celui qui peut le mieux satisfaire ses appétits; il est intelligent ; mais ce sentiment et cette intelligence sont bornés : ils ne vont pas au delà de la satisfaction présente des besoins les plus grossiers.

« Pour tous ces êtres n'existe pas le problème moral de la destinée : ils naissent, ils vivent, ils meurent, sans se demander d'où ils viennent, pourquoi ils sont, où ils vont.

« Il en est bien autrement de l'homme. Placé sur cette terre, d'abord il trouve qu'elle contient tout ce qu'il faut pour satisfaire ses besoins : c'est l'âge des espérances, des illusions.

« Puis, en se développant, il voit beaucoup de choses lui échapper, beaucoup de ses espérances trompées, de ses besoins non satisfaits ; il souffre, il se plaint, c'est l'âge des déceptions, des désenchantements.

« Alors l'homme se pose cette terrible question : D'où viens-je, pourquoi suis-je venu ? où vais-je ? Alors le problème moral de sa destinée pèse sur lui de tout son poids.

« Il n'est pas d'homme qui n'ait eu une heure, un moment dans sa vie où il ne se soit adressé cette question désespérante. Nul, nul ne peut y échapper, depuis le pâtre sur le sommet des montagnes, jusqu'au savant le plus illustre. Accablé, tourmenté, poursuivi sans cesse par le besoin d'une solution, il tombe dans la mélancolie. La poésie est l'expression de ce tourment de l'âme ; il n'y en a pas d'autre, c'est la poésie de Lamartine.

« Mais le problème moral de la destinée de l'homme est identique au problème moral de la destinée de l'humanité.

« Voici des races d'hommes qui descendent du sommet des plateaux de l'Asie ; ils n'ont pas de commencement, ils n'ont pas d'histoire ; ils fondent des villes, des empires qui passent.

« Voici, en Europe, des races d'hommes dont on ignore encore les commencements, l'histoire; ils fondent des villes, des empires; c'est la Grèce, elle n'est plus!... Une race d'hommes différente encore est venue qui a détruit celle qui l'avait précédée, qui a fondé des villes et des empires, apporté une civilisation nouvelle, elle n'est plus !.. Voici des races d'hommes sorties des forêts de la Germanie, qui fondent aussi des villes et des empires, apportent une civilisation nouvelle transformée par le christianisme. Voici encore, en Afrique, une race d'hommes qui ont le crâne, la peau, l'intelligence, faits d'une autre manière. Voici, dans les deux Amériques, encore d'autres races d'hommes.

« La science moderne, en fouillant cette terre, a découvert les restes informes de races d'hommes, d'espèces informes aussi, immenses; ... d'autres mondes, d'autres globes existent, auprès desquels celui-ci n'est rien... Les royaumes se succèdent et se détruisent; une civilisation est remplacée par une civilisation. Les peuples se suivent, se ruent les uns sur les autres, sans rime ni raison, sans que l'on puisse expliquer toute cette agitation.

« Ici encore arrive la formidable question de la destinée... Qu'est-ce que l'humanité? D'où vient l'humanité? Où va l'humanité?

« En voilà qui disent qu'elle retourne éternellement sur elle-même,... ceux-ci qu'elle rétrograde, ... d'autres qu'elle est perfectible... Quelle est la réponse à cette question, qui est une, indivisible ?...

« C'est la religion et la philosophie qui sont chargées de la donner. Vous ne comprendrez jamais le sentiment religieux ; vous ne saurez jamais ce que c'est qu'une religion, si, par malheur, vous ne vous êtes jamais demandé d'où vous veniez ? pourquoi vous étiez venus ? où vous alliez ?

« Qu'est-ce que la philosophie ? C'est précisément la *recherche* de la solution de cet éternel problème. Dans les premiers temps de l'humanité, la *raison* de l'homme étant peu développée, c'est l'imagination qui domine ; alors il parle par images figurées ; alors il faut des formes à l'expression de ses idées, de sa raison ; il croit à des causes surnaturelles : c'est le règne de la religion. Puis, par les progrès de la civilisation, ses idées se dégagent ; il ne sent plus le besoin de figures, de symboles, il devient mûr pour connaître la vérité sans voile ; sa raison peut se passer de formes ; c'est le règne de la philosophie.

« Toute religion, toute philosophie, doivent contenir la réponse à toutes les questions de l'homme sur sa destinée. C'est par ce moyen que vous pourrez reconnaître si une religion et une philosophie sont une véritable religion, une véritable philosophie.

« Dans la philosophie, prenez Épicure (il ne s'agit pas ici de la vérité de son système), de même vous trouverez la réponse à toutes les questions sur la destinée de l'homme, de la société, de l'humanité.

« Il faut toujours à l'homme une solution quelconque sur ce problème de sa destination. Il souffre quand il ne la possède pas, ou bien quand il ne croit plus à celle qui lui a été donnée.

« La vie de l'humanité est ainsi divisée. Dans un temps donné une solution est présentée en rapport avec sa raison, à cette époque ; elle l'adopte et y croit ; puis la solution incomplète ne suffit plus : alors l'humanité veut la détruire ; elle la combat : à cette époque elle a la *foi* de la destruction. Elle passe alternativement par des époques critiques et des époques *fondatrices*, alors qu'un dogme est renversé et qu'un autre commence.

« Aujourd'hui nous sommes arrivés à une de ces époques critiques où l'ancienne solution, l'ancien dogme ne suffisent plus. La plus grande anarchie règne dans la société, dans les intelligences, mais cette anarchie n'existe que dans les classes supérieures. Les masses, elles, ont encore cette haine, cette foi de destruction contre l'ancien dogme qui leur tient lieu de religion ; mais quand cette foi elle-même n'existera plus, alors les plus grands désordres auraient lieu si une nouvelle solution ne se présentait. Il faut donc travailler à la chercher.

« Il ne peut y avoir de religion aujourd'hui. Ce qui distingue une *religion, c'est l'inspiration et certaines formes particulières.* Or la raison est émancipée, elle peut se passer de ces formes.

« *Les prétentions d'une religion qui aujourd'hui se donne mission d'annoncer la nouvelle solution du problème moral de la destinée de l'homme sont donc tout à fait inadmissibles et impossibles à réaliser.*

« Quant à nous, qui nous adressons à un auditoire éclairé au milieu duquel les masses n'entrent pas, notre tâche est de rechercher les bases de ce problème avec les lumières de notre raison. Je ne vous promets pas de trouver la solution ; mon but seulement est de faire des essais sur cette recherche. »

Nous avons retranché de ce résumé rapide, mais complet, les développements brillants donnés par le professeur. Comme nous nous proposons de suivre le cours, nous reprendrons en détail toutes les opinions philosophiques ; aujourd'hui, nous nous contenterons de faire quelques observations générales.

Nous féliciterons M. Jouffroy d'être sorti enfin de tout le passé dans lequel il se plongeait pour l'explorer, l'inventorier à plaisir, sans jamais rien en tirer de vivant pour l'avenir de l'humanité. Il se transporte dans le présent, au milieu des sympathies, des pensées, des besoins de la société actuelle, pour interroger ses désirs, s'inspirer de ses misères, de ses espérances, et pénétrer le mystère de ses destinées futures.

M. Jouffroy nous semble, en se plaçant sur ce terrain, avoir abjuré la philosophie de son maître. Car M. Cousin a vu toutes les destinées de l'humanité accomplies dans l'éclectisme réalisé socialement par la Charte, en dehors de laquelle il ne pouvait rien concevoir pour l'espèce humaine. Et voilà son disciple qui remet en question l'avenir de la société, et qui annonce qu'il vient chercher les destinées de l'homme et résoudre ce problème moral, *autant que cela est possible dans un cours de philosophie*. Nous pensons que le professeur n'a pas senti toute la portée de cette réticence qui prouve qu'il ne se croit pas appelé à trouver cette solution, et qu'il pressent l'impuissance de la philosophie pour la lui révéler. Toutefois, dans le développement de l'humanité, il a su voir la philosophie répondant à tous les doutes, résolvant toutes les questions contenues dans le grand problème de la destinée de l'homme, apaisant les tourments excités dans son cœur par l'incertitude sur son passé et son avenir. Il réserve la religion pour l'humanité naïve et poétique qui, dans son enfance, ne peut recevoir la solution de ses doutes sur sa destination que sous des figures pittoresques, des formes animées. Mais dans un âge mûr, après tous les progrès de la civilisation, *sa raison* n'a plus besoin de formes pour comprendre ; elle saisit la vérité dans toute sa nudité naturelle, et c'est la philosophie qui vient lui enseigner ses destinées.

En vérité, nous plaignons bien l'humanité s'il en est ainsi. M. Jouffroy nous a éloquemment peint ses souffrances quand elle doute, quand elle se demande avec anxiété d'où elle vient, pourquoi elle est venue, où elle va, et qu'aucune réponse ne lui est donnée à laquelle elle puisse croire avec amour.

Or si la philosophie seule est appelée à donner pour

l'avenir cette solution, c'en est fait de l'humanité, et de son bonheur, et de ce repos, de ce calme après lequel elle soupire avec tant d'ardeur, car la philosophie est impuissante pour la faire croire, pour lui donner de la foi à ses destinées.

Dans le passé, je vois des hommes réunis en société par la *religion*, je les vois marcher vers un but commun, une destinée commune, auxquels ils croient, unis par la *religion* ; je vois des Perses, des Égyptiens, des Juifs, des Grecs, des Romains, des chrétiens, toutes sociétés *religieuses* dans lesquelles la religion avait résolu, à la satisfaction de tous, le problème de la destination de l'homme ; mais je ne connais pas de société aristotélique, platonicienne, épicurienne, cartésienne, newtonienne, leibnitzienne, etc., etc. ; enfin je ne connais pas de philosophie qui ait pu réunir en société un certain nombre d'hommes ayant *foi* à la *solution* qu'elle leur présentait, et se dirigeant d'après cette croyance.

Pourquoi donc la religion ne viendrait-elle pas révéler à l'humanité sa destination nouvelle ? Pourquoi la philosophie prendrait-elle aujourd'hui une attitude qu'elle n'a jamais eue dans l'histoire ? Selon M. Jouffroy le caractère de la religion, c'est l'inspiration, et non *certaines formes* qui constituent le culte. *Or ce n'est plus le temps de l'inspiration*, dit-il, *aujourd'hui on n'a plus besoin de formes religieuses.*

Il y a bien des erreurs dans toutes ces assertions. M. Cousin a déjà exprimé de cette manière le rapport de la philosophie et de la religion. Cette vue est empruntée au système philosophique de Hegel. Le célèbre professeur de Berlin regarde la religion ou le sentiment comme le premier moment du développement de l'humanité, la philosophie ou la raison ou la réflexion comme le dernier moment, l'art qui représente la forme étant le terme intermédiaire de cette évolution ; aussi, à ses yeux, la nouvelle époque de l'histoire où nous allons entrer ne sera pas autre chose que la religion chrétienne passée à l'état de philosophie, ou, comme il dit, ayant acquis la *conscience de soi*.

Nous ne nous proposons pas aujourd'hui d'engager la discussion sur ce point, nous nous contenterons d'exprimer dogmatiquement nos idées.

Toute religion a eu sa foi pour satisfaire le sentiment, son dogme pour donner à sa foi la justification du raisonnement, et son culte pour la réaliser ; tout ce qui est, pour l'homme, doit apparaître sous ce triple aspect.

L'inspiration est donc, aussi bien que le raisonnement, du domaine de la philosophie, et celle-ci a aussi sa forme particulière ; mais la philosophie représente le moment du développement de l'homme où l'inspiration, la raison et l'action se manifestent surtout par la destruction. Si aucune religion ne satisfait complétement la *raison* des philosophes de nos jours, ils devraient voir aussi qu'aucune religion ne satisfait toutes leurs *sympathies*, ne règle tous les *actes* qu'ils doivent accomplir comme hommes et comme êtres sociaux. Lors donc que M. Jouffroy manifeste de la répugnance pour la *forme religieuse*, sa raison ne se rend pas bien compte du sentiment qu'il éprouve. Habitué à certaines *formes* du passé dans lesquelles il reconnaît le caractère religieux, il ne peut se décider à admettre comme religion toute pensée qui ne se manifeste pas sous une de ces *formes*. Il ressemble, sous ce rapport, aux païens, qui ont toujours nié au christianisme naissant qu'il fût une religion, parce qu'il n'apparaissait sous aucune des *formes* reconnues. C'est là sans doute ce qui a porté M. Jouffroy à soutenir que les *prétentions d'une religion nouvelle qui s'annonçait comme venant résoudre le problème moral de la destinée de l'homme étaient tout à fait inadmissibles.*

Quant à lui, ses prétentions ne sont pas si élevées : il veut chercher, voilà tout ; il cherche ; et cependant il nous l'a dit : l'humanité souffre, l'anarchie est dans la société, le désordre moral et intellectuel dans les classes supérieures ; *les plus grands malheurs éclateraient si ce désordre pénétrait plus avant dans les classes inférieures.* Mais il nous semble que de tout cela on devrait conclure, au contraire, ou qu'il est trop tard pour *chercher*, et que l'humanité est perdue, ou bien que la solution dont dépend le bonheur de l'humanité est trouvée, et existe quelque part. Dans ce dernier cas, des esprits aussi distingués serviraient beaucoup mieux la société en se dévouant à répandre la solution nouvelle, au lieu de se consumer vainement en essais, en fragments, en traductions ; et disons-le en passant, rien n'atteste mieux l'impuissance de l'éclectisme que les travaux qu'il a produits. Là, en effet, rien de neuf, rien d'original. Platon et Proclus, Descartes, Reid et quelques lambeaux de Kant, puis des préfaces, des notices et bon nombre de sublimes promesses; et enfin cette étrange prophétie que tout l'avenir de l'humanité se trouvait dans le christianisme et dans la charte de la Restauration ! En vérité, après le démenti donné le 29 juillet à tous ces prophètes du passé, nous concevons leur peu de foi en eux-mêmes et dans leurs recherches futures, et nous avons droit de leur demander pourquoi ils passent outre à la recherche timide de ce problème social, lorsque déjà se sont élevés des hommes qui proclament l'avoir résolu. Il nous semble qu'au moins la haute impartialité de l'éclectisme devrait s'arrêter quelque temps devant cette solution nouvelle, *quelle qu'elle fût*, et ne la déclarer insuffisante ou inopportune qu'après un examen *raisonné*.

Au reste, au moment où l'on pourrait reprocher à M. Jouffroy de glisser un peu légèrement sur cette solution, il a prouvé qu'il en connaissait assez bien quelques-unes des applications au développement historique de l'humanité. Ainsi il reconnaît dans l'histoire deux grandes divisions.

Les époques où un dogme règne, dans lesquelles l'humanité connaît sa destination et y croit ; et les époques où un dogme finit, dans lesquelles l'humanité ne se conçoit plus de destination, doute et cherche : les

premières, il les appelle des époques *fondatrices*; les secondes, des époques *critiques*. Voici le texte de ce qui a été dit à ce sujet, par l'école de Saint-Simon, dans le volume d'exposition qu'elle a publié cette année : «La loi du développement de l'humanité, révé-
« lée au génie de Saint-Simon et vérifiée par lui sur une
« longue série historique, nous montre deux états dis-
« tincts et alternatifs : l'un, que nous appelons *état or-*
« *ganique*, où tous les faits de l'activité humaine sont
« classés, prévus, ordonnés par une théorie générale,
« où le *but* de l'action sociale est nettement défini; l'au-
« tre, que nous nommons *état critique*, où toute commu-
« nion de pensée, toute action d'ensemble, toute coor-
« dination a cessé, et où la société ne présente plus
« qu'une agglomération d'individus isolés et luttant les
« uns contre les autres. » (Vol. I, page 19.)

Nous ne voyons pas pourquoi M. Jouffroy substitue le nom d'*époques fondatrices* à celui d'*époques organiques*, donné par Saint-Simon aux époques religieuses. Ce n'est pas l'époque qui fonde, pas plus que ce n'est la *raison* qui gouverne, et cette observation, puérile en d'autres occasions, est fort utile à faire aux philosophes qui cachent toujours les hommes vivants derrière de mystiques abstractions. L'époque *organique* est toujours fondée par un homme, et les hommes qui organisent ne sont pas des philosophes, mais des *révélateurs*.

27 décembre 1830.

JOUFFROY

COURS DE PHILOSOPHIE MODERNE.

II

L'humanité est arrivée, a dit l'éloquent professeur, à une de ces époques où l'inquiétude la saisit, où elle s'agite confusément en proie à un malaise profond ; où, après avoir renversé par une révolte glorieuse les obstacles qui la retenaient dans sa marche, et avoir brisé son antique lien, devenu trop étroit pour elle et trop douloureux, elle s'arrête, tourne un instant sur elle-même, interrogeant chaque point de l'horizon, se demandant et demandant à son histoire passée et à tout ce qui l'entoure où elle va, d'où elle vient, et la raison de ce qu'elle a fait, et la règle de ce qui lui reste à faire ; la loi, en un mot, de son progrès et de sa vie. Or, a dit M. Jouffroy, l'humanité est composée d'individus ; la destinée de l'humanité ne saurait être autre que la destinée des hommes qui la composent. Pour connaître donc et déterminer la destinée de l'espèce, il suffit de bien connaître et de bien déterminer la destinée de l'individu ; et pour bien connaître la destinée de l'individu, c'est-à-dire ce qu'il est, d'où il vient, où il va, ou, en d'autres termes, sa nature, son origine et sa fin ; il faut l'observer en lui-même et directement, le soumettre à la méthode expérimentale de Bacon transportée dans les faits de conscience. *Un individu humain quelconque, bien organisé toutefois, pris au hasard dans l'époque présente ou dans toute autre époque, et se traitant lui-même par la méthode expérimentale intérieure, découvrira, autant qu'il est donné à l'homme de le faire, sa destinée propre, et la destinée des autres hommes ses semblables, et la destinée de l'espèce tout entière ; il saura déterminer, autant que cela nous est possible, la loi du passé et de l'avenir de l'humanité.* On peut ainsi résumer et formuler la pensée de M. Jouffroy et celle des autres philosophes psychologistes.

Une telle prétention, selon nous, est tout à fait exorbitante et chimérique. La destinée de l'humanité n'est aucunement donnée par la destinée d'un individu humain quelconque à une époque quelconque ; de plus, la destinée de l'individu ne peut pas se déterminer directement et par l'analyse abstraite du *moi*, indépendamment de l'action et de la réaction perpétuelle qui lie cet individu à la nature et à l'humanité. Si l'on entend, comme Hegel et M. Cousin, que l'humanité se développe à la manière de l'individu; que les périodes de l'une répondent aux âges de l'autre; que dans son enfance elle débute par la spontanéité et la religion, pour arriver dans son âge mûr à la réflexion et à la science, il est bien vrai, en ce sens, de dire que la destinée de l'espèce peut se lire en raccourci dans celle de l'individu; mais, après quelques rapprochements ingénieux, quelques perspectives neuves du passé, il faut bientôt quitter ce point de vue trop hasardeux, trop vague, et duquel on ne tire rien de certain ni de vivant sur l'avenir.

M. Jouffroy au reste ne se pose pas la question dans ce sens; il entend surtout par *destinée* de l'individu, la fin pour laquelle le *moi* a été placé sur la terre, eu égard à ce qu'il était avant cette vie et à ce qu'il deviendra après la mort. Or l'humanité, dans le sens où il l'entend, l'humanité, collection et succession de tous les individus humains, n'a pas d'âme, n'a pas de vie antérieure, n'a pas de vie ultérieure; elle n'a qu'un développement historique; ce qu'on peut entendre par sa *destinée* ne saurait signifier relativement à elle ce que signifie le mot de *destinée* appliqué à l'homme. C'est nous donner le change et se payer de mots, que d'identifier le problème de la destinée de l'humanité avec celui de la destinée du *moi;* la métaphysique et la psychologie ne détermineront pas l'histoire; l'individu quelconque, s'observant isolément d'après la méthode expérimentale appliquée aux faits de conscience, n'atteindra que certaines formes constantes de sa nature, certains éléments abstraits de son esprit; il n'acquerra que des probabilités éloignées sur l'immortalité de son âme, et il ne sera nullement en droit ni en mesure de conclure de là au développement de l'espèce à travers les siècles, à l'explication de sa perfectibilité croissante, de son émancipation progressive, de ses conquêtes au sein de la nature; à la prédiction de son avenir sur cette terre; pas plus que le chimiste habile qui aurait décomposé et analysé une portion du lobe gauche ou droit du cerveau humain, qui aurait vu certains gaz se sublimer et certains sels se déposer, ne serait en mesure ni en droit de conclure de cette décomposition morte à la loi physiologique du règne animal et de ses évolutions organiques.

Mais si, comme nous n'en doutons pas, l'humanité est autre chose qu'une collection et qu'une succession d'individus; si elle existe et vit par elle-même en présence de la nature; si, comme la nature et à un plus haut degré encore, elle est une manifestation incessamment perfectible de Dieu; si l'humanité, en un mot, vit et se développe en Dieu, et l'homme dans l'humanité, à plus forte raison alors ne sera-t-il pas permis d'isoler l'homme et de l'interroger uniquement dans son *moi* pour lui faire rendre l'oracle de la destinée sociale et humaine, *destinée* qui aura recouvré en ce cas son acception la plus profonde et la plus sublime. La vie de l'homme en effet lui afflue de tous côtés par les relations qu'il soutient avec les autres hommes et avec la nature ; cette vie qu'il reçoit de l'univers, il la rend, il la rayonne à son tour en vertu d'une force propre et d'un foyer intérieur. Être sentimental, intelligent et actif [1], il n'est tout cela que par ses rapports avec l'humanité et la nature, c'est-à-dire avec Dieu. Il est une molécule vivante, incessamment excitée et modifiée par l'organisme social dont elle fait partie intégrante ; arrêter la molécule, la monade, au point où on la trouve, la détacher du tout, la soumettre au microscope ou au creuset expérimental, la retourner, la décomposer, la dissoudre, et conclure de là à la nature et à la destinée du tout, c'est absurde ; conclure seulement à la nature et à la destinée de la molécule, c'est encore se méprendre étrangement ; c'est supprimer d'abord, dût-on y revenir plus tard et trop tard, c'est supprimer le mode d'in-

---

[1]. Il ne faut pas prendre ici l'expression *actif* dans le sens que lui donnent les psychologistes. Eux aussi ont parlé de l'*activité* de l'homme, mais ce n'a jamais été que de l'*activité* de la substance *esprit*, et à cet égard ils se sont montrés, comme toujours, sous l'influence de la conception chrétienne, qui confond la *volonté* avec l'*acte*. Une pareille vue de la nature humaine est évidemment fausse et incomplète : car elle ne peut donner le passage du *moi* à la nature extérieure. Pour nous, l'acte se rapporte toujours au rapport que le *moi* établit entre lui et l'extérieur ; par conséquent, lorsque nous parlons d'*activité*, c'est de l'action matérielle de l'homme sur l'univers et de sa puissance motrice qu'il est question. Ce que les psychologues appellent l'activité du *moi*, nous l'appelons la *vie*, le *sentiment*, l'*amour*.

fluence que l'individu reçoit du tout, à peu près comme Condillac faisait pour les détails organiques de sa statue, qu'il recomposait ensuite pièce à pièce sans jamais parvenir à l'animer ; c'est, comme lui, par cette suppression arbitraire, rompre l'équilibre dans les facultés du *moi* et se donner à observer une nature humaine qui n'est plus la véritable et complète nature ; c'est décerner d'emblée à la partie rationnelle de nous-mêmes une supériorité sur les facultés sentimentale et active, une souveraineté de contrôle qu'une vue plus générale de l'humanité dans ses phases successives ne justifierait pas ; c'est immobiliser la monade humaine, lui couper la source intarissable de vie et de perfectibilité ; c'est raisonner comme si elle n'avait jamais été modifiée, transformée et perfectionnée par l'action du tout, ou du moins comme si elle ne pouvait plus l'être ; c'est supposer gratuitement, et le lendemain du jour où l'humanité a acquis la conscience réfléchie de sa perfectibilité, que l'individu de 1830, le chrétien indifférent et sans foi, ne croyant qu'à sa raison personnelle, porte en lui, indépendamment de ce qui pourrait lui venir du dehors, indépendamment de toute conception sociale et de toute interprétation nouvelle de la nature, un avenir facile et paisible qui va découler, pour chacun, des opinions et des habitudes mi-partie chrétiennes, mi-partie philosophiques, mélangées à toutes doses.

Car, remarquons-le bien, la psychologie, science qui,

de son aveu, est essentiellement expérimentale et analytique, bien qu'à son insu elle implique bien des suppositions et des croyances préalables, la psychologie décrit, décompose et classe ; elle fait l'inventaire de ce qui est, mais elle n'invente pas. Elle constate quelques lois de notre esprit et de nos facultés ; mais on obéissait à ces lois sans elle. Entre les mains d'observateurs habiles comme le sont MM. Jouffroy et Damiron, elle est merveilleuse à décrire jusque dans leurs moindres nuances les idées, les sentiments, les habitudes logiques de l'individu de nos jours, tel que le christianisme *moins la foi,* tel que le christianisme devenu philosophie l'a élaboré ; elle analyse avec beaucoup de sagacité le dernier produit intellectuel de la civilisation chrétienne, mais sans portée pour nous expliquer la formation antérieure de ce produit, sans puissance pour le féconder et le transformer. Quand elle se hasarde à des inductions sur l'avenir de l'homme, ce ne sont que des inductions sur l'avenir du *moi*, et ces inductions supposent toujours que la dernière grande évolution sociale est accomplie en ce monde ; c'est toujours d'après cette hypothèse que la psychologie s'enquiert des conséquences probables de destinée personnelle auxquelles l'individu est sujet, et dans cette recherche elle ne sort pas un seul instant du point de vue chrétien ; elle se pose l'âme comme substance distincte de la matière, Dieu comme un pur esprit, et l'autre vie comme n'étant pas de ce monde.

Il faudrait donc admettre, pour que les inductions que la psychologie prétend tirer du *moi* présent à l'avenir de l'humanité fussent légitimes, que toutes les grandes évolutions du *moi* eussent achevé leur cours, et que de plus il existât une sorte d'égalité psychologique entre tous les individus, entre tous les *moi* de l'humanité adulte; de sorte qu'un de ces *moi* quelconque, s'observant lui-même par une bonne méthode, arrivât aux mêmes résultats que les autres *moi* ses semblables. Mais dans le cas où l'humanité ne serait pas encore tout à fait adulte et où elle n'aurait pas entièrement accompli, selon l'idée de Lessing, *son éducation sous la main de Dieu*, la psychologie actuelle ne serait pas elle-même définitive ni concluante, pas plus que celle de l'enfant ou de l'adolescent, par rapport à la condition de l'homme fait. Une psychologie est toujours subordonnée à la dernière révélation qui a transformé l'homme; nos psychologistes d'aujourd'hui demeurent, sans le savoir, sous l'influence de Jésus et des deux natures qu'il nous a révélées. Si nous devons enfin sortir de ce point de vue pour nous élever à une conception plus compréhensive, la psychologie est impuissante pour le savoir et pour nous le dire; car elle suppose l'égalité essentielle des *moi* contemporains; car elle opère sur un *moi* quelconque actuel; et ce n'est jamais dans un *moi* quelconque que se découvre l'idée d'un progrès futur de l'humanité. Tant qu'une révélation reste à faire, et lorsque l'époque en est venue, le seul grand psychologiste possible, le seul psychologiste capable de tirer directement de l'observation individuelle l'avenir de l'humanité, c'est le révélateur lui-même ; car déjà l'humanité transformée vit en lui et remplit son *moi*; mais ce révélateur alors ne s'amuse jamais à faire une psychologie, il fonde une religion.

« Une *religion!* nous répondra M. Jouffroy ; je dis précisément qu'il n'y a plus de *religion* possible, parce que le temps de l'*inspiration* est passé, et que désormais la raison seule domine. » Mais M. Jouffroy, selon nous, se fait des idées tout à fait inexactes de ce que c'est que *religion* et *inspiration*.

Le fait essentiel d'une religion d'après lui, est de résoudre la question du passé et de l'avenir de l'homme, mais de son passé et de son avenir en une autre vie, de son passé et de son avenir *métaphysiques* en quelque sorte. Il se figure d'ailleurs et il professe que les vraies religions se font toutes seules, d'elles-mêmes, par tout le monde, et qu'on ne les fait pas; de sorte que ce révélateur, en chaque religion, serait à peu près un être superflu.

Aux époques où l'humanité brise les liens qui l'unissaient sympathiquement à ce qui l'entoure, et où ses propres parties éparses luttent et se dévorent entre elles, quand la plus grande ardeur de destruction est calmée, une anxiété profonde succède; le malaise moral et la misère matérielle rongent le corps social par sa double extrémité ; un vague et confus besoin d'association se fait sentir et s'exhale en gémissements mal définis, en mouvements désordonnés ; les uns ont faim de *pain*, les autres ont soif de *parole ;* tous sont malades et aspirent à la vie. Alors l'homme élu, dans les entrailles duquel toutes les souffrances de l'humanité doivent retentir ; qui doit sentir en son sein s'amasser douloureusement un amour immense ; qui doit concevoir en sa tête féconde la forme nouvelle, plus large et plus heureuse, de l'association humaine ; cet homme vraiment divin, ce poëte, cet artiste, ce révélateur fils de Dieu, est déjà né ; que ce soit Moïse, Orphée, Jésus, Confucius ou Mahomet, il grandit, se développe miraculeusement, se perfectionne avant tous ses contemporains ; véritable fruit providentiel, il mûrit et se dore sous un soleil encore voilé pour d'autres, mais dont la chaleur lui arrive déjà, à lui, parce qu'il est au foyer de l'univers, et qu'il ne perd pas un seul des rayons de Dieu. Il est l'homme unique, l'homme nécessaire, l'organe et l'oracle de l'humanité, celui qu'elle enfante et celui qui la régénère ; il est inspiré.

Selon les temps, cette inspiration diffère ; la voir invariablement sous certaines formes déjà produites, c'est ne pas aller au fond et en prendre une pauvre idée. L'inspiration réelle des grands artistes révélateurs ne consiste pas le moins du monde dans quelques phénomènes d'hallucinations auxquels leur nature fortement sentimentale est parfois sujette. Ce sont là des symptômes variables, des accidents nerveux qui doivent se produire beaucoup moins fréquemment aujourd'hui que la nature en est mieux connue ; car, on le sait, une des conditions principales pour que ces accidents se produisent, c'est qu'on en ignore la nature. Quand donc ces accompagnements ordinaires de l'inspiration dans le passé ne devraient plus se reproduire aujourd'hui, l'inspiration ne serait point détruite par cela. Dire qu'une nouvelle religion est impossible parce qu'elle ne saurait plus offrir ces phénomènes singuliers qui ont entouré le berceau des religions anciennes, c'est se prendre aux apparences et ne pas tenir compte des circonstances différentes ; c'est comme si l'on objectait aux philosophes eux-mêmes que toute philosophie est désormais impossible, parce que Socrate, leur père, croyait à un démon familier, et que pareille chose probablement n'arrivera plus.

Dans le cas présent d'ailleurs, il est une raison profonde pour que l'inspiration soit dégagée de toutes ces apparitions, de tous ces messages angéliques ou diaboliques qu'elle évoquait à sa suite dans le passé. Du moment que Dieu n'est plus conçu comme un être à part et hors du monde, du moment qu'il est inséparable de la nature et de l'humanité, et qu'il se manifeste uniquement en elles et par elles, du moment enfin que le mal cesse d'être un principe positif ennemi du bien, dès lors l'homme n'a plus peur de Satan, de même qu'il n'a plus besoin de médiateur pour entrer en rapport avec Dieu ; la communication est directe, immédiate ; il sent l'influence divine dans chacune de ses relations avec les hommes et avec les choses ; il ne s'imagine aucunement devoir recourir à des envoyés mystérieux, à des anges ; et les anges, les envoyés mystérieux, les démons ne lui viennent pas.

Au fond, répétons-le, l'inspiration religieuse ne consiste jamais dans cet appareil extérieur et dans ces moyens. Le grand artiste, le prêtre révélateur, qui a la solution sentimentale et sociale de l'époque future, celui-là fonde une religion, parce qu'il a cette solution même, et non, parce que la conception en est accompagnée de symptômes plus ou moins irréguliers ; celui-là est véritablement inspiré, parce qu'il est de son temps l'individu le plus sympathique pour aimer l'humanité, le plus intelligent pour la comprendre, le plus fort pour la transformer ; il pressent et proclame le premier la forme d'association la mieux adaptée, selon le temps, au bonheur du plus grand nombre ; il accouche le présent de l'avenir dont il est gros et si le présent, comme une mère que la douleur d l'enfantement égare, le repousse avec outrage et colère, l'avenir pieux s'incline et le bénit.

Au reste, l'inspiration du révélateur, pour être plus compréhensive et plus puissante, n'est pas elle-même d'une autre nature que toute découverte, toute conception d'un progrès quel qu'il soit. En effet, tout progrès nouveau est une révélation de Dieu à l'homme, une ascension de l'homme à Dieu ; le savant qui invente y est soumis comme l'artiste le plus sentimental ; il y a, dans toute conception nouvelle du génie, une sorte d'influence électrique, irrésistible, indéfinissable, un acte de foi de nous à Dieu, une volonté de Dieu en nous. Seulement l'importance de la conception diffère, et la puissance de l'inspiration aussi.

Une religion n'est donc pas un simple système de visionnaire sur l'avenir ou le passé *métaphysique* de l'homme, sur son avenir ou son passé dans une autre vie ; le fait essentiel de toute religion est de produire un nouveau rapport plus parfait entre l'homme et ce qui l'entoure, entre l'homme et Dieu. Bien que ce rapport ne soit point nécessairement un lien de plus de l'homme avec le monde, puisque dans le cas du christianisme c'était du mépris et un complet détachement, toutefois la conception nouvelle qui établit ce rapport tend toujours à se réaliser *socialement ;* elle s'empare en souveraine de l'existence actuelle de l'homme ; elle le prend et l'enserre de ses *plis et replis* en cette vie, sans lui donner relâche ni trêve ; elle l'associe sous une forme plus saisissante et plus large à la fois que toutes les formes qui ont précédé ; elle le presse et le soulève tour à tour de tout le poids d'une institution forte et sainte.

Lorsque l'humanité est arrivée à la conscience distincte d'elle-même et à la connaissance de sa propre loi, l'institution se prévoit dès l'origine et se réalise avec bien plus de préméditation qu'aux époques où les choses se développent instinctivement et obéissent à une force d'évolution plus obscure. La conception du révélateur est alors soumise par les disciples qui la recueillent, à un travail d'élaboration et de réalisation plus éclairé que dans les temps passés où l'instrument divin se sentait confusément sans se comprendre ; mais dans aucun cas une religion ne se fait toute seule ; un homme la conçoit et la produit ; la conception primitive ainsi produite se crée d'autres hommes qui la transforment encore et la réalisent ; les religions font les hommes et les hommes les font.

Avant de demander à la psychologie la solution de la destinée humaine, M. Jouffroy a dit : « S'il y avait « eu révélation de Dieu à l'homme, il serait plus sûr « et plus commode sans doute de consulter cet oracle « et de s'y tenir. Mais toutes les religions ont été in- « complètes et passagères, et par conséquent Dieu n'a « point parlé dans ces révélations ; car la véritable « eût été infaillible et éternelle. » D'où M. Jouffroy a conclu qu'il n'y avait que la raison individuelle qui pût répondre à chacun de nous et résoudre nos doutes, soit en nous donnant une solution, soit en nous démontrant qu'il n'y en a pas, ce qui est aussi une manière de nous apaiser, selon lui ; il faut convenir que cette manière-là serait singulière !

Mais qui vous a dit, ô vous qui désespérez si légèrement du moyen *le plus commode et le plus sûr;* qui vous a dit que ces révélations antérieures, vraies selon les époques, progressives comme le genre humain qu'elles ont élevé et transformé, ne doivent pas toutes se retrouver et aboutir en une révélation définitive, également inspirée, quoique d'un caractère différent d'inspiration, et qui, leur rendant à chacune leur vrai sens, saura absoudre et glorifier Dieu, apaiser et réjouir l'humanité? Cela était-il donc si indigne d'examen, et convenait-il à votre impartialité de passer outre avec ce mépris?

Quoi! vous cherchez les traces que l'humanité a laissées dans sa marche; vous voulez saisir la direction et le but du mystérieux voyage; vous aspirez à en assigner la raison et la loi; et dès le premier pas que vous faites dans cette recherche, voilà que vous ne tenez aucun compte des points radieux et des sommets où elle s'est posée avec complaisance; vous ne daignez voir ni l'Himalaya, ni l'Ithome et le Lycée, ni le Sina, ni le Calvaire, ni le Capitole; mais vous vous inquiétez beaucoup de quelque vallée obscure, de quelques jardins philosophiques, où elle ne s'est pas même arrêtée! Quoi! philosophe, vous faites mention de ce qu'ont pensé Crantor, Chrysippe ou La Rochefoucauld, et vous fermez les yeux, en prononçant à la légère le mot d'*inspiration*, devant les Védas, les Évangiles, le Coran, les Pères et les Docteurs, tous les grands livres de la destinée humaine?

Par cela seul aussi, votre solution de la destinée humaine est toute trouvée; on la voit venir d'avance; elle est impliquée dans votre mode de recherche. Vous la supposez dès l'abord à votre insu, et vous serez ensuite tout heureux de la découvrir; mais prenez-y garde, et ne croyez pas avoir saisi la clef des choses, car c'est vous qui l'y aurez mise.

Vous supposez dès le début que l'homme est *condamné* à chercher ici-bas la vérité, *seul,* par lui-même, *à la sueur de son front;* et tout cet effort infatigable de l'humanité pendant des siècles, ce sang, ces larmes répandues à travers ses diverses servitudes, ces joies quand elle se repose et se développe harmonieusement, ces religions qui fondent, ces philosophies qui préparent ou détruisent, cette loi de perfectibilité infinie et d'association croissante, tout cela n'aura abouti pour vous qu'à la conception mélancolique et glacée d'un ensemble d'êtres *rationnels avant tout,* destinés à s'observer, à se connaître, s'ils en ont la capacité et le loisir, à chercher concurremment ce qu'aucun ne sait, ce qu'aucun ne saura; honnêtes gens tristes et solitaires, sortis d'un christianisme philosophique d'où la foi et la vie ont disparu, ayant besoin d'espérer, s'essayant à croire, oubliant et rapprenant la psychologie tous les ans, pour s'assurer qu'ils ne se sont pas trompés, et pour vérifier sans cesse les résultats *probables* de leur observation *personnelle.* Voilà le sage des psychologistes, aussi incomplet vraiment, aussi mutilé que celui des stoïciens; et c'est par rapport à ce sage idéal pourtant que la société de l'avenir devrait achever de s'organiser; car si l'humanité, c'est-à-dire tout ce qui a valeur en elle, est éternellement tourmenté du problème de la destinée, si la révélation n'y peut rien, et s'il n'y a que la raison individuelle de qui chacun puisse attendre un *oui* ou un *non* qui l'apaise; il convient évidemment que la société de l'avenir soit constituée de manière que le plus grand nombre d'hommes puisse vaquer à la solution de ce problème et de toutes les questions qu'il comprend. Chaque génération, et dans la génération chaque individu, devront recommencer ce travail de Danaïdes, qui sera désormais la plus importante affaire de la vie. C'était donc pour que l'humanité eût un jour le loisir de s'observer et de s'analyser de la sorte qu'elle s'est tant remuée autrefois; c'est à cette fin que la nature aura été domptée et civilisée, que l'esclavage et la guerre auront été réprimés sous toutes les formes, et que l'émancipation du plus grand nombre se sera poursuivie par degrés jusqu'à ce jour, quoique trop imparfaitement encore; enfin ce sera là le prix, le terme glorieux, le *caput mortuum* de la perfectibilité humaine!

P. S. — L'article précédent était écrit, lorsque M. Jouffroy, reprenant dans une dernière leçon l'opinion qu'il avait émise sur l'avenir de l'humanité, l'a de nouveau exposée et développée avec une admirable largeur de talent. Toutes nos observations pourtant subsistent, et nous les maintenons. Nous n'avons à rétracter que le reproche que nous lui faisions de trop peu examiner et de dédaigner; il a examiné avec candeur et sympathie; s'il n'a pas trouvé lui-même, il a conduit plus d'une fois par l'impartialité de son exposition l'auditoire attentif et frémissant sur la seule voie où l'on puisse trouver désormais. Si une religion nouvelle est possible (ce que ne croit pas M. Jouffroy), M. Jouffroy a tout fait, dans cette leçon vraiment mémorable, pour y pousser les jeunes esprits qui l'écoutaient avec une sorte d'anxiété. Il a professé d'abord que, sur la foi de l'observation du passé, il croyait fermement au progrès, et au progrès en tout, en politique, en art, en philosophie, etc., etc.; puis il a vivement, et par d'énergiques exemples, étalé l'anarchie présente qui se manifeste sur tous les points. Il a montré le gouvernement, comme la société, en quête de l'idée nouvelle et ne la possédant pas; l'ordre moral nul, l'ordre matériel ne subsistant que parce que tout le monde se rend compte du péril et y prend garde; il n'a vu dans la liberté et dans les diverses conséquences qu'on en réclame que des moyens pour atteindre à un but *inconnu;* et durant tout le temps qu'il appuyait ainsi le doigt sur ces plaies du siècle, l'auditoire jeune et fervent, comme un malade plein de vie, palpitait; il était suspendu en silence aux lèvres du maître éloquent, et il attendait jusqu'au bout le remède : le remède n'est pas venu. Cette conception nouvelle qui doit instituer sur des bases inconnues la politique, la morale, l'art, etc., etc., M. Jouffroy va s'efforcer d'y arriver à l'aide de l'observation psychologique et de l'induction ; car, dit-il, ce sont les *idées* qui gouvernent les individus, ce sont les *idées* qui gouvernent également les nations ; c'est par conséquent dans les *idées* du moi et dans la *raison* individuelle qu'on peut seulement trouver la solution du problème social. Le *sentiment*, à ses yeux, est chose tout à fait subalterne et à la suite de la raison. Quant à une religion nouvelle, il ne la croit impossible toutefois que par deux motifs : 1° parce que, selon lui, les diverses religions du passé se sont produites à l'origine sous une forme populaire, naïve et accessible à tous, ce qui lui paraît antipathique à notre époque raisonneuse ; 2° parce que les révélations *directes* de Dieu à l'homme, trait essentiel qui distingue, selon lui, les religions d'avec les philosophies, lui semblent perdues sans retour, en supposant qu'elles aient jamais eu lieu. Nous avons suffisamment répondu à la dernière objection ; la première repose sur un fait historiquement fort contestable. Nous aurons plus d'une occasion d'y revenir. M. Auguste Comte avait déjà opposé, en termes bien autrement positifs et avec une formidable rigueur scientifique, des difficultés du même genre à la naissance et à l'adoption possible d'une foi nouvelle. Les objections de M. Jouffroy sont vagues et surtout inexactes, si on les rapproche de celles du disciple de Saint-Simon qu'elles reproduisent toutefois en gros; la métaphysique est pour lui une base moins sûre que le positivisme pour M. Comte. Il ne serait pas difficile de le surprendre en contradiction avec lui-même dans le cours de ses développements; le sentiment profond et sympathique qui appartient à sa nature d'artiste donne le démenti à son *rationalisme* dès qu'il aborde la réalité. Ce sont là d'heureuses inconséquences dont nous le félicitons, et dont nous ne félicitons pas moins son auditoire; les saillies du maître rectifient souvent sa doctrine dans l'esprit des disciples. Comme un pasteur solitaire, mélancoliquement amoureux du désert et de la nuit, il demeure immobile et debout sur son tertre sans verdure; mais du geste et de la voix il pousse le troupeau qui se presse à ses pieds et qui a besoin d'abri; il le pousse à tout hasard au bercail, du seul côté où il peut y en avoir un [1].

1. M. Sainte-Beuve a rappelé, en les citant, les dernières lignes de cet article : « Comme un pasteur solitaire, etc. » dans une nouvelle étude, qu'il écrivit sur Jouffroy en 1833 (*Portraits littéraires*, tome I, page 312.) — Lire aussi sur Jouffroy, dans les *Causeries du Lundi*, tome VIII, l'article de 1853, intitulé : *De la dernière séance de l'Académie des Sciences morales et politiques et du Discours de M. Mignet*. — En réimprimant en 1869 les *Portraits Contemporains*, M. Sainte-Beuve a publié dans l'appendice sur George Sand (tome I, page 510), une lettre entre autres de l'auteur d'*Indiana*, où Jouffroy est caractérisé de main de maître et de philosophe.

6 janvier 1830.

JOUFFROY

COURS DE PHILOSOPHIE MODERNE.

III

Nous avons montré que les conclusions tirées de la destinée du *moi* à la destinée de l'humanité étaient inexactes, insuffisantes et peu fécondes.

Il nous reste à montrer maintenant que, dans ce qui concerne plus particulièrement la destinée de l'individu, les psychologistes se trompent dès l'origine en s'installant du premier coup sur un terrain abstrait, métaphysique, et non réel. M. Jouffroy a pris soin, en mainte occasion, de déterminer et de circonscrire avec une clarté remarquable la sphère psychologique au centre de laquelle il observe; il est encore revenu dans ses deux dernières leçons sur sa distinction du *moi* et du *non-moi;* il a poursuivi et tracé avec une prétention de rigueur scientifique cette distinction délicate jusqu'au sein de l'homme même, et il a déclaré que l'homme était *double*, qu'il y avait en lui force *pensante* et force *vitale*, esprit et matière, âme et corps ; il a professé que ce nom d'*homme* n'appartient légitimement qu'au *moi*, à la force pensante, à l'esprit ; et que le reste, force vitale, matière et corps, ne constitue réellement que l'animal. L'homme ainsi défini et restreint, la destinée de l'homme n'est plus que celle du *moi* et de l'esprit ; celle du corps, qui est distincte, ne saurait être comptée que comme embarras et obstacle ; du moment qu'*il y a en nous quelque chose qui n'est pas nous*, selon l'expression de M. Jouffroy, la partie qui est vraiment *nous* a tout droit de commander, d'exploiter, de confisquer l'autre à son profit.

Comme le raisonnement de M. Jouffroy est celui de tous les spiritualistes, et comme de plus il élève la prétention d'avoir le premier donné à sa doctrine une valeur scientifique, il sera bon de le suivre dans son analyse et de l'arrêter au point où il tombera dans la pure abstraction. Ce n'est pas du tout en nous plaçant au point de vue de la matière que nous le combattrons ; nous ne ferions que laisser une abstraction pour une autre ; nous aurions raison contre lui, et il aurait raison contre nous ; il nous suffira pour triompher de rester en plein dans le réel, dans l'unité substantielle de l'esprit et de la matière, dans le sentiment, dans la vie.

M. Jouffroy se place seul, en présence de lui-même ;

abstraction faite des cinq sens extérieurs, attentif à sa conscience intérieure; il pense, il veut, il se sent; et partout où il se sent il dit *moi;* de sorte que, comme il y a en nous un certain nombre de fonctions dont nous n'avons pas conscience, le *moi* ne s'y reconnaît pas; il ne se sent pas sécréter la bile dans le foie, l'urine dans le rein; par conséquent, informé d'ailleurs, grâce à l'observation sensible, que ces fonctions s'accomplissent dans le corps, il les rapporte à d'autres forces qu'à lui, à des forces distinctes qui résident, l'une dans le rein, l'autre dans le foie, l'autre dans l'estomac ou le poumon, et dont il désigne l'ensemble sous le nom de force vitale.

La force vitale et le moi, voilà donc la dualité de l'homme; mais l'homme véritable gît tout entier dans le moi. Ainsi ce n'est pas *moi* qui digère en moi; ce n'est pas *moi* qui sécrète ma bile; ce n'est pas *moi* qui fais pousser mes cheveux, qui fais circuler mon sang, qui contracte mes muscles, etc., etc., etc.

Cependant si, au lieu de faire abstraction de mes sens extérieurs, pour ne me servir que de mes sens intérieurs; si, ouvrant les yeux et remuant la main, je me vois et je me touche dans toutes les régions de mon corps, depuis les cheveux de ma tête jusqu'aux ongles de mon pied, je sens très-bien alors que partout sous mon doigt qui se promène, le moi s'éveille et répond; et si je pouvais atteindre au delà de la surface cutanée aux organes eux-mêmes, le moi s'y ferait également sentir par une sensation distincte, comme il arrive d'ailleurs en mainte circonstance, lorsque la digestion s'exécute péniblement, lorsqu'un calcul se forme dans le rein, lorsqu'un tubercule se développe dans le poumon. Le *moi* est donc dans tous ces organes; il s'y révèle par des sensations diverses. Mais, dira M. Jouffroy, le *moi* n'y est que pour les sensations qu'il éprouve; la force vitale y est pour les fonctions qu'elle remplit, et dont le *moi* n'a pas la conscience ni le secret.

Sans doute, si vous entendez par *moi* la force qui pense, qui veut et qui a la conscience *nette, lucide* et réfléchie de toutes ses sensations, vous arriverez à l'isoler à peu près complétement des autres forces que vous supposez dans les divers organes; mais encore, comme vous ne pouvez nier que dans l'homme, tel qu'on l'entend communément, corps et âme, il n'y ait une certaine unité, il s'ensuivra qu'en nous le *je ne sais quoi* nécessaire qui *unit* le moi tel que vous l'entendez dans un sens restreint, et les autres forces des divers organes, est le moi supérieur, le vrai moi, l'homme réel et vivant : que devient alors votre dualité?

Ce *moi* supérieur et complet, cette vie réelle et vraiment vivante, ce sentiment au sein duquel la conscience réfléchie, c'est-à-dire la connaissance, n'est qu'un redoublement plus marqué, échappe aux psychologistes qui se laissent prendre sans cesse à leurs propres abstractions. Ils voient bien que Condillac a eu tort de ne donner à sa statue qu'un sens, puis deux, puis trois, etc.; et ils tombent tous à peu près dans une faute du même genre.

Ils font d'abord abstraction des sens extérieurs et ne s'en tiennent qu'aux sens intérieurs : et parmi les sens intérieurs, ils font aussitôt abstraction de tous ces sens lointains, épars, obscurs bien que réels, qui président sourdement, et dans la profondeur des organes, à la nutrition de l'individu et aux fonctions reproductives; ils oublient le murmure confus, continuel et fondamental de tous ces sens intimes qu'unit une seule et même vie; ils ne s'adressent qu'à un ou deux sens cérébraux, plus particulièrement affectés à la conscience distincte et à la réflexion; et réfugiés là dedans, dédaigneux du reste, *alta mentis ab arce*, ils n'entendent plus, ils ne sentent plus, ils ne reconnaissent plus tout leur être.

Ils se réduisent à l'*intelligence,* comme si l'homme n'était que cela; ils appellent *conscience* le sentiment que le principe *intelligent* a de lui-même, comme si c'était là tout le sentiment dans l'homme; les phénomènes qui se passent hors de la portée de la conscience ainsi définie sont déclarés extérieurs au *moi* véritable, étrangers à l'homme réel. « Le principe intelligent (le moi, l'homme), disent-ils, ne peut avoir conscience de la contraction musculaire, de la digestion, de la circulation du sang, parce que c'est le muscle qui se contracte, l'estomac qui digère, le sang qui circule et non pas lui.

« Ces phénomènes sont donc *exactement* pour lui dans la même condition que les phénomènes de la nature extérieure. » — Voilà cependant où leur logique les mène, et ils appellent cela *faire de la science*, et *ne pas faire de l'imagination*.

Mais la *conscience* des psychologistes, c'est-à-dire le sentiment que le principe intelligent a de lui-même, n'est qu'un cas particulier, une manifestation concentrée et restreinte de la sensibilité générale et de la vie. Or notre vie est une, nous le sentons; qu'elle nous soit révélée par l'intelligence ou par la force, par la pensée ou par l'acte; qu'elle se rencontre dans la fonction ou dans l'organe, sous l'aspect de l'esprit ou sous celui de la matière, elle est toujours une, comme le sentiment que nous en avons. De quelle manière la vie à ses différents degrés se trouve-t-elle coordonnée et transformée dans l'homme, depuis la végétation obscure des ongles et des cheveux, jusqu'à la pensée la plus rationnelle? Comment se fait, au sein du fœtus le passage de la vie purement nutritive à la vie sentimentale proprement dite? Quelle est la limite de l'une à l'autre, et pourquoi dans certains cas de désordre la confusion des deux vies apparaît-elle par les signes les plus étranges? Mystères, incertitudes, matière à expériences et à conjectures; mais il ne peut y avoir à tout cela qu'un lien, et ce lien, quels que soient d'ailleurs ses replis et ses détours, nous le sentons et nous l'appelons la *vie*.

M. Jouffroy dit :

« A l'exception de la cause que nous sentons *penser* et *agir* en nous, toutes les autres causes échappent à notre observation. » Et par le fait d'*agir*, il n'entend pas l'action réelle, l'activité qui se produit, mais simplement l'*intention*, le *désir* d'agir ; ce qui mutile encore et appauvrit la cause.

Nous, nous disons :

Il n'y a qu'une cause que nous connaissons directement, c'est celle que nous sentons penser et agir, comprendre et pouvoir en nous, sentir, aimer, vivre en un mot ; vivre de la vie complète, profonde et intime, non-seulement de la vie nette et claire de la conscience réfléchie et de l'acte voulu, mais de la vie multiple et convergente qui nous afflue de tous les points de notre être ; que nous sentons parfois de la sensation la plus irrécusable, couler dans notre sang, frissonner dans notre moelle, frémir dans notre chair, se dresser dans nos cheveux, gémir en nos entrailles, sourdre et murmurer au sein des tissus ; de la vie une, insécable, qui dans sa réalité physiologique embrasse en nous depuis le mouvement le plus obscur jusqu'à la volonté la mieux déclarée, qui tient tout l'homme et l'étreint, fonctions et organes, dans le réseau d'une irradiation sympathique ; qui, dans les organes les plus élémentaires et les plus simples, ne peut se concevoir sans esprit, pas plus que, dans les fonctions les plus hautes et les plus perfectionnées, elle ne peut se concevoir sans matière; de la vie qui ne conçoit et ne connaît qu'elle, mais qui ne se contient pas en elle et qui aspire sans cesse, et par la connaissance et par l'action, par l'amour en un mot ou le désir, à se lier à la vie du *non-moi*, à la vie de l'humanité et de la nature, et en définitive, à la vie universelle, à Dieu, dont elle se sent faire partie; car à ce point de vue elle ne conçoit *Dieu* que comme elle-même élevée aux proportions de l'infini; elle ne se sent elle-même que comme Dieu fini et localisé en l'homme, et elle tend perpétuellement sous le triple aspect de l'intelligence, de l'activité et de l'amour, à s'éclairer, à produire, à grandir en Dieu par un côté ou par un autre, et à monter du fini à l'infini dans un progrès infatigable et éternel.

Mais les psychologistes, en même temps qu'ils scindent la vie à l'intérieur et qu'ils rompent la solidarité mystérieuse et sacrée de tous les organes, de toutes les fonctions au sein de l'homme, saisissent encore la vie au moment où elle s'élance au dehors en vertu de la volonté et du désir; ils la frappent à la sortie, ils l'enchaînent au seuil, quand, armée de ses légitimes organes de relation, elle s'apprête à communiquer *matériellement* avec ses semblables ou avec la nature; à parler, à agir, à être industrieuse, créatrice et féconde. Ils lui accordent bien d'entrer en rapport avec le *non-moi* par la pensée et l'intelligence; d'en connaître et d'en réfléchir les lois, d'en posséder la science, quoique encore cela soit impossible, sans que l'activité matérielle s'en mêle à un certain degré ; mais dès que le *moi* désire modifier activement, transformer, embellir ce monde extérieur, ils l'arrêtent, ils l'avertissent comme s'ils n'en avaient que fort précairement le droit et le pouvoir ; de même en effet qu'ils nient la continuité entre le *moi* et la vie dite de nutrition, de même aussi ils nient la continuité essentielle du *moi* avec la vie dite de relation ; entre la pensée et l'acte, entre la volonté et l'acte, il y a pour eux un abîme, de même qu'il y en avait un entre la sensation et la pensée. Ils se figurent bien, il est vrai, que cet abîme qui sépare la pensée et le désir *spirituel* d'avec l'acte *matériel* est traversé, cette vie durant, par une espèce de pont-levis moyennant lequel le *moi* peut sortir au dehors ; mais c'est là, selon eux, une puissance viagère et fortuite à laquelle il ne faut pas trop s'habituer, et dont il convient d'user avec discrétion et seulement pour les besoins indispensables. Le *moi* qui profiterait de cette facilité trop fréquemment et avec trop d'amour, le *moi* qui se livrerait à la vie du dehors autrement que pour comprendre et regarder, le *moi* qui s'adonnerait à une pratique assidue de la nature et à de trop longues communications avec le monde matériel ; qui, franchissant le pont-levis dès le matin, s'égarerait dans ses pâturages et ses terres pour les amender, visiterait ses mines et ses canaux, dessécherait ses marais, transplanterait des troupeaux lointains pour s'enrichir de leurs toisons, croiserait des races, apprivoiserait une végétation agreste, assainirait un climat fangeux, et qui ne rentrerait au logis qu'à la nuit close, ce *moi*-là, selon les psychologistes, courrait grand risque d'oublier qu'il n'est pas dans les conditions essentielles de sa nature; qu'il n'y a au fond et dans la réalité rien de commun entre cette matière et lui; qu'il n'arrive à elle que moyennant un pont tremblant et fragile, sur la foi d'un laisser-passer arbitraire; et qu'il ne doit pas s'attarder dans la plaine ni sur les monts, de peur des distractions trompeuses et des piéges sans nombre. Voilà ce que les psychologistes répètent d'après les chrétiens, quoique avec une sorte de timidité, et n'osant trop presser les conséquences.

Vous faites-vous maintenant une idée exacte du *moi* des psychologistes ? Il est associé intérieurement à la force vitale qui lui est étrangère; il tient extérieurement aux organes de relation qui ne lui sont pas moins étrangers; il vit pourtant; il vit en lui-même par la *pensée*, comme si la pensée pouvait dans la réalité se séparer jamais d'un mouvement et d'un sentiment; il vit quoique frappé de mort dans sa sensibilité intestine et dans son expansion rayonnante ; il vit comme un arbre qu'on aurait séché dans ses racines; et qu'on mutilerait ensuite dans ses ramures; il vit dans le *château fort* de l'âme, comme une garnison assiégée à qui l'assiégeant aurait coupé la source intérieure, le puits profond d'eau vive, et qui, n'osant sortir de la poterne pour descendre au fleuve, n'aurait plus d'espoir qu'en la manne mystique et céleste. Les chrétiens nous ont donné une représentation fidèle du *moi* tel qu'ils l'entendaient, dans le spectacle de ces saints reclus, murés entre quatre murs sur les places publiques, et recevant par une ouverture leur pain de la pitié des passants. Les philosophes, moins humbles, ont insisté sur l'idée du château-fort; ils ont affecté au *moi*, tel qu'ils croient le concevoir, une sorte de sérénité insouciante et la dédaigneuse immobilité d'une sentinelle qui se repose sur ses armes; au haut de leur doctrine escarpée ils lui ont donné un air de confiance et de contemplation, mais en ne s'en tenant pas à l'apparence, en s'approchant de plus près, en mettant le doigt à travers le créneau, on reconnaît que ce *moi* imposant et vanté n'est rien qu'une froide pierre, une vaine statue.

De l'idée que les psychologistes se font de la nature du *moi*, ils déduisent rigoureusement sa destinée. Le *moi* étant distinct de la force vitale, l'âme se séparant comme substance du corps, il y a en nous la destinée de l'âme et la destinée du corps. Le corps tire de son côté, l'âme aspire ailleurs; c'est une lutte intestine. Mais l'homme étant tout entier dans l'âme, celle-ci doit gouverner en souveraine; elle doit dans tous les cas douteux se sacrifier l'autre. Par malheur elle se trouve souvent, relativement au corps, dans la position d'un voyageur dévalisé que des voleurs ont attaché sur son cheval au rebours, la tête du cavalier tournée vers la queue de la monture : si la monture n'est pas une haridelle ou n'a pas été matée par un long jeûne, le pauvre cavalier n'en peut venir à bout. Or, que des muletiers d'Andalousie jouent ce tour-là à Sancho Pança, ou la populace des moines à Riego, on le conçoit ; c'est une farce ou une cruauté ; mais on ne saurait rien supposer de tel de la part d'une providence sérieuse et bienfaisante ; il faut donc que ces rapports peu harmoniques de l'âme avec le corps soient une peine ou une épreuve, un purgatoire en ce monde ou une croix. C'est ce qu'ont pensé les chrétiens, c'est ce que doivent croire les psychologistes. Mais pourquoi M. Jouffroy s'est-il résigné si docilement à ce point de vue ascétique ; pourquoi n'a-t-il pas secoué davantage le joug de l'ancien dogme? Lui qui l'un des premiers en France a éclaté en pressentiments d'avenir, lui qui écrivait, il y a six ans, cet article de haute portée : *Comment les dogmes finissent.*

A l'origine, quand l'humanité naissante, venue je ne sais d'où, échappant à une vie antérieure et inconnue, sortant du *non-moi* au sein duquel elle avait été recueillie et transformée, se leva debout, secoua sa fange, se sentit à part, et fit en chancelant le premier pas dans sa nouvelle carrière de progrès, les choses durent se passer étrangement, et nous avons peine, de la hauteur où nous sommes aujourd'hui, à nous en représenter l'idée. Les lois orageuses, et toutes pleines de perturbation, du monde extérieur, ne se réfléchissaient qu'obscurément dans la pensée terne et stagnante de l'homme. La puissance encore indomptée de la nature accablait à chaque instant son activité gauche, inégale, sans cesse refoulée sur elle-même ; la férocité des monstres sauvages, l'inclémence des éléments, les déluges, apportaient de tous les points de l'horizon l'effroi et la haine à cet être qui était fait pour aimer. En proie à des appétits dévorants, sa pensée et sa force étaient tout occupées à les assouvir. Il se sentait donc opprimé, envahi par l'activité matérielle du *non-moi ;* il travailla durant des siècles à s'en affranchir ; il lutta *corps* à *corps* avec lui, et dans cette lutte de violence et de ruse, il acquit une vigueur, une souplesse singulières, des membres plus nerveux, des organes plus prompts, des sens plus aigus ; l'effroi stupide et la haine farouche firent place par degrés au sentiment de la supériorité et à l'orgueil radieux de la conquête : Apollon était vainqueur du Python.

Les premières religions consacrèrent sous mille formes cette lutte de l'activité matérielle du monde et de l'activité matérielle de l'homme, la supériorité croissante de cette dernière et sa victoire définitive. Le paganisme, avec ses dieux et ses héros tout resplendissants de force et de beauté, avec ses pompes riantes, ses chœurs gracieux et ses fêtes sensuelles, peut être considéré comme le trophée et l'hymne du triomphe. L'homme continua quelque temps d'étaler dans des jeux sacrés cette force vraiment divine et sainte qu'il avait d'abord gagnée et appliquée à des luttes plus réelles. Mais ces commémorations en l'honneur de la *force*, à mesure que le passé recula, perdaient de jour en jour leur prix et leur *vertu*. L'humanité ne s'y laissa pas amuser; elle avait d'autres progrès à poursuivre, et quand elle commença d'être lasse de ses héros athlètes et de ses prêtresses de Vénus, Platon naquit.

La *pensée* avait du chemin à faire pour rejoindre la *force* qui l'avait devancée dans le progrès; aussi elle prit une éclatante revanche. L'*amour*, qui s'était développé en l'homme sous l'égide de la force victorieuse du mal, délaissa cette force qui se complaisait dans son triomphe incomplet, et se mit tout entier du côté de l'esprit. L'activité matérielle délaissée s'égara, s'abrutit même, ou du moins cessa pour un temps de se perfectionner; la violence et la guerre se déchaînèrent avec une inconcevable furie; l'industrie rétrograda. Cependant l'esprit, maudissant la chair et se plaçant hors du monde, proclamait la paix, la charité universelle, la communion des âmes et la règle d'un seul Dieu. Ces grandes et saintes vérités du christianisme pénétrèrent le monde, mais empreintes de cet anathème lugubre lancé à la chair, qui les empêchait d'être définitives. Les chrétiens en effet confisquaient autant qu'ils le pouvaient l'action au profit de la contemplation; s'ils toléraient l'une parce qu'il le fallait bien, ils conseillaient surtout l'autre. Les relations actives avec le monde, avec la nature, et toutes les excitations du dehors leur semblaient funestes, et la perfection pour eux consistait à les retrancher. La force fut macérée, la beauté foulée aux pieds. Mais enfin, quand ce progrès exclusif et par conséquent incomplet de l'esprit eut touché à son terme, l'équilibre entre les deux aspects de la réalité se rétablit graduellement. L'humanité cessa de tendre à la perfection métaphysique pour laquelle elle n'était point faite; les sciences profanes et l'industrie, marchant de concert, ruinèrent sur tous les points de la société la pratique chrétienne. Les préjugés pourtant survécurent, et les esprits les plus philosophiques ne s'en sont pas encore débarrassés. La matière, pour être relevée, en fait, de l'interdit sous lequel l'avait placée le christianisme, pour être travaillée et fécondée sans scrupule dans la nature par toute la portion industrielle de la société, pour être ménagée et soignée par chacun de nous dans nos besoins personnels, la matière n'est pas encore absoute pleinement dans l'opinion des moralistes, et ils lui assignent toujours, à elle et à ceux qui la cultivent, un rang inférieur par opposition à l'esprit. On se comporte en quelque sorte avec l'activité matérielle comme avec un failli non réhabilité dont l'affaire n'a pas été bien éclaircie. On la traite avec de bons égards et des apparences convenables, mais avec peu d'estime au fond. Cette réhabilitation réelle et l'harmonie qui doit en résulter ne pourront s'obtenir que par la conception nouvelle qui ramène la matière et l'esprit dans la substance de l'être, l'âme et le corps dans l'unité de la vie, l'homme et la nature dans le sein de Dieu, la science et l'industrie dans la religion. Ainsi seulement tout s'explique; ainsi l'activité matérielle devient sainte au même titre que la pensée, et comme participant au même Dieu sous un aspect différent; ainsi l'accord règne entre le monde et nous, et dans notre propre individu entre notre intelligence et notre puissance. Ce n'est certes pas à dire qu'il s'agisse de ramener les appétits grossiers et rétrogrades, d'exagérer la vie nutritive au détriment de la vie méditative; mais nos besoins physiques, selon la mesure de l'harmonie, sont réintégrés dans la plénitude de leur satisfaction légitime; le conseil de diminuer ces besoins est remplacé par celui d'augmenter nos moyens; le précepte d'amortir nos désirs en nous se tait devant le devoir d'étendre notre puissance au dehors. On sent que toute une nouvelle morale découle de là; c'est qu'en effet nous sommes arrivés à une époque où un grand progrès est tout près de s'accomplir, où l'humanité en masse va s'élever d'une conception passée à une conception supérieure et où, par conséquent, la ligne de démarcation entre le bien et le mal doit être portée en avant. Tant que nos psychologistes n'entreverront pas cette morale nouvelle, ils ne feront que délayer et attiédir la morale jadis excellente du catéchisme.

13 février 1831.

DOCTRINE DE SAINT-SIMON [1]

Ces lettres, écrites il y a environ dix-huit mois et publiées seulement depuis quelques semaines, sont l'œuvre d'un jeune homme mort à vingt-trois ans. Il les avait adressées, les neuf premières, à un philosophe aux trois quarts convaincu, mais dont la raison, habituée au *positif*, reculait devant la transformation de l'école en temple, de la science en dogme, de l'industrie en culte, des beaux-arts et de la philanthropie en religion ; les cinq dernières, à un millénaire écossais, protestant qui aspirait à l'unité, mais qui méconnaissait dans le catholicisme la constitution sociale du christianisme, n'y voyait qu'une corruption de l'Église primitive, et croyait au rétablissement prochain, et au règne indéfini de l'antique société évangélique. A celui qui ajournait la religion, l'auteur de ces lettres avait à faire sentir et à démontrer que la science est sans vie, l'industrie sans réhabilitation, les beaux-arts sans rôle social, si un lien sacré d'amour ne les enserre pour les

1. *Lettres sur la religion et la politique*, 1829 ; *suivies de l'Éducation du genre humain*; traduit de l'allemand de Lessing.

féconder ; il avait à révéler l'influence puissante, bien qu'incomplète, du dogme chrétien et de la théologie sur la politique d'alors et sur les progrès de la société ; il avait à prouver qu'aujourd'hui que cette théologie est reconnue arriérée, s'abstenir d'y substituer celle qui seule comprend l'humanité, la nature et Dieu ; rejeter ce travail glorieux et saint à un temps plus ou moins éloigné sous prétexte que le siècle n'est pas mûr ; s'obstiner à demeurer philosophe, quand l'ère religieuse est déjà pressentie, se rapetisser orgueilleusement dans le rôle de disciples d'un Socrate nouveau, quand la mission d'apôtres devrait soulever déjà tous nos désirs ; — que faire ainsi, c'était se barrer du premier pas la carrière, se poser une borne au seuil de l'avenir, s'ôter toute vaste chance de progrès et être véritablement impie. Voilà ce qu'il avait à dire au philosophe. Quant au mystique, au millénaire, il avait surtout à lui justifier le passé, à lui démontrer la réalisation et le perfectionnement du christianisme dans cette papauté que de Maistre a vengée. S'emparant de l'idée d'*unité* qui lui est commune avec son contradicteur, il lui explique à quelles conditions l'unité est produite, bien qu'incomplétement, dans le passé catholique, et il en conclut à quelles conditions elle devra se constituer pleinement dans l'avenir saint-simonien. Auprès du philosophe il était besoin d'insister particulièrement sur l'*esprit* chrétien et sur l'influence de la pensée théologique ; auprès du millénaire, il fallait insister davantage sur la *forme* catholique et l'action sociale de la hiérarchie. Tous ces exemples historiques au reste, ces interprétations diverses d'un passé que la doctrine nouvelle embrasse et domine, ne sont, sous la plume du jeune apôtre, que des lumières qui sillonnent pour lui le chemin de la foi, des rayons qui ramènent au foyer dont ils émanent, des excitations fécondes pour passer outre et entraîner ceux que le grand développement providentiel saisit au cœur, et qui, à l'aspect des antiques traditions enfin comprises, se sentent le désir de travailler, pour leur part, à en continuer l'enchaînement éternel. Aussi il a mérité que ces lettres, écrites d'abord dans un but tout à fait particulier, et sans vue de publicité extérieure, parussent aujourd'hui, lui mort, sous les auspices et pour l'édification de cette doctrine même qu'il servit si religieusement; qu'elles fussent proposées au public comme l'expression avouée et une des premières manifestations écrites de ce dogme immense qui mûrit et se développe de jour en jour. Il a mérité que le caractère d'individualisme, si fortement prononcé dans notre âge égoïste et *littéraire*, s'effaçât ici, en quelque sorte, sous la sanction sacerdotale, sous l'adoption solennelle qui fait de ces lettres, non pas un opuscule philosophique, non pas un legs *posthume* d'un jeune homme de *belle espérance*, mais une pierre désormais indestructible du temple qui s'élève, une parole mémorable de l'Évangile toujours vivant, un chapitre de plus destiné à illustrer la troisième période des saintes Écritures. Ce n'est pas sans un sentiment de surprise et d'admiration que celui qui n'est pas encore pleinement transformé à la religion de l'avenir, après avoir maintes fois entendu parler des qualités et des mérites du jeune apôtre qui écrivit ces lettres, ne trouve, en ouvrant le volume, qu'un petit nombre de détails indispensables sur sa personne et sa destinée. Certes c'eût été là pour la douleur et la louange humaines, dans les amitiés ordinaires, une magnifique occasion de s'étendre en ces détails privés auxquels se prennent encore la curiosité et le désœuvrement de nos jours. Il y aurait eu moyen avec peu d'effort d'amasser quelque *gloire*, et pour quelque temps, sur cette tombe prématurée. Mais le sentiment, qui anime les pères et les frères en Saint-Simon d'Eugène Rodrigues, est à la fois plus simple et plus haut, plus calme et plus touchant ; leur langage est plus d'accord avec ce qu'il a dû désirer et espérer lui-même, avec ce qu'il doit continuer de sentir au sein de la vie nouvelle où il est déjà entré.

« Eugène, est-il dit dans l'Introduction, n'a point
« seulement servi la doctrine par des efforts purement
« intellectuels ; il voulait lui consacrer sa vie entière.

« Eugène est saint à nos yeux par le zèle avec lequel
« il franchit un des premiers les bornes de la famille
« individuelle. Elevé tendrement au sein d'une fa-
« mille où s'était conservée la tradition des liens d'une

« parenté patriarcale, il fut un de ceux qui appelèrent
« et réalisèrent avec le plus de ferveur la hiérarchie
« dans la grande parenté de l'espèce humaine ; il s'ef-
« força d'harmoniser ce qu'il y a de religieux dans les
« sentiments de famille avec la dévotion à l'humanité
« nouvelle révélée par Saint-Simon.

« Dieu, qui voulut si jeune l'initier à une vie plus
« parfaite, ne laissa pas ses derniers jours sans joie ;
« de son lit de mort, Eugène vit fonder la constitution
« définitive de la hiérarchie au sein de la famille saint-
« simonienne.

« Et le cortége de cette famille naissante vint faire
« briller sur sa tombe l'éclat de la Révélation nou-
« velle.

« Tel fut Eugène ; il mérita d'être compté au nom-
« bre des premiers disciples du maître dont il embrassa
« la foi, et maintenant il reçoit au milieu de nous la
« récompense de ses mérites. »

Eugène fut un théologien du premier ordre ; né
dans la religion juive, il ne passa point ses premières
années au milieu de cette indifférence convenue et de
cette tiédeur morale qui est la plaie de tant de familles
chrétiennes. La synagogue pourtant ne le retint pas,
et son adolescence fut envahie par les rêves et les
langueurs du mysticisme. Puis s'arrachant au vague,
il en vint à s'occuper scientifiquement et historiquement des religions révélées, et c'est au fort de ces
études opiniâtres dans lesquelles s'absorbait sa précoce

pensée, que, le *nouveau christianisme* de Saint-Simon lui étant apparu sous son véritable jour, il se fit une révolution en lui; que ses études, jusque-là confuses, s'enchaînèrent; que le chaos du passé se déroula harmonieusement à ses yeux; et qu'il saisit la raison divine des choses, s'écriant à la vue de l'Église de toutes parts croulante et de la synagogue encore debout : « Oui, nous marchons vers une grande, vers une immense unité : la *société* humaine, du point de vue de l'homme; le *règne de Dieu sur la terre*, du point de vue divin; ce règne que les fidèles appellent tous les jours par leurs prières depuis dix-huit cents ans. La portion du peuple juif qui a résisté au règne *spirituel* du Messie, se rendra en voyant venir son règne temporel, et toutes les prophéties seront accomplies, car toutes les prophéties sont vraies. »

La justification du mosaïsme ressort avec éclat des travaux d'Eugène. Il était providentiel, en quelque sorte, que ce fût un juif qui, le premier, du point de vue saint-simonien, réhabilitât à son rang dans la tradition cette société religieuse, la plus forte qui ait jamais existé, et donnât la clef de l'obstination mystérieuse du peuple dispersé qui sert de spectacle au monde. Le mosaïsme en effet a été la religion qui s'est socialement réalisée jusqu'ici avec le plus d'unité; c'est même la seule, à vrai dire, qui ait réalisé cette unité; sinon sur une grande étendue, du moins dans une profondeur et avec une intensité inouïes. La papauté, aux plus beaux jours du catholicisme, n'a fait que tenter, depuis, ce que le dogme chrétien ne permettait, avec sa division du spirituel et du temporel, que dans une mesure imparfaite. Le mosaïsme, moins développé en dogme que la religion chrétienne ; s'en tenant, avant tout, à l'unité de Dieu, qu'il importait de conserver entière et pure au sein du polythéisme; renonçant à lier et à associer l'humanité encore rebelle et trop peu assimilable; le mosaïsme, même avec ses restrictions, ses ignorances et ses grossièretés, cimentait plus fortement qu'aucune autre religion n'eût fait, et coordonnait en société complète, dans sa contrée étroite et montagneuse, son petit peuple choisi. La science y était peu cultivée, mais on ne la proscrivait pas ; il y était peu question de l'*esprit*, mais c'était silence plutôt que négation. L'industrie y florissait, et le prêtre la consacrait avec une prédilection unique dans l'antiquité. La poésie y revêtait un caractère sacerdotal et prophétique qu'elle n'a nulle part égalé depuis, pas même dans le catholicisme. Bref, la religion de Moïse, en sa sphère plus restreinte, religion conservatrice et non expansive, a sur celle du Christ l'avantage d'être *une*, et d'avoir produit une *loi*, une institution politique qui comprenait le fidèle tout entier, et l'enveloppait dans toutes les directions. Le christianisme, au contraire, doué d'une sainte ardeur d'expansion et de fraternité universelle, perdit certainement en cohésion, s'il gagna beaucoup en étendue; dans son avidité de pêche miraculeuse, il *dédoubla* ses filets pour que, plus déliés et plus extensibles, ils prissent le côté immatériel de chaque vie et parvinssent à envelopper plus d'âmes. Il rejeta la matière, méprisa l'industrie, se passa des beaux arts ; il abdiqua le royaume de la terre pour atteindre plus vite, à travers l'espace et les lieux, à travers l'empire de César, au but de ses conquêtes spirituelles. Il ne fut plus la *religion et la société d'une nation*, comme le mosaïsme ; il ne fut pas encore la *société des nations* qui doit sortir seulement de la révélation nouvelle ; il fut la *société des individus*. L'institution politique qu'il produisit depuis Grégoire VII jusqu'à Léon X fut perpétuellement battue en brèche et manqua d'un ciment durable : ce qu'il réussit à jeter dans le monde, ce fut le réseau invincible entre les âmes. Or, voilà pourquoi le christianisme est resté en chemin de son œuvre ; voilà pourquoi de Maistre, génie autant moïsiaque que catholique, ne conçoit pas que Dieu, auteur de la *société des individus*, n'ait pas poussé l'homme, sa créature chérie et perfectible, jusqu'à la *société des nations* ; voilà pourquoi les juifs s'obstinent à contempler avec un sentiment orgueilleux de supériorité leur *loi*, si complète en elle-même, que le christianisme a brisée avant d'avoir à rendre au monde l'unité définitive ; voilà pourquoi la religion de l'avenir, qui devra renfermer tous les caractères du judaïsme et du christianisme, renfermera aussi dans ses temples les juifs et les chrétiens, en les mettant d'accord, selon qu'il a été dit dans les anciennes et les nouvelles Écritures.

Ce n'est pas ici le lieu d'exposer le grand nombre de vérités frappantes et d'indications fécondes qui se pressent dans ces lettres sacrées, si pleines et, pour ainsi dire, si grosses d'une théologie inconnue. Inspirées de la doctrine, la doctrine s'en inspire elle-même chaque jour, et ces pensées se reproduisent à tout instant dans l'application, déduites, développées, élaborées à leur tour. Ce qui peut y être considéré comme le propre d'Eugène, c'est la forme qu'il leur a donnée et qui nous représente fidèlement la tournure particulière de son esprit; quelque chose de complexe, d'un peu obscur à la surface, et qui rayonne par le fond; une clarté profonde, sans beaucoup de transparence; une pensée solidaire qui se manifeste sur plus d'un point à la fois, et se déroule avec une plénitude imposante dans sa qualité fondamentale; un arbre d'une puissante végétation intérieure, qui n'a nul souci de l'écorce; une allure simple, grave, un peu enveloppée, faisant beaucoup de chemin sans affecter beaucoup de mouvement; souvent de ces mots brefs et compréhensifs, de ces formules d'apôtre qui gravent une pensée pour toute une religion. Nous recommandons la dernière lettre à ceux qui demandent à la doctrine une vive expression de son Dieu, et qui seraient tentés de contester aux disciples de Saint-Simon la puissance de l'amour divin, l'allégresse de l'adoration.

L'*Education du genre humain* par Lessing, qui termine ce volume, montrera que des *philosophes* avaient pu pressentir et rêver déjà ce que le révélateur a prédit et prêché, sur un *nouvel évangile éternel*, et ce que ces disciples travaillent à réaliser aujourd'hui. On y verra clairement jusqu'où peut aller, en aperçus ingénieux de l'avenir, la philosophie sans la foi, la sagesse sans la religion ; on se demandera quel bonheur il revient au genre humain d'une idée isolée, trouvée une fois, lancée dans le monde pour le plus grand plaisir de quelques penseurs, et à laquelle toute une vie d'amour et de dévouement n'a pas été consacrée; on admirera Lessing ; on saluera en passant, avec bienveillance et respect, la statue de marbre du sage, mais on se jettera en larmes dans les bras de Saint-Simon ; on se hâtera vers l'enceinte infinie où l'humanité nous convie par sa bouche, et où l'on conviera en lui l'humanité; on courra aux pieds de l'autel aimant et vivant, dont il a posé, et dont il est lui-même la première pierre [1].

---

1. C'est aux derniers mots que nous avons reconnu cet article de M. Sainte-Beuve, parce qu'il nous les avait indiqués d'avance comme le signe auquel nous devrions le retrouver. — On serait tenté aujourd'hui, en le relisant tout entier (et en particulier ce qui a rapport à Lessing), d'en rapprocher, en guise d'opposition et de contraste, — en une sorte de tête à deux faces à la manière antique, telle que M. Sainte-Beuve a aimé parfois à en imaginer, — cet autre portrait d'un savant, d'un philosophe « austère et solitaire, » qu'il a peint lui-même, trente-deux ans plus tard (en 1864), dans un article à propos des *Méditations sur l'essence de la reli-*

gion chrétienne, par M. Guizot (*Nouveaux Lundis*, tome IX, page 98.)
« Pour sa peine, dit-il en parlant du sage désillusionné, qui se résigne à la science pure, vous l'appelez sceptique : ne croyez pas l'humilier. Qui dit *sceptique* ne dit pas qui doute, mais qui examine. Il examine tout et n'est disposé à trancher sur rien. Jamais il ne tirera la barre après lui. »

22 mars 1834.

X. MARMIER

ESQUISSES POÉTIQUES.

Sous ce titre modeste, le petit volume de M. Marmier renferme beaucoup de pièces pleines de grâce et de naturel. Comme tous les élégiaques du temps, il est placé au point de vue purement individuel : ce sont des souvenirs d'enfance, des regrets du premier amour, des plaintes sans amertume sur une condition obscure et gênée, des vers harmonieux aux châteaux,

1. Cet article nous a été signalé par M. Marmier lui-même, qui se souvient encore avec plaisir de ce coup de chapeau donné par la critique au livre de poésie qui marqua son début littéraire au retour d'un voyage (en 1830) : une longue amitié, cimentée par les relations du monde, s'en est suivie ; dans les dernières années, quand M. Marmier venait le voir, M. Sainte-Beuve, en entendant annoncer sa visite, disait de lui comme de Mérimée : « Marmier a toujours été un ami sûr ; » et il ajoutait en souriant : « mais il a trompé beaucoup de femmes. » — Ceci rappelle la réponse du prince de Conti à madame de Pompadour, qui l'interrompait devant Louis XV, pour lui dire : « Vous ne mentez jamais, monsieur ? » — « Pardonnez-moi, madame, quelquefois aux femmes. » (*Nouveaux Lundis*, tome IV, *la Comtesse de Boufflers*.)

aux bois, aux amis qu'il aime ; des vœux de loisir et de rêverie, des confidences de ses goûts qui révèlent une nature aimante et mélancolique.

Ceci est bien : les jeunes cœurs tendres et ouverts aux sympathies ont dû passer par cette phase mélancolique à leur entrée dans un monde égoïste et oisif ; livrés à des occupations sans rapport avec leur vocation secrète, ils ont dû placer leur idéal dans cette vie opulente et facile dont ils sont les témoins un peu jaloux : ils rêvent un véritable paradis à deux, dans le parc de quelque vieux château, à l'ombre des hautes futaies ou des charmilles.

M. Marmier a exprimé ces sortes de rêves avec une vérité douce et vive de fraîcheur. Disons-lui pourtant que cette source d'inspiration est bien monotone et ne tarde pas à s'épuiser ; que cette fraîcheur se fane vite ; et que la poésie, ainsi entendue, n'engendre que soupirs, langueur et désenchantement de la vie. Au lieu d'envier le sort et de flatter par ses désirs la molle existence des oisifs, ne serait-il pas temps pour le poëte de tourner la tête vers l'avenir, et de regarder, au sein de l'ardeur et des mouvements du siècle, l'enfantement merveilleux de ce qui va devenir l'espérance, la foi et l'amour du monde ?

12 mars 1832

L. BŒRNE

LETTRES ÉCRITES DE PARIS PENDANT LES ANNÉES 1830 ET 1831,
TRADUITES PAR M. GUIRAN.

Il paraît décidément que l'Allemagne, ne se bornant plus au domaine métaphysique et spéculatif où Kant et ses successeurs l'avaient si longtemps renfermée, descend aujourd'hui à la pratique réelle, à la vie politique, à la lutte journalière et infatigable pour les améliorations positives. Cette heureuse tendance, qui n'attendait qu'une occasion pour se produire, l'a trouvée dans notre révolution de juillet. Notre foyer central, en se faisant jour par une magnifique explosion, a donné de l'air et envoyé des courants rapides à cette quantité d'Etats germaniques qui étouffaient sous la censure. Cette censure, dont les gouvernants auraient plus besoin que jamais, est devenue enfin là bas insupportable et presque impossible, et voilà du Rhin à la Vistule un mouvement de presse indépendante, une ligue généreuse pour le maintien des journaux libéraux, analogue à notre coalition contre la censure en 1827. De tels efforts pour conquérir cette liberté de la presse, qui représente et donne toutes les autres libertés, méritent l'entière sympathie de la France et font partie de sa propre cause. Si, en passant à leur tour par cette route lente et difficultueuse qu'elle a glorieusement parcourue la première, les pays voisins nous offrent une répétition affaiblie du spectacle consommé chez nous; si, dans les moyens, dans les arguments, il y a de leur part emprunts et redites, nous devons leur en savoir gré et redoubler envers eux de faveur, laissant de côté la prétention puérile d'auteurs originaux, et heureux, comme nation, de voir nos principes se répandre et triompher.

Parmi les écrivains polémiques qui inoculent vivement à l'Allemagne les idées pratiques de bon sens et de liberté, dans les mêmes rangs que Heine, Menzel, et autres courageux champions de la presse, M. Bœrne est assurément l'un des plus piquants et des plus spirituels. Au tour d'imagination et de poésie figurative qui est particulier à son pays, il unit une prestesse et une pointe de raillerie véritablement françaises, qu'il semble avoir acquises dans le commerce assidu de Voltaire. Les lettres dont M. Güiran vient de donner une traduction élégante ont été récemment écrites de Paris à quelque journal d'Allemagne, et elles ont trait aux événements de ces vingt derniers mois.

M. Bœrne était accouru en France au premier bruit de notre révolution de juillet; il a vu notre cocarde tricolore dans l'éclatante fraîcheur de sa renaissance, nos pavés encore mouvants, notre drapeau non encore sali. Ce que lui inspiraient de transports ces glorieux symboles, qu'il interprétait selon son cœur, ce que le mouvement et la conversation de chaque jour lui apportaient d'espérances, d'enthousiasme croissant, puis par degrés, plus tard, de refroidissement et de mécomptes, il l'écrit chaque soir, en quelques mots, sans beaucoup de suite, mais avec verve et sincérité. Il y a dans les impressions éprouvées par M. Bœrne une jeunesse naïve qu'on envie; il est heureux d'admirer la France, de l'offrir en exemple à son pays. Sa candeur d'enthousiasme m'a tout à fait rappelé Brissot, lorsqu'avant la révolution de 89 il visitait l'Angleterre et l'Amérique, comme de saintes contrées que la liberté avait déjà bénies; les premiers *cottages* riants qu'il apercevait sur la route en sortant de Douvres, l'émouvaient aux larmes et lui semblaient un bienfait des institutions.

M. Bœrne a consacré une de ses lettres à la mémoire du chien Médor. Ce n'est pas par simple caprice de comparaison que j'ai rapproché M. Bœrne de Brissot. A part ce que l'écrivain allemand a de plus vif dans la manière, et aussi de plus sautillant, de plus décousu, c'est bien chez lui la même espèce d'opinions démocratiques, la même curiosité active et honnête, la même promptitude à juger, quelque chose de rapide dans le discernement, et de moins profond qu'on ne désirerait. M. Bœrne est un éclaireur utile, un tirailleur intelligent et courageux qui peut avancer la cause de la liberté en Allemagne. Un critique, qui l'a apprécié dans la *Revue germanique*, lui trouve quelque rapport avec Jean-Paul pour le goût des comparaisons. Moi, je trouverai dans ses spirituelles boutades un accent de notre Cauchois-Lemaire. On se formera peut-être une idée de lui en prenant un terme moyen dans tout cela.

Il est bon qu'il nous vienne quelquefois d'Allemagne des voyageurs comme M. Bœrne, pour nous dédommager des hauteurs et de la morgue pédantesque que d'autres visiteurs, ses compatriotes, nous prodiguent, surtout depuis notre dernière révolution. M. Guillaume Schlegel, par exemple, nous a récemment apporté quelques échantillons peu flatteurs de la mauvaise humeur la plus insolente et la plus lourde dont jamais conseiller aulique se soit avisé. Des hôtes comme M. Bœrne, quoique moins considérables, sont plus aimables assurément et plus faits pour servir de lien libéral entre les deux nations. Nous avouerons, toutefois, que nous ne prendrions pas moins de plaisir à la lecture des lettres de M. Bœrne, si nous y trouvions, en certains endroits, plus de gravité et de sérieux. Il lui échappe, ce nous semble, de parler trop lestement des siens. Il range, en un passage, Klopstock parmi les vieilleries surannées; il qualifie bien superficiellement l'illustre philosophe Hegel et Gœrres.

Dans les observations relatives à la France, on pourrait relever aussi quelques jugements inexacts et légers. Nous n'avons pas totalement oublié, durant la révolution, quoi qu'il en dise, nos études philosophiques du XVIIIe siècle, nous les avons même poussées plus avant et plus haut; nous pouvons nous croire, sans vanité, capables encore de comprendre Condillac et même quelque chose au-delà. Si M. Bœrne avait pris la peine de s'informer à ce sujet, il eût rencontré facilement, à Paris, des conférences philosophiques moins ridicules que celles dont il nous a tracé une agréable caricature.

Il nous paraît avoir mieux saisi notre littérature vivante et en avoir exprimé quelques traits avec bonheur. Ce qu'il dit de MM. Victor Hugo et Mérimée a de la vérité fine, quoique ce soit effleuré en courant. Pour ce qui touche l'auteur de *Clara Gazul*, toutefois, nous ne saurions passer à M. Bœrne de comparer cette nature d'imagination *à une alouette qui, dans le crépuscule du soir, s'élève, en cercles joyeux, autour de vertes moissons*. Cette comparaison, qu'un célèbre critique anglais, Hazlitt. a déjà appliquée fort heureusement au poëte Wordsworth, ne saurait convenir à l'allure ferme et serrée, à la touche contenue et approfondie du peintre d'Inès et de Catalina. M. Bœrne atteint-il plus juste quand il dit de *Bug-Jargal* et de *Han*

d'Islande : « C'est tout magnifique, plein d'une chaleur
« d'été ; mais l'on désire quelquefois l'ombre et la
« fraîcheur, et elles manquent. A peine l'histoire se
« lève qu'elle a déjà atteint l'éclat du midi et qu'elle s'y
« couche ; les yeux vous font mal et on se meurt
« de chaleur. » Il marque un étonnement ingénu
qui fait sourire, quand, à propos des charmantes lettres retrouvées de Diderot à mademoiselle Voland, il
s'écrie : « Croiriez-vous que moi, homme de quarante
« ans, qui en ai vu de toutes les couleurs, elles
« m'ont fait rougir plus de vingt fois ?... Quelle immo-
« ralité !... »

Nous signalerons un portrait fort spirituel de M. de
Talleyrand. Un bon nombre de maximes politiques
et de mots qu'on retient semblent éclos sous la plume
étincelante de Rivarol ou de Chamfort. M. Bœrne
nous explique à merveille un roi-poëte d'outre-Rhin :
« Oui, certes, j'ai lu et entendu parler des sottises qui
« se passent en Bavière ; cela m'a affligé, mais non
« étonné. Le roi de Bavière a, près de son trône, une
« confidente, la plus aveuglée quand elle conseille
« elle-même, la plus corruptible quand il se trouve
« quelqu'un qui la dirige pour diriger son maître, son
« *imagination.* De plus sots princes agissent de beau-
« coup plus sagement. Rien n'est plus dangereux que
« de l'esprit sans caractère, que le génie auquel
« manque la matière. Quand le feu a une fois trouvé
« son bois, il se tient tranquille et on n'a qu'à ne pas

« s'en approcher, pour être en sûreté ; mais la flamme
« sans aliment s'élance de tous côtés avec avidité, lèche
« çà et là et incendie mille objets avant qu'elle tienne
« sa proie et que sa proie la tienne. La poésie ne rassasie
« aucun prince, et s'il a un cœur faible qui ne puisse
« rien digérer de fort, il s'affaiblit lui-même. »

M. Bœrne a tranché d'un mot la question d'une troisième Restauration, que de bonnes gens se posent encore tout bas, et qu'ils travaillent sous main à résoudre de leur mieux. Parmi les raisons nombreuses et d'ordre divers qu'on peut mettre en avant contre ces patelines espérances, la sienne n'est pas la moins convaincante à mon gré, et elle a l'avantage d'être courte : « L'image
« de Napoléon, dit-il, est revenue après quinze ans, et
« les Bourbons resteront à jamais bannis. — Bien cer-
« tainement à jamais : car, à la troisième attaque
« d'apoplexie, l'homme meurt, fût-il roi. »

15 mai 1872.

SEXTUS [1]

PAR MADAME H. ALLART.

L'auteur de ce roman a longtemps vécu en Italie et y a beaucoup aimé le séjour de Rome, l'impression majestueuse et sévère des ruines, le profil encore conservé des caractères antiques sous la frivolité des mœurs et l'épicuréisme des sentiments. C'est ce côté toujours noble, toujours héroïque du type romain que madame Allart a voulu nous représenter dans Sextus, favori d'un cardinal, peut-être son fils, intendant de ses troupeaux dans les Maremmes, et l'un des hommes les plus distingués et les plus inutiles, hélas! de cet illustre pays. Tant de hautes facultés dissipées tour à tour dans un emploi mercenaire et dans d'indignes plaisirs, la confusion de tous les rangs et de toutes les condi-

---

[1]. On lit dans les *Enchantements de Prudence*, page 213, que M. Sainte-Beuve salua d'un court et aimable article le roman de *Sextus* dans la *Revue des deux Mondes*. Voici cet article, qui n'a jamais été recueilli.

tions dans le même cercle d'intrigues sensuelles, cette familiarité délicate, ingénieuse encore dans sa licence, où vivent pêle-mêle, en confidents ou en rivaux, cardinal, prince, abbé, intendant, favori : c'était là un fonds de roman tout à fait hors des données vulgaires, et duquel, avec une âme sérieuse et tournée à l'histoire, on devait tirer de fortes leçons. C'est ce qu'a fait madame Allart, et cela sans prodiguer les contrastes déclamatoires, sans s'arrêter à chaque instant pour s'étonner et faire remarquer, mais par le simple exposé, trop simple même et trop écourté souvent, de cette société qu'elle a observée à loisir.

L'héroïne du roman, Française de vingt-quatre ans, blonde au visage noble et animé, qui a quelque chose d'élégant, de modeste et de naturel dans toute sa personne, d'un abord parfois sévère, mais qui s'adoucit avec de la grâce et de la cordialité, telle enfin qu'on croit sentir en elle une âme à la fois aimable et forte, capable de grandes choses, mais sensible aux petites ; Thérèse de Longueville, au milieu des hommages dont elle est l'objet, et auxquels elle reste assez indifférente, ne tarde pas à distinguer Sextus, à le craindre d'abord (car d'anciens chagrins l'ont rendue prudente), puis à désirer de le revoir et de lui plaire. Un sentiment profond de dignité de femme une fois abusée respire dans Thérèse. L'éternelle pensée de ce qu'il y a encore au fond du génie romain, exalte et dévore Sextus. Ces deux êtres choisis sont destinés l'un à l'autre, et, après lutte première venant de quelque malentendu, ils doivent tout vaincre pour s'unir.

Par malheur, dans le roman, tel que l'a écrit l'auteur, la place manque aux développements. Ces deux personnes idéales et vraiment belles n'ont d'air ni d'espace qui les entoure, et où elles puissent se déployer. Familière dès longtemps avec ces types qu'elle perfectionne en secret et qu'elle aime, la femme distinguée qui a écrit ce livre n'a pas songé qu'il y avait lieu à une composition, et, dans un grand nombre de cas, elle a raconté ce qui les touche de plus important et de plus intime, en peu de mots, avec une sorte de brève négligence, comme on fait à la fin d'une lettre, lorsque le jour baisse ou que le papier manque. Il y a plutôt canevas qu'œuvre. Pourtant il nous semble que, dans ce genre de roman *austère*, comme elle l'appelle, je crois, madame Allart se pourrait créer une véritable originalité ; mais il lui faudrait se souvenir que si, dans le genre tendre et aventureux, il est permis, en composant, de laisser courir sa plume, qui va d'elle-même alors aux digressions faciles, aux grâces variées et abondantes, il devient indispensable, en abordant un ordre de sentiments plus contenu et plus réservé, de nourrir son expression et de marquer ses effets. En se rapprochant de l'antique et jusqu'à un certain point de la statuaire, ce genre de roman, un peu froid peut-être, appelle tout le soin de l'artiste, toute sa méditation lente au dedans, toute sa correction au dehors. La négligence autrement, environnée de sévérité, n'a rien qui charme et ressemble trop à de la sécheresse. Et puis, dans toute espèce de roman, même le plus élevé, le plus sérieux, le plus digne, n'y a-t-il pas lieu, par instants aussi rares qu'on voudra, mais quelquefois enfin, à s'asseoir, à s'oublier, à s'épanouir? Couleur, abandon, abondance, attendrissement, ne sont-ce pas là des sources délicieuses, qu'il ne faut jamais se fermer? Nous soumettons, sans prétendre les lui appliquer dans toute leur extension, ces remarques à l'auteur éclairé de *Sextus*.

Sextus est suivi de morceaux sur Rome, sur Naples, sur la Toscane, où l'on retrouve un esprit habitué au commerce et à la tournure des grands historiens, Machiavel et Guichardini, un coup d'œil moral et observateur.

1ᵉʳ juin 1832.

LI ROMANS
DE BERTE AUS GRANS PIÉS

PRÉCÉDÉ D'UNE DISSERTATION SUR LES ROMANS DES DOUZE PAIRS,
PAR M. PAULIN PARIS, DE LA BIBLIOTHÈQUE DU ROI.

En annonçant avec un vif plaisir[1] cette publication érudite et pleine de goût que M. Paris vient de faire de l'un des romans du cycle de Charlemagne, tel que le poëte Adenès l'a arrangé et rimé vers la fin du XIIIᵉ siècle, nous nous garderons de revenir en rien sur une polémique déjà ancienne dans laquelle nous n'avions pas hésité à prendre parti. Cette polémique, toutefois, si pénible quant à la forme, soulevait une question fondamentale qui nous semble devoir être réservée. La pensée de notre jeune et savant collaborateur consistait à rechercher dans les anciennes épopées françaises, non pas seulement les imaginations plus ou moins gracieuses des conteurs et des poëtes, non pas

---

1. Dans la *Revue des deux Mondes*.

le mérite et l'agrément littéraire de leurs romans, mais les croyances diverses des populations, les récits historiques altérés, les invasions mythologiques qui avaient laissé des traces. Pour cela, la comparaison de nos épopées avec le cycle germanique, avec le cycle scandinave, devenait indispensable ; notre cycle de la Table Ronde en particulier en pouvait recevoir une vive lumière. Cette pensée de notre collaborateur demeure intacte, selon nous, et nous espérons qu'il ne la laissera pas tomber. Mais à prendre les choses par un côté plus exclusivement français et gaulois, plus littéraire, en abordant nos vieux romans suivant l'aspect plus familier à nos érudits, en venant modestement à la suite de Lamonnoye, de Bouhier, de Sainte-Palaye, des savants auteurs de l'*Histoire littéraire*, sans arriver de l'Allemagne ni s'être nourri des *Niebelungen* ou des *Eddas*, mais s'adressant tout simplement à M. de Monmerqué, il y a lieu, sous le rapport du goût et d'une critique soigneuse et délicate, de faire des travaux précieux sur les vieux monuments de notre langue. C'est ce genre de mérite que M. Paris vient de prouver par sa publication de *Berte*, et par l'ingénieuse lettre à M. de Monmerqué qui en est la préface. Si l'on n'y remarque aucune vue d'ensemble bien nouvelle sur nos épopées, s'il se hâte trop, selon nous, de rejeter dans un horizon fabuleux ce qu'on pourrait appeler les *grosses* questions à ce sujet, on y trouve en revanche beaucoup de détails piquants, des rapprochements d'une scrupuleuse exactitude, le tout exprimé en ce style élégant et légèrement épigrammatique dont M. Abel Rémusat est le modèle dans l'érudition. Quant au roman, grâce aux notes essentielles, bien que discrètes, de M. Paris, il est d'une lecture facile, et respire dans toutes ses parties une naïveté charmante. Berte *aus grans piés* est la fille chérie du roi Floire et de la reine Blanchefleur de Hongrie; accordée au roi Pépin en mariage, elle arrive avec sa suite composée de Margiste, espèce de gouvernante, d'Alice, fille de Margiste, et de leur cousin Tybert. Les noces se font; les ménestrels jouent devant les futurs époux de la harpe, de la vielle et de la flûte; on festine, on *carole*. Mais voilà que Margiste, mauvaise conseillère, imagine de dire à l'oreille de Berte que Pépin est un mari à craindre, et qu'elle sait de bonne part, qu'il pourrait bien la tuer dès cette nuit.

Là-dessus la pauvre Berte se met à fondre en larmes. Que faire? Comment échapper à ce mari qui tue ses femmes, à ce Pépin, vrai Barbe-Bleue? Or, Margiste a sa fille Aliste, suivante de Berte, Aliste qui ressemble à Berte mieux qu'un peintre ne saurait la peindre, et d'ailleurs Pépin n'y regarde pas de si près. Aliste donc se dévoue au lit du roi; mais une embûche entre elle et sa mère est préparée. Pendant qu'Aliste est au lit, un peu avant le jour, Margiste introduit Berte dans la chambre sous je ne sais quel prétexte, probablement pour qu'elle s'assure si la pauvre Aliste est réellement morte en sa place. Aliste, qui a un poignard tout prêt, le tire aussitôt, s'en pique légèrement à la cuisse, le passe aux mains de Berte, qui le prend sans savoir pourquoi; puis Aliste se met à crier, à réveiller le roi qui continuait de dormir, à montrer son sang, bien qu'il fasse nuit, et à accuser Berte, que la vieille Margiste vient saisir aussitôt comme sa fille, et la disant folle, sujette à ces frénésies. On la bâillonne, on demande la permission de l'envoyer perdre au bon roi Pépin, qui consent à demi-endormi. Tybert, le cousin, est prévenu avec deux hommes d'armes, et, avant le matin, la pauvre Berte, bâillonnée, voyage, pour être mise à mort, vers la forêt du Mans.

Mais, quand les hommes d'armes qui sont avec Tybert, voient Berte si belle, ils ne la veulent plus tuer. Une querelle entre eux et lui s'engage, et Berte s'échappe dans les bois. Elle va, elle erre dans ces bois bien des jours et des nuits, priant la Vierge et les saints, maudissant Margiste, et se répétant maintes fois : « Que diraient le roi Floire et la reine Blanchefleur, s'ils savaient que Berte, leur fille, est ici ? » La situation de cette pauvre Berte égarée ressemble extrêmement à celle d'Una dans *Spencer*, de la vierge dans le *Comus* de Milton, et de la belle Damaïanti des poëmes indiens. Ce sont des voleurs qui surviennent; l'un la veut prendre pour femme, l'autre la lui dispute : Berte s'échappe encore. Elle trouve un ermitage; mais le vieil ermite ne la peut recevoir à cause d'un vœu, et d'ailleurs il ne sait trop si ce n'est pas une tentation ; car, malgré sa robe déchirée, la pâleur de son front et ses pieds en sang, Berte est bien belle. A propos, n'est-ce donc pas à cause de tant marcher par la forêt, que ses *grans piés*, pauvre Berte! lui sont venus? Le bon ermite, quoi qu'il en soit, lui a donné un peu de nourriture : il l'a remise dans son chemin, vers la maison de Symon, qui est un noble homme hospitalier. Berte s'y achemine, bénissant le bon ermite. Un ours traverse la route, mais ne la voit pas. Elle arrive chez Symon, où sont Constance sa femme, et ses deux filles, qui deviennent comme ses sœurs ; car il faut dire que, durant ses périls, Berte a fait vœu, si elle échappait, de ne pas dire qu'elle est la reine et de rester pauvre et méconnue. Elle s'établit donc chez Symon. Moyennant quelque histoire qu'elle invente, on la garde : elle sait d'ailleurs si bien travailler et filer! Elle demeure là, dans la forêt, *neuf ans et demi*, toujours sage, toujours fraîche et belle. Pendant ce temps, la fausse reine se fait détester et accable ses sujets de son avarice. Elle a du roi deux fils, deux bâtards, Heudry et Rainfroy, qui deviendront par la suite de méchants chevaliers; mais la reine Blanchefleur arrive un jour de Hongrie, pour visiter sa fille si chère. La fausse reine a beau faire la malade et se cacher dans ses rideaux : elle est démasquée, chassée ; on brûle Margiste, et l'on cherche la pauvre Berte, mais sans la trouver. Ce n'est que plus tard, un jour où le roi Pépin est à la chasse dans la forêt du Mans, qu'il s'égare et la rencontre au sortir d'une chapelle isolée, où elle venait de prier Dieu et la Vierge pour son père Floire, sa mère Blanchefleur, et ce roi Pépin lui-même qu'elle *n'oublie mie*. Il y a, nous le savons, *neuf ans et demi* de séparation : aussi on n'a garde de se reconnaître; mais Berte est toujours belle, et Pépin toujours galant. Il descend de cheval, et la prie d'amour, et la veut emmener *en France*, lui disant, pour la décider, qu'il est maire du palais du roi; mais Berte, en cette crise, et ne sachant comment arrêter ce seigneur entreprenant, se déclare, se nomme. On devine le reste. Berte, la *blonde*, l'accomplie, rentre dans ses droits, et d'elle naquit la femme de Milon d'Ayglent, mère du brave Roland; d'elle, de Berte la *Débonnaire*, naquit Charlemagne.

Tel est le sec canevas de ce poëme, dont la parfaite naïveté éveille involontairement dans l'esprit du lecteur l'essaim des moqueries familières à l'*Arioste*. M. Paris nous promet la série des autres romans des douze pairs. Nous suivrons cette continuation avec l'intérêt qu'inspirent ces récits des vieux trouvères qui firent les délices de nos aïeux.

1ᵉʳ juin 1832.

DE L'EXPÉDITION D'AFRIQUE

EN 1830 [1],

PAR M. E. D'AULT-DUMESNIL, EX-OFFICIER D'ORDONNANCE
DE M. DE BOURMONT.

Nos lecteurs [2] ont accueilli avec empressement la relation si vive et si pittoresque, que M. Barchou-Penhoën a donnée de la campagne d'Alger ; on s'est plu à le suivre dans les spectacles divers qu'il nous a fortement représentés, les colorant de son impression personnelle, les entremêlant de sa réflexion métaphysique. Voici maintenant un autre témoin de la campagne d'Afrique, un autre narrateur, que nous recommandons également. M. d'Ault-Dumesnil, attaché au général en chef par sa position et aussi par les sentiments de confraternité qui l'unissaient à ses fils, à celui qui mourut en Afrique en particulier, indépendant d'ailleurs d'esprit et de caractère, a été, dès le premier jour, à même d'observer l'expédition par le centre et du côté intérieur et dirigeant. Il avait dès lors la

[1]. Se vendait au profit des blessés nécessiteux de la campagne d'Alger.
[2]. De la *Revue des deux Mondes*.

pensée de mettre à profit cette observation de chaque jour et de chaque heure, pour écrire une histoire complète de cette grande entreprise, dont les résultats, tout négligés qu'ils sont, ne doivent pas périr. Les événements qui survinrent au retour, le jour faux et l'obscurcissement injuste où fut rejetée cette expédition glorieuse, les préjugés, parfois calomnieux, qui la dénaturaient, engagèrent M. d'Ault à ne pas attendre; et, tout en ajournant son premier projet plus vaste, il inséra dans *l'Avenir* une série d'articles remarquables, où, avec une bonne foi et une indépendance pleine de mesure, il chercha à replacer à leur vrai point de vue les faits et les hommes. C'est le recueil de ces articles composant une brochure assez volumineuse que nous annonçons. Nous eussions désiré peut-être que l'auteur s'y montrât parfois moins sobre de détails personnels et des particularités épisodiques dont sa mémoire abonde, et que ceux qui l'ont entendu trouvent avec un charme infini dans sa conversation; mais son but dans ce récit a été plus grave, plus circonscrit aux points essentiels et aux questions qui peuvent concerner l'histoire. Aucun témoignage, en effet, ne nous semble mériter plus de poids que celui de M. d'Ault, et par la situation intime de laquelle il a vu, et par l'esprit éclairé autant qu'attentif qu'il y a porté, et enfin par la véracité de sa parole. Il n'était pas de ceux qui n'aimaient dans la conquête d'Afrique qu'une distraction périlleuse et brillante, une occasion d'avancement, ou la satisfaction détournée d'une idée politique à l'intérieur. Il a vu, dès l'abord, dans l'entreprise, une conquête de la civilisation chrétienne sur la barbarie. La colonisation lui apparaissait au delà de la guerre, et tout en lui élargissait cette pensée. Rallié de cœur aux principes de cette philosophie catholique, dont MM. de La Mennais et Gerbet sont les principaux organes, M. d'Ault ne conçoit Alger tout à fait bien colonisé que lorsqu'il sera aussi un peu évangélisé. Ses idées là-dessus qui ajoutent un élément de plus, l'élément d'esprit et de vie aux plans d'ailleurs si judicieux du maréchal Clausel, méritent d'être méditées. C'est un rapprochement sur lequel nous ne pouvons nous empêcher de revenir à l'honneur du sérieux de notre temps, que celui de deux jeunes hommes, tels que MM. d'Ault et Barchou, sachant faire, tout au sortir des états-majors, un emploi aussi élevé de leurs loisirs. M. Barchou, puisque nous l'avons nommé, nous prépare en ce moment une série d'articles sur les systèmes métaphysiques de l'Allemagne, dont ceux qu'il a publiés déjà sur M. Ballanche et sur Fichte font suffisamment augurer. M. d'Ault, attaché aux travaux de *l'Avenir* jusqu'à sa cessation, et depuis aux études intérieures que poursuit cette école de philosophie religieuse, professait cet hiver, parallèlement à MM. Gerbet et de Coux, un cours où il s'occupait de la littérature espagnole, considérée comme littérature catholique.

20 juin 1832.

ÉTIENNE JAY

RÉCEPTION A L'ACADÉMIE FRANÇAISE.

Pendant que les destinées du pays, sa stabilité comme sa gloire, se trouvent plus que jamais remises en question par l'aveuglement d'une coterie triomphante ; pendant que les violences succèdent aux fautes, que les leçons de quarante années de révolution se perdent en un jour, et que les constitutions naissantes auxquelles on croyait quelque vie reçoivent, de la main de leurs auteurs, d'irréparables ébranlements ; pendant, en un mot, que la capitale de la France est en état de siége, et que les conseils de guerre prononcent peut-être quelque nouvelle condamnation à mort, aujourd'hui mardi, l'Académie française tenait sa séance solennelle, et M. Arnault recevait M. Jay.

L'assemblée était assez nombreuse, quoique médiocrement empressée : on ne s'attendait pas à quelque chose de bien vif, évidemment; mais, désœuvrement et habitude, peu à peu la portion de la salle destinée au public s'est remplie. Quant aux bancs des académiciens, les honorables membres y étaient fort irrégulièrement semés; on cherchait beaucoup de fronts illustres qu'on n'y trouvera plus : la mort, depuis quelques mois, a cruellement sévi. — M. de Chateaubriand n'y était pas.

Il s'agissait de remplacer et de louer M. l'abbé de Montesquiou, ancien membre de l'Assemblée constituante et ministre de Louis XVIII, rédacteur, pour toute littérature, de quelques discours sur les affaires du clergé en 89 et du préambule de la Charte de 1814, académicien du reste en vertu de l'ordonnance Vaublanc.

M. Jay n'a nullement reculé devant la tâche obligatoire : il a pris M. de Montesquiou depuis son entrée sur la scène politique jusqu'à sa mort; il a encadré, entre l'apparition et le décès de M. de Montesquiou, toute notre révolution, se rejetant, quand la vie du héros faisait faute, sur Castor et Pollux, sur la Convention et sur l'Empire, lançant son petit trait au passage contre les passions sinistres et contre *la manie des conquêtes*, manie qui n'est guère contagieuse apparemment. De ce qu'a dit M. Jay et de ce qu'a ajouté de son côté M. Arnault à l'éloge du défunt, il est résulté que M. l'abbé de Montesquiou avait *de l'éloquence*, qu'il possédait une finesse d'esprit et un piquant de conversation qui auraient pu, dans l'application à la littérature, se réaliser en œuvres délicates, ingénieuses, surtout en œuvres d'un excellent goût, et certainement contraires à la barbarie du jargon moderne. On a trouvé cela de bon en lui qu'*il n'était ni tout à fait homme d'église, ni entièrement homme de cour*. Enfin on a beaucoup agité la question de savoir s'il était, ou du moins s'il se croyait véritablement académicien : car, interrogé un jour sur un fait ou sur un vote relatif à l'Académie, M. de Montesquiou avait répondu avec ce tact exquis, particulier, comme on sait, aux gens de sa qualité, et dont la tradition se perd de jour en jour, il avait répondu, dis-je : « Suis-je donc académicien ? » Le *que sais-je?* de Montaigne et le *peut-être* de Rabelais, ne valent pas ce doute sublime qui suffisait presque pour mériter le fauteuil et en justifier la possession à l'abbé gentilhomme. Ce mot de M. de Montesquiou a paru au public le trait le plus piquant peut-être du discours de M. Jay.

Toujours, sur cette question de savoir si M. l'abbé de Montesquiou s'estimait dûment académicien, on a produit des révélations importantes. Il a été constaté que pas une seule fois, depuis sa nomination par ordonnance, M. de Montesquiou n'avait mis les pieds dans la salle des séances de l'illustre compagnie. Mais comme ç'aurait pu être par dédain de grand seigneur autant que par scrupule de conscience honnête, il a été constaté en outre que M. l'abbé de Montesquion ne faisait pas fi des jetons, non pas des jetons de présence, puisqu'il ne venait pas, mais de la modique rétribution attachée foncièrement au fauteuil, même où l'on ne s'est jamais assis. Par cette espèce de juste-milieu, l'abbé ex-ministre ne blessait ni Louis XVIII, ni sa conscience, ni l'Académie. MM. Arnault et Jay, dans la séance d'aujourd'hui, ont tiré fort au clair ce problème.

Indépendamment de l'éloge de M. l'abbé de Montesquiou, M. Arnault avait à faire celui de M. Jay, et il s'en est acquitté avec une magnifique bienveillance. M. Jay a composé autrefois une *Histoire du cardinal de Richelieu*, en deux volumes, assez exacte quant aux faits, nette, mais peu approndie, sans vues, sans énergie, sans couleur. Cette coïncidence heureuse entre la réception de l'historien de Richelieu et l'éloge indispensable du cardinal fondateur de l'Académie n'a pas échappé à la sagacité du président-directeur, et il a terminé sa harangue par une péroraison laborieuse, où s'entrelaçaient le panégyrique du cardinal et celui de son historien, le tout couronné d'une irrésistible invective contre un ministre funeste, qui n'est autre que M. de Vaublanc.

C'était l'occasion sans doute de revenir sur cet arbitraire mesquin qui s'acharnait à des titres littéraires et à des droits consacrés. Il convenait surtout à M. Arnault, victime de ce procédé odieux, de le qualifier avec une sévérité de juge; mais, osons le dire, le goût, dont il a

tant été question dans cette séance, ne lui commandait-
il pas plus de mesure et de brièveté dans une cause
qui est personnellement la sienne? N'était-ce pas d'ailleurs, puisqu'on y insistait, le lieu de se souvenir de
quelques noms célèbres, écartés encore aujourd'hui
presque aux mêmes titres, et sur lesquels l'injustice de
M. de Vaublanc pèse toujours? Enfin, cette convenance qui prescrivait à M. Arnault d'être court sur un
sel sujet, qui lui prescrivait pourtant de ne pas omet-
tre quelques noms rayés en même temps que le sien
et restés jusqu'ici absents, lui interdisait-elle donc, à
lui naguère proscrit, de sortir un moment du cadre
étroit de cette enceinte, de se rappeler à l'esprit ce qu
te passe autour de nous, ce qui s'y accomplit d'arbitraire, ce qui y règne de violent et d'inusité? D'où
vient cette chaleur d'invectives contre les Vaublanc
d'autrefois, qui s'attaquaient à des fauteuils d'acadé-
imiciens? d'où vient ce silence absolu sur nos faiseur
d'arbitraire d'aujourd'hui, qui s'attaquent, non pas à
des titres littéraires, à des fauteuils, mais aux garanties
les plus inviolables du citoyen, qui jugent prévôtale-
ment, et qui, avant peu de jours, si une clameur équitable ne s'élève, fusilleront? Hommes de l'opposition
des quinze ans, dites, n'avez-vous plus de puissance
d'indignation que contre des souvenirs?

Nous nous permettrons aussi de trouver que la chaleur de parole et l'emportement exemplaire avec lesquels on a remis sur le tapis, à propos de M. Jay, des

questions déjà bien vieilles de goût et de genres en littérature, ne sont plus en rapport avec la préoccupation du public, ni même avec l'atmosphère de l'Académie. Sans doute il est trop vrai de dire que la langue, dans ce qu'elle avait d'excellent, se déforme, se perd de jour en jour ; qu'elle est à la merci de tous, tiraillée, gonflée, bigarrée en cent façons, et qu'au train dont on la mène, on ne peut savoir, d'ici à cinquante ans, ou seulement à vingt-cinq, ce qui en arrivera. Sans doute les genres se confondent et se heurtent horriblement ; le mauvais déborde ; l'ignoble nous repousse et envahit la scène de toutes parts. Mais est-ce une raison de méconnaître les nobles efforts qui se tentent, et de jeter la pierre aux œuvres infatigables par lesquelles des esprits puissants essaient de surmonter la décadence qui nous presse? Il est fâcheux surtout que l'exemple du bon goût et du bon style n'accompagne pas toujours la satire qu'on fait du mauvais. Nous avons cru remarquer dans le discours de M. Arnault, et aux endroits les plus fulminants par l'intention, des taches de langage qu'assurément M. Jay, puriste autrement rigoureux, n'eût pas laissé subsister. Quant à M. Jay lui-même, quels obstacles, je vous le demande, de tels écrivains opposent-ils à la décadence d'une littérature et d'une langue? par quelles œuvres, par quels échantillons, du moins, protestent-ils contre le goût de leurs contemporains? Disciples amoindris des Suard et des Morellet, ils glanent çà et là dans Addison, dans Franklin, dans Voltaire; ils ont une manière qui louvoie entre toutes les qualités, qui se ménage entre tous les défauts; ce sont les modèles du *style négatif*. Ils disent des banalités avec un air de finesse qui semble promettre; on cherche, on attend, et rien n'arrive. Ils peuvent avoir eu à certains moments, et pour la vulgarisation de certaines idées justes, leur genre d'utilité, qu'il nous appartient moins qu'à personne de leur dénier; mais, comme écrivains, comme personnages littéraires distincts, ils ne sont pas.

Nous n'en voudrions pour preuve que le discours de réception prononcé aujourd'hui par M. Jay: M. Viennet, placé à droite, malgré la foudre qu'il tâchait de mettre dans ses regards et la pose toute martiale qu'il affectait, n'a pu communiquer à ce discours la moindre apparence de vie, le moindre éclair.

La séance s'est terminée par un rapport de M. Andrieux, secrétaire perpétuel, sur le concours déjà ouvert depuis plusieurs années, et dont le sujet est la charité considérée dans son principe, ses applications et son influence, relativement à la société : il y a eu trois mentions et pas de prix. M. Lemercier a fini par la lecture d'une ode contre la dégradation de la morale publique et des beaux-arts.

Dans la situation toute secondaire où est descendue l'Académie française et d'où il est difficile qu'elle se relève, n'ayant ni action directe, ni but propre, elle paraît décidée à se recruter en grande partie parmi les hommes politiques, comme autrefois elle faisait parmi les grands seigneurs, et elle aura raison, pourvu que, de temps à autre, elle ne dédaigne pas d'ouvrir ses invalides à quelque littérateur pur et simple qui aura la témérité de se mettre sur les rangs. Mais, même entre les hommes politiques, il y a une sorte de choix littéraire, et jusqu'ici l'Académie n'a pas eu toujours la main heureuse. On parle pour la prochaine fois d'un homme politique encore; rien de mieux; quelques-uns désignent M. Dupin aîné, beaucoup prétendent qu'on nommera M. de Salvandy.

21 juillet 1832.

LA REVUE ENCYCLOPÉDIQUE

PUBLIÉE PAR MM. H. CARNOT ET P. LEROUX.

Un des traits les plus caractéristiques de l'état social en France, depuis la chute de la Restauration, c'est assurément la quantité de systèmes généraux et de plans de réforme universelle qui apparaissent de toutes parts et qui promettent chacun leur remède aux souffrances évidentes de l'humanité. Il semble que la chute définitive de l'ancien édifice, qu'on s'obstinait à restaurer, ait, à l'instant, mis à nu les fondements encore mal dessinés de la société future que les novateurs construisaient dans l'ombre. Pris ainsi au dépourvu par l'événement, les novateurs se sont crus obligés de finir en toute hâte ce qu'ils avaient jusque-là essayé avec plus de lenteur; et sur quelques fondements réels, sur quelques faits ingénieusement observés, ils ont vite échafaudé leur monde; ils ont bâti en un clin d'œil, temple, atelier, cité de l'avenir. Si l'humanité n'a pas encore fait choix d'un abri, ce n'est certes pas faute d'être convoquée chaque matin en quelque nouvelle enceinte. Mais, toute souffrante qu'elle est incontestablement, tout exposée qu'on la voit aux fléaux de la nature et à l'incurie de ses guides, cette pauvre humanité ne paraît pas empressée de courir à l'un plutôt qu'à l'autre de ces paradis terrestres qu'on lui propose. Elle attend ; elle se sent mal et accepterait avec reconnaissance tout soulagement positif qu'on lui voudrait apporter. Mais, pour la convaincre, il ne faut pas trop lui promettre ; elle n'en est plus aux illusions de l'enfance ; et, sans prendre la peine d'examiner longuement, il lui suffit d'opposer aux magnifiques avances de ces bienfaiteurs cette réponse de simple bon sens, que *qui prouve trop ne prouve rien.*

La quantité de systèmes généraux et de théories sociales qui s'élèvent est pourtant un symptôme notable bien digne de grave réflexion. On en peut augurer que, sous le malaise actuel de la société, il se prépare un travail d'amélioration effective dont quelques éléments pénètrent plus ou moins dans ces ébauches, en partie chimériques, auxquelles nous assistons. Pour tout ce qui concerne l'industrie principalement, et l'association des travailleurs, nul doute qu'il n'y ait beaucoup à profiter des vues neuves, précises, jetées en avant par les économistes de ces divers systèmes, et opposées à l'art de *grouper des chiffres*, ainsi qu'aux autres jongleries de nos financiers. Mais dans leur recherche du positif, dans leur préoccupation exclusive d'un bien-être assurément fort désirable, les inventeurs et sectateurs des systèmes dont nous parlons se sont, dès l'abord, laissé emporter à un dédain peu motivé pour les droits politiques, les institutions et les garanties, objet de combat et de conquête depuis quarante ans : peu s'en faut qu'ils ne voient dans ces profitables luttes de simples querelles de mots. L'apostasie de nos gouvernants, l'impudente palinodie de certains hommes qui se retournent aujourd'hui contre les idées dont ils sont issus; l'hésitation de la société à se reconnaître et à reprendre son train progressif au milieu du désappointement qui a suivi la dernière secousse; toutes ces circonstances ont favorisé chez quelques esprits élevés, mais trop absolus, trop prompts, le dénigrement inconsidéré des principes et des garanties qui sont pourtant devenus plus que jamais l'indispensable condition de la société moderne. Or, sans ces garanties et ces libertés pour lesquelles il nous faut encore combattre tous les jours, l'organisation industrielle la mieux entendue ne saurait ni s'établir ni porter ses fruits. On retomberait vite dans l'exploitation de l'homme par l'homme, dans les mille abus criants et désastreux qui sont en tout temps possibles et même inévitables dès qu'on cesse de se prémunir : la dignité manquerait au grand nombre comme le bien-être.

Les directeurs de la *Revue encyclopédique*, MM. H. Carnot et Leroux, paraissent s'être rendu compte à peu près ainsi de la situation présente des doctrines, et c'est à la conciliation des systèmes nouveaux d'économie politique et d'organisation des travailleurs avec les libertés des citoyens et les inaliénables conquêtes de notre Révolution, que leur recueil estimable semble de plus en plus consacré. *Liberté, égalité, association,* telle est leur devise; tel est le problème général qu'ils se proposent. Lancés fort avant par leurs antécédents au sein de l'association saint-simonienne, ils en ont retenu beaucoup de considérations historiques et économiques, mais en les dégageant du mysticisme dans lequel on les avait noyées. *Le National* a déjà signalé à l'attention du public les excellents travaux de M. Émile Péreire sur l'assiette de l'impôt et le budget. Aujourd'hui, M. Jean Reynaud, dans un premier article, qui a pour titre : *De la nécessité d'une représentation spéciale pour les prolétaires,* pose les bases de la politique adoptée par ses collaborateurs. Cette politique touche à la nôtre et à celle de la presse quotidienne par assez de points, et aussi elle en diffère assez sur quelques autres, pour que nous devions chercher à la faire connaître et à l'apprécier.

Suivant M. Reynaud, on a eu tort de tant décrier les formes représentatives; elles sont précieuses à conserver : c'est un cadre où toutes les idées avancées de réforme peuvent s'introduire ; il ne s'agit que de faire concorder ce cadre dans ses divisions et compartiments avec l'état vrai de la société. Or, selon M. Reynaud, par suite de notre dernière révolution, l'élément aristocratique et nobiliaire ayant disparu, les autres éléments qui restent se trouvent élevés chacun d'un degré, et sont, pour ainsi dire, montés d'un cran. Les bourgeois ont pris la place de l'ancienne aristocratie, et, dans le jeu de la machine représentative, doivent en remplir la fonction. Cela étant, les prolétaires, c'est-à-dire les non-propriétaires, la classe des ouvriers des villes et des paysans des campagnes, arrivent de droit à saisir le rôle laissé vacant par l'avancement de la bourgeoisie. De là deux Chambres, l'une représentant l'intérêt bourgeois, l'autre l'intérêt largement populaire. C'est, suivant M. Reynaud, la lutte de ces deux intérêts, désormais en présence, qui va occuper la période où nous entrons; c'est cette lutte sourde et inégale qu'on retrouve, depuis deux ans, au fond de toutes les questions politiques. « Il était évident, dit M. Rey« naud, qu'un gouvernement issu de la classe bour« geoise ne devait, au dedans et au dehors, représenter « d'autre intérêt que celui de cette classe. C'est ce que, « depuis juillet, malgré la clameur universelle, il a « exécuté avec une sévère et imperturbable logique; « c'est ce qui a fait sacrifier la République à la quasi« Restauration; c'est ce qui a fait sacrifier l'honneur du « nom français, le sang de la Pologne, la liberté de « l'Espagne et de l'Italie, à l'exigence et au despotisme « des rois; c'est ce qui a fait sacrifier toute amélioration du sort de la classe ouvrière à l'étroit égoïsme

« de la classe bourgeoise, sacrifier aux menues fantai-
« sies d'un fils de roi la somme destinée à l'éducation
« des fils de cent mille prolétaires ; c'est ce qui a main-
« tenu l'impôt sur les boissons et sur le sel, et rejeté les
« blés étrangers par delà nos frontières ; c'est ce qui a
« ouvert nos provinces aux insolentes violences des car-
« listes, troublé nos villes aux éclats de la voix des pro-
« létaires se frayant une issue sur les places publiques,
« souillé nos régiments du sang des citoyens, et répan-
« du de toutes parts sur le sol ces étincelles qui allu-
« ment la guerre civile au sein des nations. Et si l'on
« vient citer le don de la liste civile et la proposition
« des céréales pour prétendre que le gouvernement
« n'a pas toujours strictement agi dans l'intérêt de la
« classe dont il était issu, je dirai que, dans les douze
« millions donnés à Louis-Philippe, je vois le bourgeois
« courtisan essayant de faire briller avec de l'or son
« trône quasi-royal, et dans l'importation des blés le
« bourgeois prévoyant craignant d'éveiller la colère du
« peuple et les émeutes de la famine. »

La vue de M. Reynaud est assurément ingénieuse,
pleine de justesse et de portée; mais c'est dans les
conséquences auxquelles il arrive qu'il nous paraît sortir des faits réels et des améliorations praticables. Si,
par ces deux Chambres, organes de deux intérêts divers, il entendait seulement : 1° une Chambre représentant plus particulièrement la propriété, l'âge, les
grands services rendus au pays, l'illustration acquise,

tout ce qui fait qu'on se rattache plus ou moins directement à la conservation ; 2° une Chambre active, énergique, renouvelée souvent, retrempée dans le peuple, sans aucun cens d'éligibilité, résultant de l'adjonction des capacités et d'un cens électoral très-bas, que chaque progrès nouveau, apporté dans l'instruction et la moralité des masses, permettrait de baisser encore ; si M. Reynaud l'entend de la sorte, son vœu ne diffère pas notablement du nôtre ni de celui de nos confrères qui réclament, comme nous, les institutions dites républicaines. Mais il est évident, quoiqu'il ne se soit pas expliqué fort longuement jusqu'ici sur ce dernier point, qu'il entend parler d'une théorie en partie neuve et d'une vue qui aurait échappé jusqu'ici aux divers organes de la presse quotidienne. En un mot, bourgeois en masse d'un côté, Corps électoral uniquement composé des prolétaires de l'autre, ce serait ainsi que nous entreverrions sa classification nouvelle du Corps politique. Une mise en présence aussi tranchée de deux intérêts différents, de deux portions de la société aussi inégales, de ceux qui ont et de ceux qui n'ont pas, ne nous paraît avoir aucun inconvénient dans une analyse philosophique, et peut même être commode pour manier, pour dégager certaines vérités sociales et les exprimer plus en saillie ; mais il n'en serait pas ainsi, suivant nous, dans la pratique. Nous ne concevons le système de M. Reynaud possible qu'avec des tempéraments et des gradations qui le ramèneraient à ne plus être qu'une variété du nôtre, de celui qui nous semble, après tout, atteindre à la même solution par voie indirecte, mesurée et sûre.

Mais on sent combien il est profitable pour l'accélération des esprits que de telles questions de philosophie politique se traitent dans un recueil accrédité, avec développement, avec science, amour du bien, et un talent d'expression qui y répand lumière et chaleur.

Sur les autres sujets d'investigation et de noble inquiétude où s'est aventurée la pensée ardente de ce siècle, la *Revue encyclopédique* conserve cette ligne avancée, ce poste honorable d'avant-garde philosophique, qu'il est toujours bon d'avoir essayé de tenir, même lorsque par endroits on serait contraint de se replier. La Religion et l'Art, ces deux points élevés, ces deux sommets que quelques-uns croient apercevoir devant nous à l'horizon, et qu'ils tâchent de démontrer aux autres, lesquels prétendent n'y rien voir ; ces deux pics merveilleux, qui ne sont pour certains regards sévères qu'une fantaisie dans les nuages, apparaissent aux directeurs de la *Revue* comme les deux phares de l'avenir ; ils essaient souvent de s'en approcher et d'en gravir les premières hauteurs. Nous signalerons, comme le morceau le plus brillant qui nous présente leurs conjectures à ce sujet, celui de M. Leroux, sur l'*influence philosophique des études orientales ;* ce sont des pages, sinon vraies de tout point, du moins d'une verve hardie et d'un remarquable éclat littéraire.

La *Revue encyclopédique* n'a pas simplement pour objet d'être un *magazine* bien fait, bien meublé de morceaux divers et suffisamment assortis, comme l'est, par exemple, la *Revue des Deux Mondes*, la meilleure publication de ce genre ; mais c'est un recueil systématique, fidèle à son titre, ayant une sorte d'unité et une direction de doctrine dans tous les sens. En politique, l'avénement du prolétariat ; en religion, l'hostilité contre le christianisme, contre le spiritualisme pur, et l'appel à un panthéisme encore confus ; en art, le symbolisme le plus vaste : tels nous apparaissent les principes généraux, flottants sans doute, mais pourtant saisissables, inscrits sur les bannières de cette école. Nous n'avons rien ici à objecter à ces doctrines inégalement évidentes pour nous, sinon cette inégalité même et les rapports peu nécessaires, à ce qu'il semble, qu'elles ont réciproquement entre elles : on s'en aperçoit à l'espèce de fatigue qu'éprouvent par moments les écrivains à les préciser et à les lier. Aussi, tout en félicitant les écrivains de la *Revue* de leur noble effort pour replanter un véritable arbre encyclopédique au milieu de notre sol poudreux et tant de fois balayé, nous les louons de ne pas négliger les morceaux de science et de littérature positive qui s'adressent à tous les bons esprits, et qui sont, d'ici à un assez long temps encore, les seuls produits toujours possibles et d'une culture qui ne trompe jamais. Nous les engageons à donner de plus en plus à ce côté de leur recueil une attention qui tournera elle-même au profit des idées générales dont ils sont les promoteurs. Avec la capacité philosophique éminente qui distingue les écrivains de cette école, s'ils savent tempérer leur ardeur à généraliser, ne pas forcer les conséquences encore lointaines de principes seulement entrevus, ne pas les étendre dès l'abord à tout; s'ils continuent d'exercer cette faculté de comprendre, cette chaleur sympathique de leur esprit, sur les sujets nombreux susceptibles de solutions partielles et incontestables, nul doute qu'ils ne fondent un honorable centre où bien des esprits se rallieront et où l'élite du public s'habituera de plus en plus. La philosophie du XIXe siècle se cherche elle-même ; voilà déjà trois ou quatre fois en quinze ans qu'elle croit s'être trouvée et qu'elle va criant par les rues à la découverte avec la joie d'Archimède. Ces fréquentes mystifications ont dû rendre circonspects et le public qui s'est fatigué, et la philosophie qui se cherche encore. Cette philosophie pourtant, nous le croyons, n'est pas destinée à une éternelle poursuite sans résultat ; et nous croyons aussi que, ces résultats se produisant, les rédacteurs de la *Revue encyclopédique* sont faits pour y apporter beaucoup.

Un excellent bulletin bibliographique, très-complet, très-nourri de longues analyses et de jugements consciencieux, remplit la moitié de chaque cahier de la *Revue* et formerait seul une lecture essentielle, indépendamment des articles plus généraux qui précèdent.

31 août 1832.

DUPIN AINÉ

RÉCEPTION A L'ACADÉMIE FRANÇAISE.

M. Dupin aîné remplaçait M. Cuvier à l'Académie française; c'était une situation piquante et qui promettait de rompre la monotonie de plus en plus fastidieuse de ces sortes de solennités. M. Dupin, orateur brusque, caustique, original, jeté là sous l'habit vert-pomme au milieu des compliments obligés, tenu de s'astreindre à certaines formules de discours et à certaines idées héréditaires de fauteuil en fauteuil, comment s'en tirerait-il sans manquer à lui-même ni à son éloquence? par quelle issue sa verve s'échapperait-elle? par quel biais imprévu trahirait-il sa vive et pétulante humeur? Dans la position toute particulière où il se trouve depuis quelques mois, personnage politique important, ballotté par les conjectures diverses de l'opinion, jugé avec une sévérité équitable pour avoir déserté un admirable rôle en une circonstance récente, désigné pourtant encore comme ressource prochaine et dernière d'un système qui a usé tous ses hommes, comment M. Dupin allait-il aborder le public pour la première fois depuis sa grande et irréparable faute? quel front allait-il montrer à cette foule, bien tiède, bien étiolée, bien *de loisir* sans doute, mais enfin un peu curieuse et maligne, comme toutes les foules, même les plus choisies? Le front de M. Dupin ne se déconcerte guère, comme on sait; il rougit malaisément, d'habitude; les embarras ne s'y lisent jamais : sa lèvre, en ces moments-là, est seulement un peu plus arrogante que de coutume, sa parole plus décidée, sa probité de langage plus austère. Je me disais tout cela en regardant ce front bosselé qui, certes, manque beaucoup moins d'énergie que de vraie noblesse et de grandeur; cet œil inégal et mobile sous un sourcil disgracieux; cette dent vive, en saillie, prompte à la morsure; et je me demandais comment ce masque vivant d'orateur allait s'employer dans la harangue académique d'usage, quand M. de Jouy a déclaré la séance ouverte, et M. Dupin a commencé.

M. Dupin a rendu d'abord à l'Académie et à tout l'Institut cette justice que c'était une *pairie non héréditaire*, une *pairie* du savoir et du talent, où nul choix du pouvoir, nulle intervention étrangère ne vous portait, et où chaque membre arrivait par le seul et libre suffrage de ses égaux. Ce suffrage libre des égaux auquel il attache, et avec raison, tant de prix, lui a fait dire que les trois honneurs qu'il se glorifiait le plus d'avoir reçus dans sa vie étaient : 1° sa charge de bâtonnier de l'ordre des avocats, après trente ans de profession ; 2° sa mission de député du département qui l'avait vu naître; 3° sa qualité enfin de membre de l'Académie française. Ceci était bien ; ceci sentait l'homme du tiers état, l'homme d'un barreau courageux et indépendant, le citoyen qui, comme Roland et Dupont de l'Eure, eût pu devenir ministre en gardant ses gros souliers à cordons! Mais ceci n'était plus qu'une jactance oratoire, une morgue de faux homme de bien, du moment que, magistrat investi des plus hautes fonctions du ministère public, on avait fait taire dans une circonstance décisive son devoir suprême, sa conscience légale, ses antécédents notoires, et jusqu'à ces instincts entraînants de parole, seconde conscience de l'orateur.

Abordant la vie et les travaux de M. Cuvier, M. Dupin a été court, et nécessairement incomplet. On lui a su gré de sa parfaite clarté; mais les détails biographiques étaient souvent lourds et communs : nulle délicatesse, nulle grâce n'est venue les relever. L'esprit de M. Dupin brille plutôt par la promptitude que par la finesse; là où sa verve n'est pas de mise, il n'a rien d'ingénieux pour y suppléer. Ce n'a pas été une preuve de tact que de comparer M. Cuvier à Galilée, au sujet du *Discours sur les révolutions du globe*, et de dire que, s'il avait vécu au seizième siècle, M. Cuvier eût été condamné, comme l'illustre Florentin, par les docteurs de l'Inquisition, pour avoir osé interpréter par la science l'œuvre des sept jours, mais qu'aussi il eût répondu comme Galilée : *E pur*, etc. Il est malheureusement trop reconnu que M. Cuvier n'avait pas ce courage qui lutte contre les préjugés puissants; qu'il n'avait pas même le courage de la science, et qu'il a plus d'une fois fait fléchir celle-ci contrairement à ses propres convictions bien avérées. Il est bon, il est religieux de se montrer indulgent envers les morts illustres ; mais, à l'égard de M. Cuvier, nous croyons qu'on a abusé de la permission et outrepassé le devoir. Peu s'en faut qu'on ne l'ait proposé pour modèle aux savants dans sa conduite politique. Nous maintenons à regret que, quelque bienveillant qu'ait été dans le privé le caractère du grand naturaliste, ce n'a été en politique qu'un triste et déplorable caractère.

A propos de la mort de M. Cuvier, M. Dupin a rappelé que, vers ce temps, succombait aussi un autre homme, grand par l'action, un de ces hommes nécessaires dont la présence seule irritait les factions parce qu'elles le connaissaient et le craignaient. Après quelque hésitation, on a deviné que c'était de M. Perier qu'il était question, tant les hommes *nécessaires* s'oublient vite de nos jours. M. Dupin s'est écrié qu'il lui rendait cet hommage en dépit du dénigrement et de la haine : il nous a été impossible, dans tout cela, de rien voir d'irrité que le ton et le geste de M. Dupin.

Arrivant à parler de lui-même et de l'éloquence de barreau et de tribune, l'orateur, que la froideur de l'auditoire semblait de plus en plus gagner, s'est retrouvé un moment : il caractérisait l'improvisation, il la montrait inégale, incorrecte peut-être, mais indispensable, irrésistible dans les luttes publiques, toujours sur la brèche, le glaive acéré et nu : « L'orateur, s'est-il « écrié alors, n'a pas un cahier à la main, il ne lit pas, « son œil ne suit pas des lignes, son geste n'y est pas « enchaîné ; mais il vit, il regarde, il s'anime de l'im- « pression universelle, etc., etc. » Et, tout en parlant ainsi, son doigt froissait le papier, son regard le dédaignait, et, l'oubliant durant quelques minutes, il s'est mis à lancer de rapides étincelles que le public lui a rendues en longs applaudissements. Pour peindre le génie de l'éloquence improvisée, indélibérée, il l'a heureusement comparé au cavalier numide qui monte à cru son cheval fidèle. Il y a, en effet, dans la bonne manière de M. Dupin, quelque chose de brusque, de saccadé, d'offensif et d'inévitable, qui rappelle, si l'on veut, une fuite de Parthes ou une charge de Bédouins. Aussi nous avons été surpris, un instant après, de l'entendre réprouver, par une phrase bien inutile, je ne sais quel genre déréglé sur le compte duquel MM. Jouy et Jay sont plus compétents que lui. L'éloquence de M. Dupin n'est rien moins que classique et régulière. D'appareil logique et d'ordonnance extérieure, peu. C'est une veine inégale, capricieuse, qui court et roule bons et méchants mots, érudition et lazzi, dictons du peuple et centons latins : il y a du *l'Intimé* aux mauvais endroits ; aux excellents, c'est beau comme le paysan du Danube, mais comme le paysan du Danube qui aurait fait ses études du temps d'Étienne Pasquier, à l'Université de Paris. Et puis ce paysan du Danube qui, devenu bourgeois et avocat, sait encore si bien régenter l'illustre sénat assis pour l'écouter, a des moments singuliers où il lui prend une fluxion ou un mal de gorge, comme à Démosthènes, duquel on disait alors qu'il *philippisait*, et il garde ces jours-là un silence aussi prudent que celui que garda toute sa vie l'académicien Conrart.

Le discours de M. Dupin s'est terminé par un avertissement aux gens de lettres et aux artistes de tout espérer d'un prince qui n'a cherché, dans l'exil, d'autre ressource que celle de devenir un modeste professeur ; d'un prince qui sait toutes les langues de l'Europe, et qui pourrait parler à chaque ambassadeur la sienne, s'il n'aimait mieux parler français à tous. Ce dernier trait a paru généralement fort spirituel : quelques personnes l'ont trouvé un peu vif.

Nous serons bref au sujet de M. de Jouy et de sa réponse à M. Dupin. L'honorable académicien pérorait déjà depuis quelque temps, d'un ton solennel qui captivait assez vaguement l'attention de l'auditoire, lorsque, venant à parler des luttes soutenues par M. Dupin contre je ne sais quelles médiocrités, il s'est écrié, avec redoublement de conviction : « Et vous le savez, Messieurs, quelle puissance que la médiocrité ! » et là dessus, faisant une pause, il se retourna vers M. Viennet, placé à sa droite. M. Viennet sourit ; le président-orateur s'enfonça plus avant dans le large fauteuil, et le public, qui jouissait de la pantomime, applaudit.

En somme, toute cette séance s'est passée froidement ; elle n'a eu aucun caractère littéraire, ni même politique. Les députés, amis de M. Dupin, qui se trouvaient çà et là, n'ont paru rien prendre bien au vif : l'orateur, de son côté, n'a guère dit que l'indispensable dans sa fausse position. Pour que cette solennité ressemblât encore mieux à toutes les autres du même genre, passées et futures, M. Arnault l'a terminée par un discours sur l'apologue et par la lecture de quelques fables.

27 septembre 1832.

MORT DE SIR WALTER SCOTT

La longue agonie sans espérance qui, depuis plusieurs mois, assiégeait l'une des plus glorieuses et des plus brillantes existences du siècle, vient enfin de se terminer; Walter Scott est mort, vendredi dernier, à sa terre d'Abbotsford. Ce n'est pas seulement un deuil pour l'Angleterre; c'en doit être un pour la France et pour le monde civilisé, dont Walter Scott, plus qu'aucun autre des écrivains du temps, a été comme l'enchanteur prodigue et l'aimable bienfaiteur. Sans doute cette faculté puissante et féconde, à laquelle nous devons tant de nobles jouissances, tant d'heures d'une émotion pure, tant de créations merveilleuses qui sont devenues une portion de nous-mêmes et de nos souvenirs, sans doute cette belle faculté commençait à faiblir sensiblement; on n'osait plus en attendre des chefs-d'œuvre comparables aux anciens; on craignait même de la voir se complaire dans une postérité de plus en plus débile, comme il arrive aux plus grands hommes en déclinant comme le bon Corneille ne sut pas assez l'éviter dans sa vieillesse. Il est permis de croire qu'en mourant Walter Scott n'emporte pas de grande pensée inachevée; son génie s'était épanché à l'aise et abondamment; il avait assez dit pour sa gloire et pour nos plaisirs; quoiqu'il n'eût que soixante-deux ans, il est mort plein d'œuvres et il avait rassasié le monde. Mais c'est toujours un deuil profond, une irréparable perte que de voir s'éteindre une de ces vies qui nous ont éclairés et charmés. En ce moment surtout, il semble que pour l'Europe entière les anciennes générations expirent dans la personne de leurs plus augustes représentants; il se fait un renouvellement solennel; les têtes sacrées des maîtres de l'intelligence et de l'art tombent de toutes parts moissonnées. En Allemagne, Goethe meurt le dernier de son siècle, après avoir vu passer presque tous les poëtes nés avec lui ou de lui; une ère différente, une ère de politique et de pratique sociale s'inaugure, et elle cherche encore ses hommes. En Angleterre, les grands poëtes sont également morts ou en train de se taire : Crabbe, Shelley, Byron, Walter Scott s'en sont allés. Les illustres philosophes politiques ne disparaissent pas moins : Bentham, Godwin, Mackintosh dorment dans la tombe. La France a eu aussi ses pertes que chacun déplore. Que ces disparitions réitérées, ces coups mystérieux qui frappent comme à dessein des groupes révérés, des génies au faîte, les derniers chefs d'un mouvement accompli; que tous ces coups soient autant d'avertissements religieux aux générations nouvelles pour se hâter, pour se serrer dans les voies où elles marchent et où elles n'ont bientôt plus de guides qu'elles-mêmes! Les grands hommes ne leur manqueront pas, elles peuvent le croire; l'âge brillant des poëtes n'est peut-être pas fermé encore; l'infatigable humanité n'a peut-être pas épuisé tous ses génies; mais, en laissant à la Providence le soin de susciter les génies en leur temps, les générations nouvelles, en présence de ces tombes glorieuses dont elles sont appelées à sceller les pierres, doivent y contracter le saint engagement de ne pas s'arrêter dans la route de la civilisation et des lumières bienfaisantes, de rester probes, sincères, amies de tout progrès, de toute liberté, de toute justice. Que ce soit la tombe du ministre d'État Goethe, ou celle du baron Cuvier, courtisan de la puissance, ou celle du tory Walter Scott, qui se ferme (qu'importe la tombe?), le devoir des générations nouvelles, leur piété bien entendue envers les mânes de ces hommes dont la grandeur et les vrais bienfaits ont racheté les faiblesses, consiste, au défaut du génie que Dieu seul dispense, à ne pas s'endormir dans un lâche sommeil ni dans des intérêts étroits et vulgaires, à ne pas s'égarer dans de chétives ambitions, à ne pas croupir au giron de quelque pouvoir corrompu et corrupteur, mais à marcher avec constance, développant leur pensée, défendant leur droit, n'abdiquant aucune portion de la vérité, la cherchant dans la méditation et l'étude, la répandant par la parole, et fidèles à tout ce qui relève l'homme et l'honore. Parmi de telles générations, les génies, quand il s'en présentera, seront naturellement plus forts et meilleurs; ils porteront et garderont l'empreinte d'une moralité civique, qui trop souvent leur a fait faute; ils offriront moins de ces affligeants contrastes qui consolent l'envie et déconcertent la vertu; ils ne seront plus bienfaiteurs du monde à demi, et le deuil de leur perte sera deux fois saint pour ceux qui les auront admirés.

Walter Scott, s'il manqua d'un caractère politique conforme aux besoins nouveaux, s'il resta sur ce point l'esclave des préjugés de son éducation et peut-être aussi de ses prédilections poétiques, eut du moins le bonheur de combattre très-rarement, par ses paroles ou par ses actes, le développement légitime où sont engagés les peuples. La France a eu de sévères reproches à lui adresser au sujet des jugements étranges dont il a rempli les *Lettres de Paul* et l'*Histoire de Napoléon Bonaparte*; mais c'était, de sa part, légèreté et préventions d'habitude, bien plutôt que mauvais vouloir et système. Écrivain, poëte, conteur avant tout, il a obéi, dans le cours de sa longue et laborieuse carrière, à une vocation facile, féconde, indépendante des questions flagrantes, étrangère aux luttes du présent, amoureuse des siècles passés, dont il fréquentait les ruines, dont il évoquait les ombres, y recherchant toute tradition pour la raviver et la rajeunir. C'était, dans le roman, un de ces génies qu'on est convenu d'appeler impartiaux et désintéressés, parce qu'ils savent réfléchir la vie comme elle est en elle-même, peindre l'homme de toutes les variétés de la passion ou des circonstances, et qu'ils ne mêlent en apparence à ces peintures et à ces représentations fidèles rien de leur propre impression ni de leur propre personnalité. Ces sortes de génies, qui ont le don de s'oublier eux-mêmes et de se transformer en une infinité de personnages qu'ils font vivre, parler et agir en mille manières pathétiques ou divertissantes, sont souvent capables de passions fort ardentes pour leur propre compte, quoiqu'ils ne les expriment jamais directement. Il est difficile de croire, par exemple, que Shakspeare et Molière, les deux plus hauts types de cette classe d'esprits, n'aient pas senti avec une passion profonde et parfois amère les choses de la vie. Il n'en a pas été ainsi de Scott, qui, pour être de la même famille, ne possédait d'ailleurs ni leur vigueur de combinaison, ni leur portée philosophique, ni leur génie de style. D'un naturel bienveillant, facile, agréablement enjoué; d'un esprit avide de culture et de connaissances diverses; s'accommodant aux mœurs dominantes et aux opinions accréditées; d'une âme assez tempérée, autant qu'il semble; habituellement heureux et favorisé par les conjonctures, il s'est développé sur une surface brillante et animée, atteignant sans effort à celles de ses créations qui doivent rester les plus immortelles, y assistant pour ainsi dire avec complaisance en même temps qu'elles lui échappaient, et ne gravant nulle part sur aucune d'elles ce je ne sais quoi de trop âcre et de trop intime qui trahit toujours les mystères de l'auteur. S'il s'est peint dans quelque personnage de ses romans, ç'a été dans des caractères comme celui de Morton des *Puritains*, c'est-à-dire dans un type pâle, indécis, honnête et bon.

La vie de Walter Scott est fort simple dans son ensemble ; des Mémoires abondants qu'il a laissés en dérouleront bientôt les anecdotes, les accidents variés et toutes les richesses. Ce qui peut y suppléer aujourd'hui de la manière la plus satisfaisante, c'est une réunion des diverses notices qu'il avait ajoutées à une récente édition de ses poésies ; cette réunion, habilement faite par une Revue anglaise, a été reproduite dans le cinquante-huitième numéro de la *Revue britannique*, sous le titre de *Mémoires autobiographiques* de sir Walter Scott. Né à Édimbourg, le 15 août 1771, d'un père, homme de loi (*writer of the signet*), et d'une mère un peu poëte, à laquelle surtout il paraît avoir dû ses brillantes qualités, qualités naturelles, le jeune Scott fut destiné de bonne heure à l'étude du droit et au barreau. Pourtant, son enfance connut toute la poésie de cette belle contrée, les courses aventureuses, les légendes qu'on racontait, et puis les souvenirs de Beattie, les chansons de Burns. Il étudia l'allemand de concert avec plusieurs de ses camarades ; les ballades de Burger lui plurent tout d'abord. Avocat à vingt et un ans, il se maria à vingt-sept, et fut successivement député, shérif du comté de Selkirk, et plus tard, un des élèves de la cour des sessions. Il a soin de nous prévenir, dans une des intéressantes notices précédemment indiquées, que jamais il n'eut, comme tant d'autres poëtes au début, d'époque rude et nécessiteuse à traverser; ses goûts d'étude et d'imagination ne furent jamais contrariés, et il ne fit que s'épanouir dans un loisir riant au souffle qui le favorisait. Après quelques imitations de ballades allemandes, et une traduction de *Goëtz de Berlichingen*, Scott publia, depuis 1802 jusqu'en 1814, une série de poëmes pleins de grâce et de fraîcheur, *Sir Tristram, Marmion, la Dame du Lac, le Lord des îles, Rokeby*, qui le placèrent à un rang éminent parmi les poëtes de la nouvelle école, et lui valurent le surnom d'Arioste du Nord. Dans cette première partie de sa vie littéraire, Scott ne fit pourtant que continuer et soutenir avec éclat le mouvement imprimé à la poésie anglaise à la fin du siècle par Beattie, Cowper, les ballades de Percy. Mais lorsque Byron eut débuté vers 1812, Scott nous avoue ingénument qu'il sentit qu'un trop dangereux rival allait entrer dans la lice; et comme d'ailleurs la veine poétique qu'il avait suivie commençait à tarir, il se hâta de l'abandonner, et se jeta dans la prose et le roman. *Waverley* parut en 1814, et ouvrit la série des chefs-d'œuvre qui ont fait le charme et les délices de l'Europe durant ces quinze dernières années. D'autres travaux nombreux de critique, d'antiquaire et d'éditeur trouvèrent place dans les courts intervalles de ces productions ravissantes qui se succédaient de six mois en six mois : depuis *la Jolie fille de Perth*, qui mérite son titre, on avait remarqué un déclin rapide et les symptômes de l'épuisement. Les dernières années de Walter Scott avaient été attristées par des pertes et des embarras d'argent, dus à la faillite de ses libraires. La sympathie universelle, un redoublement de déférence et de vénération, les hommages de son souverain et de la nation britannique dans ce dernier voyage exécuté aux frais de l'État, tout acheva de le dédommager, et il est mort comme il avait vécu, heureux, bienveillant, paisible, et, même dans ses extrêmes souffrances, ne rejetant pas la vie. La postérité retranchera sans doute quelque chose à notre admiration de ses œuvres ; mais il lui en restera toujours assez pour demeurer un grand créateur, un homme immense, un peintre immortel de l'homme !

23 décembre 1832.

E. LERMINIER

LETTRES PHILOSOPHIQUES ADRESSÉES A UN BERLINOIS.

Dans les six dernières années de la Restauration, après l'épuisement des générations aux prises dès 1815, après la mauvaise réussite des tentatives violentes de la jeunesse et le triomphe indéfini d'un pouvoir hypocrite et corrupteur, il s'était formé, à la fois par désespoir du présent et par besoin d'espérance lointaine à l'horizon, une école de philosophie politique qui avait entrepris la réforme et l'émancipation du pays au moyen des *idées;* c'est-à-dire en répandant toutes sortes de connaissances, d'études et de théories propres à féconder l'avenir. Cette tâche était noble et courageuse. L'école dont nous parlons (si on peut appeler du nom d'*école* la réunion assez nombreuse et peu homogène qui se groupa autour de quelques principes communs), réussit plus vite qu'on ne l'aurait osé croire d'abord, à se fonder une influence grave, salutaire, incontestable. En philosophie, en littérature, en critique, elle modifia efficacement les esprits; en politique proprement dite, elle fut moins ferme et d'une allure plus honnête qu'entraînante. Bref, quand la dynastie parjure suscita contre elle par un coup insensé tout ce que le pays recèlait de vigueur cachée et d'amertume dans ses reins et dans ses entrailles, il y avait en France un groupe d'hommes jeunes, professant en philosophie, en histoire, en littérature, en politique théorique, certaines doctrines réfléchies, certaines solutions déjà accréditées; ces solutions, ces doctrines, ces hommes, se trouvèrent subitement mis à l'épreuve des choses, et confrontés, pour ainsi dire, à l'instant même, avec un résultat imprévu, immense, avec une révolution. Mais, par malheur, aussitôt le premier éclair d'éblouissement passé, la comparaison ne tourna pas à l'avantage du moins des doctrines; il apparut clairement qu'elles n'avaient pas la portée et la consistance qu'on leur avait attribuées. Ce qui semblait si puissant et fécond, tant qu'on était sur la rive droite du fleuve, devint tout d'un coup stérile dès qu'on fut porté sur la rive gauche. Il s'agissait de poursuivre sur le nouveau terrain désormais sans limites, ce qu'on avait entamé à l'autre bord au milieu des difficultés et des obstacles de tout genre; on ne le fit pas. Ce dernier et vieux bras du grand fleuve de la légitimité, qui semblait peu guéable et qu'on essayait depuis longtemps de tourner ou de saigner de mille manières, parce qu'il gênait à chaque pas le développement social, avait été brusquement franchi par un accident sublime, par un miracle de l'audace populaire. Mais les hommes d'élite que ce brave peuple avait pris sur ses épaules, et qu'il avait déposés à pied sec sur l'autre bord, ces hommes eurent peur, après coup, pour la plupart, de l'étrange et cavalière façon dont ils avaient traversé. Chez quelques-uns, la secousse avait été si violente que les doctrines qui commençaient à prendre corps dans leur cerveau s'étaient brisées en chemin. Ils s'arrêtèrent donc à l'endroit juste où on les déposa, et dès le 7 août ils s'y étaient cantonnés, proclamant hautement, les uns (c'étaient les plus effrayés) que le pays d'au delà était semé de périls, peuplé d'animaux féroces et d'anthropophages; les autres (c'étaient les plus hébétés) que par cela seul qu'on avait passé de la rive droite à la rive gauche, on était nécessairement, et tout d'abord, en pays de Cocagne. Quant au jeune groupe dont nous voulons parler, et qui se comporta, sinon plus sagement, du moins avec plus d'esprit et de décence, le fait principal qui le concerne, c'est qu'il se dispersa à l'instant, et que l'ensemble des idées qui avaient l'air de se tenir pour un bon nombre d'années encore, s'éparpilla en un clin d'œil comme le plus vain des nuages. D'honorables exceptions individuelles ont protesté, il est vrai, contre cette abjuration soudaine des idées et du progrès; nous n'avons à nous arrêter ici qu'à M. Lerminier, qui est à coup sûr la plus éclatante de ces exceptions, et la plus fructueuse en bons et publics résultats.

Depuis deux ans, sans entrer dans la lice de la politique proprement dite, ce jeune philosophe et publiciste a labouré en tous sens, et avec une infatigable ardeur, le champ des idées sociales, du développement historique de l'humanité et de sa destinée probable au XIX° siècle. Ces graves et viriles préoccupations, s'appuyant sur une base d'études de plus en plus élargie, l'ont guidé jusque dans son passage à travers des systèmes prématurés, mais grandioses, et aujourd'hui elles font l'éloquence et l'âme de son enseignement. Les maîtres célèbres, qui, dans ces dernières années, avaient convoqué une avide jeunesse autour de leurs chaires retentissantes, ayant jugé convenable de se taire tous ensemble, M. Lerminier s'est emparé, pour sa bonne part, de cet empire vacant; il n'a fléchi ni bronché un seul instant sous la tâche immense. Par lui, les grandes phases de l'histoire des nations, les monuments de leurs lois, la série des législateurs et des philosophes, tout ce que le travail continu des siècles a apporté d'indestructibles matériaux à l'édifice du nôtre; par lui, tout ce fortifiant spectacle n'a cessé de se dérouler aux regards des jeunes intelligences que la vue seule du présent pouvait décourager ou irriter outre mesure : leur devancier à peine de dix ans, l'ardent professeur les a constamment échauffées pour la science et pour l'avenir. Des personnes difficiles, qui souffrent impatiemment ce qui s'élève, ce qui retentit et menace de se prolonger, ont demandé d'abord quelle théorie précise, définitive, complétement nouvelle, M. Lerminier mettait en avant : ces personnes lui auraient conseillé volontiers d'enfermer son dernier mot dans sa première phrase. Grâce à Dieu, M. Lerminier n'est nullement tenu de répondre à une objection d'une telle exigence. Que fait-il en effet? Il avance, il se développe, il compose son dessein; il agrandit chaque jour l'horizon distinct de ses observations et y jette des lumières inattendues; il rallie sur sa route tous les résultats mémorables qu'y ont déposés les penseurs, les réformateurs, dont il consulte et interprète la sagesse. De Moïse à Hegel, l'espace ne manque pas : M. Lerminier en a déjà parcouru une bonne longueur; il est, pour quelques années encore, sur une ligne de travaux historiques, qui aboutissent de toute nécessité à une théorie plus ou moins formelle, dont au reste la tendance, les principes et de nombreuses parties s'aperçoivent aisément. Ce qui est certain, c'est qu'avec une intrépide et généreuse espérance, M. Lerminier a gouverné jusqu'ici dans la seule direction et sur le seul océan où se puissent faire désormais les découvertes philosophiques et sociales.

A part le mérite du fond et cette opiniâtreté d'étude et de recherche dont, bien jeune encore, rien ne l'a jamais détourné, M. Lerminier porte dans son enseignement un don trop invincible et trop naturel pour qu'on en puisse faire abstraction quand on parle de lui : c'est une faculté de parole, une puissance d'enthousiasme et d'images, un génie d'improvisation, entraînant, éblouissant, exubérant, qui me fait croire, en certains endroits, à ce qu'on nous rapporte des merveilles un peu vagabondes de l'éloquence irlandaise; de la gravité toutefois, un grand art, des *illustrations* de pensée empruntées à propos à d'augustes poëtes; et puis un geste assuré, rhythmique, un front brillant où le travail intérieur se reflète, et, comme on le disait excellemment sous Louis XIV, une physionomie solaire et une heureuse représentation.

Les *Lettres Berlinoises* que M. Lerminier recueille en ce moment n'ont rien à faire avec l'orateur; ce n'est pas un livre qui succède à des improvisations sur le même sujet, et l'on y rencontre tout directement l'écrivain. « Voici, dit l'auteur, quelques Lettres familières « sur des sujets importants. J'ai cru qu'on pouvait « écrire simplement des choses graves. Il ne faut pas « chercher ici la rigueur d'un développement systéma- « tique : je cause en liberté, je n'enseigne pas. Peut- « être, après avoir parcouru ces Lettres, pensera-t-on « qu'elles se rattachent à des études commencées, à « un dessein général que je demande au temps la per- « mission de poursuivre. » Les *Lettres Berlinoises* sont un dernier travail critique, un relevé analytique et pittoresque de la situation générale de la France après juillet, un hardi réglement de compte avec les hommes et les choses du passé, un déblaiement, en un mot, de ces débris sous lesquels nous sommes un peu plus écrasés qu'il ne conviendrait à des vainqueurs. La pensée inspiratrice de l'écrivain, ç'a été le besoin de venger la France, aux yeux de l'Allemagne éclairée, des calomnies de ceux qui la disaient méchante, des lâchetés de ceux qui la faisaient petite. Dans sa revue de la société, au premier plan, se rencontraient la philosophie éclectique de la Restauration et la politique doctrinaire, l'une déjà morte, l'autre toujours vivace. M. Lerminier les a vivement abordées, et prises, pour ainsi dire, corps à corps dans la personne de leurs trois représentants essentiels, MM. Royer-Collard, Cousin et Guizot. Les coups qu'il a portés, non pas au talent éminent de ces hommes, mais à l'influence prolongée, à l'importance absolue de leurs doctrines, n'ont pas été perdus pour beaucoup d'esprits et ont hâté le désabusement de plusieurs, en même temps que la vieille admiration des autres s'en est émue. Il y a eu sans doute de la polémique acérée et une ironie assez vive dans certaines portions de ces jugements individuels, du moins en ce qui concerne les deux premiers. Mais, à part quelques traits accessoires qu'il aurait pu s'interdire dans l'originalité de sa verve, M. Lerminier, qui n'était pas tenu à être surtout bienveillant, n'a franchi ni l'équité stricte ni la convenance d'usage avec les gens qu'on se donne pour adversaires. Son style, au reste, la liberté de ses tours, sa nouveauté et son éclat d'expression, l'acception excellente et parfaitement française des mots qu'il emploie et qu'il découvre presque, au sein de la langue du xviie siècle, ces qualités si rares, et que M. Lerminier unit à tant d'autres, ne ressortent nulle part plus évidemment chez lui que dans cette attaque portée à deux hommes qui sont deux maîtres en vrai style.

Ayant ainsi rangé de côté la politique et l'éclectisme de la Restauration, M. Lerminier passe outre ; renouant étroitement avec la philosophie du xviiie siècle et avec la Révolution française, seules origines fécondes et génératrices pour notre âge, il se pose en plein les problèmes sociaux qui, voilés durant quinze ans d'un rideau fleurdelisé de théâtre, ont été de nouveau démasqués par les trois jours. Il énumère les solutions hâtives qu'on a tentées, et s'arrête particulièrement sur le Saint-Simonisme, dont la courte destinée aura laissé bien des semences. Le généreux effort de M. de La Mennais l'occupe ensuite ; il en apprécie et en honore la grandeur ; mais c'est du seul côté de l'indépendance et de la raison humaine, qu'il place (bien que le point prochain soit encore indéterminé) le centre de mouvement des forces de l'avenir. Après s'être incliné, et avoir levé un instant, puis baissé l'épée devant l'individualité brillante et aventureuse de M. de Chateaubriand, le jeune écrivain arrive à l'homme le plus constant et le plus uni des temps modernes, à celui dont l'individualité solennelle, depuis cinquante ans, consiste à exprimer la patiente et invariable pensée de la démocratie victorieuse. « Si « la France ne le comptait pas parmi ses citoyens, si « M. de La Fayette était anglais ou américain, on ne « manquerait pas de raisonnements et de raisonneurs « pour établir que jamais un caractère si persévérant « et si droit n'aurait pu s'élever et grandir en France, « pays de la mobilité, terre toujours remuée et toujours « ébranlée. Malheureusement le lieu commun se trouve « ici déconcerté. » Il ne le sera pas moins, pense M. Lerminier, en ce qui concerne la démocratie elle-même et la République inévitable où nous tendons. Cette démocratie française se montrera avant tout calme, intelligente, civilisatrice, souverainement ingénieuse par ses arts et par son génie; elle pratiquera la clémence et la gloire. Le peuple de juillet n'ira pas calquer trait pour trait l'Amérique, pas plus qu'il ne s'en est tenu au babil satirique d'Athènes.

Cet avenir encourageant de notre patrie et de la société européenne tout entière, il est devant nous; bien des piéges et des tracasseries encore, bien des platitudes bourgeoises nous en séparent; mais il n'est plus donné à aucune puissance de nous le voiler. C'est à l'intelligence et au travail des générations qui surviennent d'y pousser vigoureusement et sans violence, de mener à bien l'œuvre tant de fois coupée et toujours reprise. A chaque halte nouvelle, de nouvelles questions surgissent et se dessinent. Le but est marqué; l'égalité, loi de la société future, est acquise; on s'essaie encore, et l'on hésite autour du problème de l'association. Des guides comme M. Lerminier sont d'une utilité inappréciable pour mettre la jeunesse dans les vraies voies, pour la diriger de front aux difficultés sérieuses qu'il importe de vaincre. Quand on entend les hommes renommés par l'étendue de leur savoir et de leur esprit épuiser les sophismes de la logique et mille fausses lueurs détournées de l'histoire, au service d'une négation cynique de tout progrès social, il y a plaisir à contempler un esprit ardent qui, l'œil sur un but magnifique et lointain, ne ménage aucune étude, aucune indication empruntée aux philosophies et aux révolutions du passé, pour diminuer l'intervalle qui reste à franchir, pour tenter d'ajouter une arche de plus à ce pont majestueux où l'humanité s'avance.

4 février 1833.

THOMAS JEFFERSON

MÉLANGES POLITIQUES ET PHILOSOPHIQUES EXTRAITS DE SES MÉMOIRES ET DE SA CORRESPONDANCE, AVEC UNE INTRODUCTION PAR M. CONSEIL.

I

La destinée des hommes d'État et des grands citoyens qui ont ouvert, il y a quarante-quatre ans, l'ère mémorable de notre affranchissement politique et social, a été, dans la plupart des cas, orageuse, sanglante et violemment brisée. Nos plus chères renommées, nos plus purs champions dans les Assemblées et aux frontières, sont tombés avant le terme. Barnave, Vergniaud, madame Roland, Brissot, Condorcet, Hoche et tant d'autres ont été rapidement dévorés. Personne n'a vu se consommer jusqu'au bout cette grande expérience sociale, si généreusement tentée, et qui se poursuit encore. Bien peu en ont pu traverser jusqu'ici les phases diverses, les crises redoublées, les explosions fulminantes. Et parmi ceux de nos vieillards politiques que la hache des factions ou la fièvre intérieure de la lutte a épargnés, combien y en a-t-il qui, à travers la corruption de l'Empire et la turpitude de nos sénats, soient demeurés fidèles à eux-mêmes et à leurs commencements, fidèles à la majesté du Jeu de paume, à la nuit du 4 août, aux grandes journées d'autrefois, où nous lisons leurs noms? Les La Fayette, les Daunou, et un petit nombre avec eux, sont là, sans doute, pour protester de la pensée persévérante de ces générations de 89 et de 92, dont l'élite fut trop tôt moissonnée. Mais ces vénérables exemples ne suppléent qu'imparfaitement : les vides ont été irréparables. Chez nous, la tradition de la liberté n'a pu se perpétuer et s'affermir par les mêmes hommes qui avaient inauguré cette grande cause. L'incertitude de nos mœurs publiques, notre mobilité oublieuse, les revirements fougueux de chaque jeunesse nouvelle qui survenait, ont dû en grande partie tenir à ce manque de guides naturels établis et imposants. Aux États-Unis d'Amérique, ç'a été le contraire : là-bas l'expérience mémorable, entamée en 1776, n'a pas été, à quatre ou cinq reprises, saccadée et tronquée : elle s'est déroulée laborieuse, mais ininterrompue, sur un vaste espace et à travers le temps. La guerre contre le peuple envahisseur, guerre rude et opiniâtre, est restée, dans toute sa durée, unanime et simple. Les luttes au-dedans qui ont succédé à la victoire, bien que vives à leur tour et réelles, n'ont jamais soulevé une sérieuse discorde civile ni changé l'enceinte législative en arène. Les membres les plus illustres du vieux congrès, les auteurs de la déclaration d'indépendance, promus successivement au pouvoir, y ont éprouvé à loisir leurs idées et les ont léguées à une génération mûrie de près à leurs exemples. Exercées et blanchies dans de communs travaux, ces belles existences de législateurs, judicieuses avant tout, saines et sereines, offrent au regard d'augustes longévités qui sont comme l'image de la constance et de la vigueur régulière des âmes. Pour nous, enfants du vieux monde, trop habitués à ramasser les testaments sacrés des grands républicains, nos pères, par lambeaux, au pied des guillotines, dans les recoins des geôles où l'appel se faisait chaque matin, dans les fentes des cavernes où on les traquait, c'est un nouveau et rafraîchissant spectacle d'entrer, par delà l'Atlantique, dans ces spacieuses résidences rurales, Mount-Vernon, Monticello, ces fermes d'immense culture, peuplées de fabriques, retraites animées d'un Washington, d'un Jefferson, d'un John Adams, d'un de ces vieillards qui ont travaillé et veillé, cinquante ans durant, à la même œuvre. Au sortir surtout de l'atmosphère artificielle qu'infectent nos intrigants de tout âge et de tout étage, quand les corrompus de dix régimes coalisés avec les roués d'hier, avec les parvenus acharnés, les intrus encore tout suants, les avocats-ministres tombés dans l'obésité, composent à la surface du pays une écume vraiment immonde, on se sent soulagé en mettant le pied sur cette terre nouvelle, sur ces seuils antiques et vertueux : c'est au moral comme l'odeur végétale des savanes qu'on respire. Jeunes gens qui voulons nous retremper et nous affermir dans l'intégrité politique, qui voulons espérer en l'avenir sérieux dont l'aspect momentanément se dérobe, qui sommes résolus à ne nous immiscer d'ici là à aucun mensonge, à ne signer aucun bail avec les royautés astucieuses, à ne jamais donner dans les manéges hypocrites des tiers-partis, faisons donc, pour prendre patience et leçon, ce salutaire voyage d'Amérique ; faisons-le dans Jefferson du moins ; étudions-y le bon sens pratique, si différent de la rouerie *gouvernementale ;* apprenons-y la modération, la tolérance, qui sied si bien aux convictions invariables, la rectitude, la simplicité de vues, qui, si elle s'abstient maintes fois, a l'avantage de ne jamais s'embarquer dans les solutions ruineuses ; apprenons-y, quelle que soit la vivacité de nos préoccupations personnelles sur certains points de religion, de morale, d'économie ou de politique, à ne prétendre les établir, les organiser au dehors que dans la mesure compatible avec la majorité des esprits : car la liberté et la diversité des esprits humains sont le fait le plus inévitable à la fois et le plus respectable qu'on retrouve désormais dans le côté social de toutes les questions. Mais en même temps, avec Jefferson, sachons discerner la majorité vraie d'avec les minorités spoliatrices qui l'abusent, qui la retiennent en tutelle et retardent par mille chicanes le jour de lui rendre des comptes. Appelons de tous nos efforts l'heure de cette majorité féconde et forte, plus conservatrice, plus morale, même dans les carrefours de nos grandes villes, que Jefferson ne paraissait le croire et qu'il n'y était autorisé de son temps ; agissons d'avance sur elle, attaquons-nous à elle pour qu'elle soit préparée. « Les gouvernements sont républicains, dit-il, en proportion seulement de leur aptitude à s'identifier avec la volonté du peuple et de leur fidélité à l'accomplir ; selon qu'ils admettent dans une plus ou moins grande proportion le contrôle et l'élection populaires... Le véritable principe du gouvernement républicain est de reconnaître à chaque citoyen l'égalité de droits en ce qui touche sa personne, sa propriété, et la disposition de l'une et de l'autre. Jugez, par l'application de cette règle, de toutes les parties de notre constitution, et voyez si elles sont dans une dépendance directe de la volonté du peuple... Que tout homme qui combat et qui paie exerce son droit de concourir à l'élection des membres de la législature par un égal et juste suffrage ; soumettez-les, à de courts intervalles, à la réélection ou à la réprobation de leurs commettants : que le magistrat exécutif soit choisi pour le même terme et de la même manière par ceux dont il doit être l'agent. » Or, c'est là que nous tendons évidemment : partout l'élection, partout le contrôle ! Nos adversaires politiques, débusqués de la légitimité, n'ont aucun principe valable à opposer à celui-ci ; ils n'ont, quand on les pousse à bout, que des raisons d'opportunité, de temps, de convenance actuelle, dont nous concevrions et admettrions même une partie : mais il en faudrait d'abord rabattre, comme Jefferson le disait de la faction monarchiste et anglomane, les sophismes des parasites, les fausses alarmes des timides et les clabauderies de la richesse.

La vie de Jefferson fut de 83 ans (1743-1826); aucune autre, ni celle de Franklin, ni celle même de Washington, n'offre plus de travaux éminents et de services rendus au pays. Député de la Virginie à l'ancien Congrès, nommé avec John Adams, Franklin, Sherman et Livingston, du comité pour la déclaration de l'indépendance, il en rédigea l'admirable manifeste, frontispice d'une politique de droiture et de vérité, exposé pour la première fois au monde. Employé ensuite à la réforme des statuts anglais et à la confection d'un code unique, puis gouverneur de la Virginie, député de nouveau au Congrès, de là, ministre plénipotentiaire en France à l'origine de notre Révolution, rappelé et nommé par le président Washington secrétaire d'État du nouveau Cabinet, vice-président et ferme à son poste d'opposition à la tête du sénat sous la présidence de John Adams, président enfin lui-même de 1800 à 1808, il remit alors par un bienfait signalé le gouvernement de son pays dans les voies sincèrement démocratiques d'où Washington, vers les derniers temps, l'avait laissé dévier, et d'où John Adams, si respectable d'ailleurs, l'avait de plus en plus éloigné à dessein. Ce fut là, si j'ose dire, le trait principal, l'acte essentiel et souverainement méritoire de la vie publique de Jefferson. Ce qu'il avait fait jusque-là, d'autres l'avaient fait avec lui ; d'autres l'auraient fait sans lui. La déclaration de 1776, tout éclatante qu'elle est et glorieuse pour sa mémoire, ne surpasse pas, à mon gré, le mérite de cette restauration difficile des vrais principes qui fait époque dans l'histoire de la République américaine. Jefferson l'appelle quelque part *la révolution de* 1800 : « Car, dit-il, c'en fut une réelle dans les principes, comme celle de 1776 en avait été une dans la forme du gouvernement ; elle ne fut pas, il est vrai, comme la première, accomplie par la force des armes, mais par le suffrage du peuple, instrument de toute réforme paisible et rationnelle. » Il est douteux pourtant que si Jefferson n'avait pas lutté, comme il l'a fait, pied à pied, seul de son bord au sénat qu'il présidait en qualité de vice-président, durant l'administration d'Adams ; tandis que M. Galatin, également seul, luttait dans la Chambre des représentants ; si, avec l'autorité de son nom, de ses services passés, de sa parole exacte et judicieuse, il n'avait pas hâté le désabusement public et présenté une tête honorée aux suffrages des républicains longtemps épars, il est douteux que la volonté du peuple se fût dégagée et se fût fait jour: cette noble constitution, qui est comme l'honneur du monde, aurait succombé peut-être à l'incurable corruption qui s'y infiltrait dès sa naissance. De tous les actes de sa vie, c'est assurément celui dont Jefferson s'applaudissait le plus. Il l'a signalé avec un orgueil touchant dans cet exposé de services qu'il adressa, peu avant sa mort, à la législature de Virginie, afin d'obtenir l'autorisation de mettre en loterie ses biens : car des pertes imprévues l'avaient subitement ruiné.

La constitution actuelle des États-Unis, il est bon de le rappeler, ne date que de 1788. La première constitution fédérale, décrétée en 1778 dans la troisième année de l'Indépendance, subsista sans inconvénient tant que dura la guerre; l'esprit des peuples, excité par le danger et réuni dans un intérêt commun, servait de supplément à l'acte fédéral et les portait spontanément aux efforts les plus énergiques ; mais la guerre une fois terminée et chacun réinstallé dans ses foyers, on accorda moins d'attention aux demandes du Congrès. Celui-ci n'avait de pouvoir que celui de *requérir*, sans autre coercition que le principe moral du devoir; ces réquisitions *amiables* du Congrès, adressées aux diverses législatures des États, rencontraient de fréquents *veto* de leur part : le rouage principal s'arrêtait à chaque moment. Des troubles assez graves qui survinrent dans le Massachussets achevèrent de mettre en évidence l'insuffisance de la première forme adoptée, et une

Convention générale fut convoquée à Philadelphie, le 25 mai 1787, à l'effet d'établir une constitution plus forte et plus efficace. Il y eut à cette époque unanimité parmi tous les patriotes auteurs de la révolution, pour resserrer le lien fédéral, pour être *fédéralistes*, ce qui, en Amérique, signifie précisément le contraire de ce qu'on entend chez nous : être *fédéraliste* aux États-Unis, c'est en effet se ranger pour le gouvernement central par opposition au gouvernement des États particuliers. Jefferson, à cette époque, résidait en France en qualité de ministre plénipotentiaire : on voit dans ses lettres à M. Madison son opinion détaillée sur la constitution qui se discutait alors. « Notre gouvernement, dit-il, avait besoin d'un lien plus fort ; mais il faut bien nous garder de passer d'un extrême à l'autre et de resserrer le nœud outre mesure. » Il regrette l'absence d'une déclaration explicite de droits ; il craint aussi que l'abandon absolu du principe de rotation pour les fonctions de président et de sénateur ne dégénère en abus, et que ces magistrats, perpétuellement rééligibles, ne soient par là même réélus indéfiniment. A son retour d'Europe, en mars 1790, Jefferson, arrivant à New-York, et entrant, comme secrétaire d'État, dans le Conseil de Washington, trouva déjà d'étranges idées ébauchées sur la représentation et l'étiquette, sur la centralisation et la pondération des pouvoirs. Le colonel Hamilton soutenait ouvertement l'excellence de la constitution anglaise, sans en rien rabattre, et travaillait en même temps à la complication d'un système financier artificiel. Le général Knox, homme de parade, dressait un formulaire à la Dreux-Brézé. On peut lire (tome II, p. 415) l'histoire du premier bal qui fut donné après l'installation du président, et la cérémonie grotesque du sopha, sur lequel on fit trôner, bien à contre-cœur sans doute, pendant toute une soirée, le modeste et sensé Washington. Cette frénésie quasi-monarchique ne s'en tint pas à ces ridicules de mode ; elle s'introduisait dans les affaires, dans les doctrines politiques, dans la marche générale du gouvernement. Washington, sur la fin, fléchit ; à partir de 93, on était en pleine route de rétrogradation et de perversion. John Adams devint le chef avoué de ce parti fédéraliste, aristocratique et anglomane, que l'institution des Cincinnati avait révélé dès l'origine, mais qui désormais allait droit au but, s'armant habilement des excès de la République en France. Une comptabilité compliquée, force emprunts, de gros traitements, de lourds impôts, de perfides poursuites contre la presse sous prétexte de sédition, d'inhospitalières mesures contre les proscrits et les réfugiés de l'Europe, toutes les questions douteuses et indéterminées constamment résolues dans le sens d'un pouvoir central envahisseur ; tels étaient les points essentiels de ce programme monarchique, que l'intérêt populaire trouve partout à combattre, et que la République semblait avoir dérobé par avance à la quasi-légitimité. Voici une lettre de

Jefferson, datée de 1796, et qui exprime trop exactement notre propre situation de 1833, pour que nous ne la transcrivions pas en entier :

« L'aspect de notre pays est étonnamment changé depuis que vous nous avez quittés. Au lieu de ce noble amour de la liberté et du gouvernement républicain qui nous a fait surmonter toutes les difficultés de la guerre, il s'est formé un parti monarchique et aristocratique dont l'objet avoué est de nous imposer la substance, comme il nous a déjà donné la forme du gouvernement de l'Angleterre. La grande masse de nos citoyens cependant demeure fidèle à ses principes républicains : tout ce qui est intéressé à la culture des terres est républicain ; il en est de même d'un grand nombre d'hommes de talent. Nous avons contre nous le pouvoir exécutif, la judicature, deux des trois branches de la législature, tous ceux qui ont des places dans le gouvernement et ceux qui en désirent, tous les gens timides qui préfèrent le calme du despotisme aux orages de la liberté, les marchands anglais et les Américains qui commercent avec des capitaux anglais, les agioteurs et tous les hommes intéressés dans les banques ou dans les fonds publics, invention imaginée dans des vues de corruption et pour nous assimiler en tout point, aussi bien aux parties gangrenées qu'aux portions saines du modèle anglais. Je vous donnerais la fièvre, si je vous nommais les apostats qui sont devenus les fauteurs de ces hérésies ; des hommes qui étaient des Salomons dans le Conseil et des Samsons sur le champ de bataille, et qui se sont laissé couper les cheveux par la prostituée d'Angleterre. En un mot, ce n'est que par des travaux soutenus, et non sans de continuels dangers, que nous parviendrons à conserver la liberté que nous avons conquise ; mais nous la conserverons : la masse d'influence et de richesse est assez grande de notre côté pour que nous n'ayons à craindre aucune tentative violente ; nous n'avons qu'à nous réveiller et à briser les cordes lilliputiennes dans lesquelles on nous a enlacés durant le premier sommeil qui a suivi nos travaux. »

Cette délivrance, que Jefferson présageait si énergiquement en 96, il a eu l'honneur de l'accomplir. Par lui, l'Amérique a été purgée de la lèpre doctrinaire, qui est si prompte à s'incruster et qui lâche si difficilement sa proie : elle a échappé au *mal européen*, qui est aussi une contagion. Traitée pendant huit années par ce chef intègre, frugal, économe, la République assainie a passé ensuite aux mains non moins pures des Madison, des Monroë, des Jackson : la seule interruption qu'on puisse signaler dans cette continuité de régime tout démocratique se rapporte à la présidence, d'ailleurs bien modérée, de John Quincy Adams, qu'un revirement fortuit de suffrages porta, en 1824, à la première magistrature. Le spectacle, que les États-Unis présentent en ce moment au monde dans le conflit élevé entre le Congrès et la Caroline du Sud, est, ce nous semble, un sujet d'admiration encore plus que de crainte.

Retiré du timon des affaires, à partir de 1808, Jefferson passa dans sa résidence de Monticello les dix-huit années de sa vieillesse qui furent paisibles à l'exception de la dernière, où des banqueroutes désastreuses l'assaillirent. Il vivait en patriarche, s'occupant de ses filatures, recevant des échantillons de John Adams, avec lequel il s'était cordialement réconcilié, lui écrivant en retour ses réflexions de sage sur l'Hymne de Cléanthe, sur les vers gnomiques de Théognis, sur le véritable christianisme primitif, qu'il séparait radicalement de ce qu'il appelait le *christianisme platonisé*. A cet âge avancé, une grande soif d'étude et de lecture s'était emparé de Jefferson ; il prenait aussi un intérêt très-actif à l'université de Charlotteville, dont il était visiteur et recteur. Ce dévouement prolongé à la jeunesse le préservait de tout engourdissement morose, et variait heureusement son repos. C'est plaisir de l'entendre lui-même raconter l'ordonnance et l'emploi de ses heures, son hygiène habituelle, et jusqu'a la dose de vin qu'il se permettait. Mistress Trollope, qui a parlé à la légère des rasades et orgies de Monticello, est encore ici convaincue de caquetage impudent. Sans prendre une part directe aux affaires de l'État de Virginie, l'illustre législateur eut l'occasion plus d'une fois de répondre aux avis confidentiels qu'on réclamait de son expérience. Deux lettres nous ont semblé particulièrement dignes de méditation : celle à John Taylor, qui lui avait envoyé ses *Recherches sur les principes du gouvernement*, et l'autre à Samuel Kerchival, qui le consultait sur la nécessité d'une réforme dans la constitution de Virginie. Cette réforme fut, en effet, accomplie en 1830, c'est-à-dire quatre ans après la mort de Jefferson ; mais son influence révérée y présida manifestement. Les deux lettres dont nous parlons forment le manuel républicain le plus convaincant et le plus substantiel qu'on puisse étudier en tout pays. Nous reviendrons, au reste, sur cette correspondance des dernières années de Jefferson.

En signalant les imperfections nombreuses de la constitution alors en vigueur dans la Virginie, Jefferson fait observer avec raison qu'à l'origine, chez les meilleurs patriotes, il y avait inexpérience du gouvernement du peuple par lui-même. « A dire vrai, ajoute-t-il, les abus de la monarchie avaient tellement absorbé les méditations de la politique, que l'on voyait la république dans tout ce qui n'était pas monarchie. » On reconnut peu après que la négation de la monarchie ne constituait pas nécessairement un gouvernement populaire, bien que c'en fût la première condition. Que ceci nous serve d'exemple à nous-mêmes : déjà nous avons éprouvé par un rude démenti que la négation de la légitimité ne rend pas toute autre monarchie excellente. Si demain ou l'an *deux mil*, nous avions dit *non* à toute monarchie, ce ne serait pas encore la vraie République que nous aurions nécessairement acquises il y aurait encore lieu de prendre garde ; l'écueil d'où Jefferson a tiré le noble vaisseau américain ne serait pas évité du nôtre, si l'on n'y veillait dès l'abord. Après le premier étourdissement de la catastrophe royale, après ce silence prudent qui leur est habituel dans les grandes semaines, les partisans de l'étiquette, du gros budget, du bon placement en impôts, du cens élevé, des cautionnements onéreux, de l'état de siége facultatif, ne se tiendraient pas pour battus : ils ont la vie dure et sont âpres au profit. Quand le peuple se lève et passe, ces gens-là se jettent à plat-ventre : on les croirait morts en ces moments, si en ces moments l'on songeait à eux ; mais sitôt que le peuple en personne est passé, vite ils regardent alentour et se ravisent. Avant la fin de la première quinzaine, on les verrait, je gage, du moins les plus agiles, aux réceptions du président : au premier bal après l'installation, il pourrait bien y avoir quelque invention comme celle du sopha qu'on essaierait doucement ; à défaut de trône, on hausserait bien haut et on dorerait bien épais le fauteuil. Tant que ce serait le régime du président vénéré, du Washington élu dans les premières comices républicaines, on louvoyerait, on s'insinuerait pour avoir une ou deux voix dans le Conseil. Le *Journal des Débats* d'alors, de l'an *deux mil*, redoublerait d'habileté, de souplesse et d'esprit pour organiser une opposition d'*honnêtes gens*. Je crois l'entendre (sauf la langue qui, dans ce temps-là, sera tout à fait détériorée) : « Et

nous aussi nous sommes de la République; mais il y a
République et République; il y a celle d'Hébert, il y a
celle de Saint-Just, il y a celle dont M. de Chateaubriand aurait voulu être. Nous sommes de celle-ci, de
la République constitutionnelle, et non de la République démocratique, etc. » Et les distinctions abonderaient à l'appui : pour les inculquer dans la pratique,
il ne s'agirait que de trouver un John Adams, quelque
patriote illustre dont le caractère se fût lassé; il n'en
manquerait pas; on en ferait un d'ailleurs, un, n'importe lequel, bien gouvernemental, un Casimir Perier,
ou plutôt, comme la frénésie de tribune ne serait plus
de mise, un M. Pasquier de ce temps-là... Mais d'ici à
l'an *deux mil* nous avons peut-être la marge suffisante
pour nous prémunir : jeunes gens, jeunes gens, lisons
donc et relisons Jefferson!

25 février 1833.

THOMAS JEFFERSON

MÉLANGES POLITIQUES ET PHILOSOPHIQUES, EXTRAITS DE SES MÉMOIRES
ET DE SA CORRESPONDANCE, AVEC UNE INTRODUCTION
PAR M. CONSEIL.

II

Les grands administrateurs et hommes d'État qui ont une idée de bon sens ou de génie à faire prévaloir et qui y réussissent, n'évitent pas pour l'ordinaire l'inconvénient d'insister sur toutes les parties de cette idée, et de la pousser, du moins en théorie, jusqu'à des extrémités qu'elle ne comporte pas. C'est même là une condition presque nécessaire du triomphe humain en toute pratique : il faut vouloir trop pour accomplir assez; il faut forcer tant soit peu chaque vérité pour qu'elle pénètre. Le bon sens, non moins que le génie, quand il s'applique à quelque grand résultat philosophique ou politique, est sujet à cet excès : Jefferson n'y a pas échappé, à sa manière. On a vu quelles saines idées il a su remettre en vigueur dans le gouvernement de son pays ; mais on ne peut disconvenir qu'il ne poussât théoriquement un peu loin les conséquences de son excellente réforme républicaine, ou plutôt qu'il n'en restreignît les maximes à une simplicité trop élémentaire. Sa préférence si naturelle pour l'industrie agricole sur l'industrie manufacturière, son aversion et sa méfiance d'un gouvernement central dont l'Europe lui avait appris les abus, et que les fédéralistes voulaient installer fortement, le rôle d'opposition qu'il soutint contre eux pour la cause de la moralité politique, tout cela le conduisit à repousser avec une sévérité absolue des institutions et des entreprises qui, bien que mêlées en naissant à beaucoup d'imprudence et de licence, semblent pourtant liées de plus en plus au développement des sociétés modernes. Jefferson proscrit les banques ; il est peu favorable au commerce extérieur ; il s'oppose de toutes ses forces aux emprunts qui grèvent l'avenir d'une nation, et dont on lègue le fardeau croissant aux générations futures. Les raisons ingénieuses qu'il donne à l'appui de sa doctrine rigide, appartiennent à la morale autant qu'à l'économie. Comme il résulte des tables de mortalité d'alors, que la majorité des adultes qui existent à un moment donné, doit avoir quitté la vie au bout de dix-neuf ans environ, de telle sorte qu'à la fin de cette période une majorité nouvelle remplace la première, Jefferson conclut que toute dette publique dont le remboursement ne se fait pas avant la dix-neuvième année, à partir du jour de l'emprunt, tombe sur des générations qui ne l'ont pas contractée, et qui réellement ont le droit de ne pas se croire obligées en bonne morale. Cette période de dix-neuf années, au terme de laquelle une révision et peut-être une réorganisation totale auraient lieu dans la société, est le thème favori de Jefferson : il y revient en maint endroit, tant un respect profond et religieux pour la liberté de ceux qui naîtront se mêle à toutes ses pensées. En somme, le système de crédit public de Jefferson ne diffère pas de ce précepte privé, qu'il donne à l'un de ses petits-fils encore enfant : « Ne dépensez jamais votre argent avant de l'avoir dans vos mains. » Quelque médiocre valeur qu'on attribue à cette doctrine prudente d'économie domestique, appliquée au gouvernement d'un grand État, il faut reconnaître qu'elle était à la fois possible et sage pour les États-Unis d'Amérique, et qu'elle a porté ses fruits. Jefferson, d'ailleurs, qui voyait toujours en perspective, pour un avenir plus ou moins éloigné, la séparation presque inévitable de certains États de l'Union, avait certes raison de ne pas vouloir compliquer leur charge commune, solidaire, croissante, ce qui arrive en matière de finances particulièrement. Il tâchait que le lien central restât le plus simple, et qu'on ne l'embrouillât pas en un labyrinthe, afin que, dans un temps quelconque, on eût le moyen de dénouer, sans déchirer violemment ni trancher avec le glaive. S'il y eut quelque chimère de sa part en cette espérance, que l'effort, du moins, est honorable et pur! On voit en un endroit que Jefferson s'effraye de l'intervention du gouvernement central, même pour la construction de certaines grandes routes et canaux. N'oublions pas, pour nous expliquer et nous justifier cette susceptibilité ombrageuse, que les pouvoirs souverains des divers États sont assez éclairés et intéressés sur ce chapitre des grands travaux publics, pour se passer du Congrès. Il n'y a en cela aucune analogie à établir entre la Confédération américaine et nous.

Les jugements de Jefferson sur la France et sur la Révolution qu'il avait vue commencer, sont dignes d'être médités et portent à un haut degré l'empreinte du caractère judicieux, circonspect et persévérant que tout nous signale en lui. Les étrangers américains ou génevois, qui assistèrent, non pas avec indifférence, mais de sang-froid, à la levée enthousiaste de 89, M. Dumont ou Jefferson, par exemple, furent surtout préoccupés des vices et de la légèreté de la nation dont ils avaient d'abord observé la surface; ils ne croyaient pas assez à l'influence puissante qu'avaient déjà exercée, dans toute la jeunesse des classes moyennes, les philosophes et les théoriciens politiques du XVIIIᵉ siècle ; ils ne savaient pas quelle moralité rapide ennoblirait, épurerait cette population des grandes villes, dont l'écume alors bouillonnait. La première pensée de ces témoins judicieux fut donc de craindre que le mouvement d'émancipation ne pût sortir victorieusement d'une lutte prolongée. Jefferson, pour sa part, conseilla d'abord aux patriotes influents, ses amis, de profiter des avances de la cour, du crédit de M. Necker, et d'entrer sans tarder en accommodement. Il comptait M. de Montmorin pour quelque chose. Il ne recevait pas assez puissamment la secousse de ce sol enflammé, qu'il faut être de la patrie pour sentir, de cette *mère-terre* qui ne trompait pas Mirabeau et lui répondait sourdement, comme à Antée. La France pourtant fut alors étudiée de Jefferson beaucoup mieux que de tout autre étranger. Il ne s'en tint pas au séjour des grandes villes, dont la moralité et le bien-être lui paraissaient, à tort, je le crois, choses désespérées. Dans un voyage qu'il fit à travers la Bourgogne et les provinces du Midi, il est touchant de le voir « rôder par les champs et dénicher les habitants dans leurs chaumières, regarder dans leur pot-au-feu, manger leur pain, se coucher sur leurs lits sous prétexte de se reposer, mais, dans le fait, pour s'assurer s'ils sont assez doux. » De retour en Amérique, après des adieux bien vifs à la France, pour laquelle il garda toujours une prédilection vraiment tendre, Jefferson suivit jusqu'au bout les vicissitudes et les progrès de ce grand et bon peuple, qu'il considérait comme l'initiateur du vieux monde. Durant sa présidence, il fit des efforts sans exemple pour ne pas rompre l'alliance avec lui. La domination de Bonaparte fut à ses yeux une calamité sans compensation et sans mélange. Il jugeait l'usurpateur de brumaire au point de vue des républicains et idéologues français, comme un grand capitaine peut-être, mais comme un dévastateur au civil, comme un ignorant et audacieux pirate des libertés, dénué de tout sens moral de droit et de justice. Plus tard la lecture d'O'méara le fit un peu revenir sur l'idée médiocre qu'il avait conçue des facultés politiques du héros. Quoi qu'il en soit, sa chute et la révolution qu'elle amena sont proclamées par Jefferson heureuses pour la France et pour le monde. Dans une lettre de février 1815, adressée à M. de La Fayette, on voit en abrégé toute l'opinion de Jefferson sur les événements de notre Révolution, avec les changements qu'y avait apportés l'expérience ; il y rétracte son ancienne idée d'un accommodement possible en 89 ; il croit reconnaître, avec M. de La Fayette, que la France de 91 était mûre pour la constitution qu'on lui avait faite, si on n'avait voulu la pousser encore plus avant, au delà de la monarchie. Ce qui manque tout à fait à Jefferson, dans ses jugements sur notre pays, c'est, selon l'observation de M. Conseil, le sentiment des partis et des nécessités de circonstance, c'est l'intelligence de la marche ardente d'une révolution et des métamorphoses qu'elle subit tout en se poursuivant. Mais si Jefferson n'a pas saisi, à cette distance et dans un chaos d'événements si contraires, la loi successive de cette grande œuvre sociale, il n'a, du moins, jamais désespéré de l'issue : la longueur de l'épreuve ne l'a jamais fait douter du terme. En 1823, octogénaire, écrivant au général La Fayette avec un poignet perclus, il lui exprime cette forte pensée : « Des alliances saintes ou infernales, dit-il, peuvent se former et retarder l'époque de la délivrance ; elles peuvent gonfler les ruisseaux de sang qui doivent encore couler ; mais leur chute doit terminer ce drame, et laisser au genre humain le droit de se gouverner lui-même. » Comme nous ne voulons rien céler de l'opinion de l'illustre vieillard, et que son autorité ne saurait jamais avoir d'effet accablant pour nous, nous transcrirons ce qu'il ajoute : « Je doutais, vous le savez, dans le temps où je vivais avec vous, si l'état de la société en Europe comportait un gouvernement républicain, et j'en doute encore. Avec un chef héréditaire, mais renfermé dans d'étroites limites ; avec un Corps législatif investi du droit de déclarer la guerre, une rigide économie des contributions publiques, l'interdiction absolue de toutes dépenses inutiles, on peut réaliser à un très-haut degré les conditions d'un gouvernement honnête et éloigné de toute oppression ; mais la seule garantie de tout cela est une presse libre. » Si Jefferson vivait en ce moment ; si, âgé de 90 ans, et de son poignet de plus en plus perclus, il écrivait à son même ami, après une expérience nouvelle, ne lui manderait-il point, par hasard, que cet autre accommodement qu'il se figurait possible ne l'était guère plus en réalité que celui qu'il conseillait en 89? « Vous aviez raison alors, mon vieil ami ; vous avez raison encore. »

Ces volumes de Jefferson abondent en remarques et conseils de détails qui sont faits pour régler les habitudes politiques. On y apprend, par exemple, que Jefferson n'a jamais entendu, dans les assemblées, Washington ni Franklin parler plus de dix minutes de suite et s'occuper d'autre chose que de la principale difficulté pour la résoudre. Il serait temps que la loquacité de nos hommes d'État se souvînt de ces grands et sobres exemples. Les principes que suit Jefferson, lors de sa présidence, au sujet des destitutions nécessaires, sont comme une réponse, admirable de mesure et de scrupules, à tout ce qu'on a débité ici de grossièrement servile ou de mystiquement sentencieux sur ce sujet.

La morale et la religion de Jefferson offrent un ensemble simple, harmonieux et paisible qui contraste assez visiblement avec les opinions plus acerbes et plus hostiles des philosophes français du même temps sur ce sujet. Ceux-ci, en effet, tout échauffés, tout aigris encore de la lutte contre l'*infâme*, adoptent en morale le principe de l'intérêt, et leur théologie se borne à une négation sèche ou au scepticisme railleur qui ne vaut pas mieux. Jefferson, comme Franklin, est plus indulgent, plus sage. Il admet dans l'homme un sens du juste qui nous a été donné pour nous diriger ; il regrette que le profond auteur du *Commentaire sur l'Esprit des lois*, ait emprunté sa base morale à Hobbes. Témoin des farouches bizarreries du calvinisme, en butte lui-même aux calomnies de certains prédicants, il sépare de leur doctrine dure la vraie religion de Jésus, qu'il réduit à la croyance de Dieu, de l'immortalité, et à l'amour des hommes. Condorcet, dans son bel éloge de Franklin, où perce toutefois une velléité de réticence, n'a pu s'empêcher de dire de ce dernier : « Il croyait à une morale fondée sur la nature de l'homme, indépendante de toutes les opinions spéculatives, antérieure à toutes les conventions ; il pensait que nos âmes reçoivent dans une autre vie la récompense de leurs vertus et de leurs fautes ; il croyait à l'existence d'un Dieu bienfaisant et juste, à qui il rendait dans le secret de sa conscience un hommage libre et pur. » Tel fut aussi Jefferson, tel Washington ; tels ont dû être, en effet, sur cette terre d'Amérique, en présence de cette vaste nature à demi défrichée, au sein d'une société récente, probe, industrieuse, où les sectes contraires se neutralisaient, tels ont dû être ces grands et stables personnages, nourris à l'aise, au large, sous un ciel aéré, loin du bagage des traditions, hors des encombrements de l'histoire, et dont pour quelques-uns, comme pour Washington, par exemple, l'éducation première s'était bornée à la lecture, l'écriture et l'arithmétique élémentaire, *à laquelle plus tard il avait ajouté l'arpentage.* De tels hommes, au lieu de s'embarrasser des divergences et des réfractions multipliées de la pensée religieuse dans le cours des temps, appliquaient immédiatement à l'examen des questions un rayon simple et bien dirigé, et ils arrivaient à la vérité morale par un accès naturel, sans passer à travers les vestibules, les dédales et toutes les épreuves irritantes du vieux monde. Jefferson, au reste, doué d'un esprit exact et sagace, avait pénétré assez avant, sur la fin de la vie, dans les matières métaphysiques; on voit dans une lettre à John Adams qu'à l'exemple de Locke, Stewart, Bonnet, il inclinait à être déiste matérialiste, c'est-à-dire à considérer la pensée comme liée nécessairement à quelque atome de matière subtile : ce qui ne l'empêchait nullement de croire à l'immortalité.

Jefferson y croyait fermement, pieusement : sa lettre sur la mort de Mme Adams exprime une résignation éloquente et fervente. Le peu de lignes qui précèdent le décalogue de conduite écrit pour son petit-fils un an avant sa mort, nous montrent le vieillard bénissant, déjà délivré à demi de sa dépouille et ayant fait un pas dans la majesté de la tombe. Les conseils que Jefferson adressa en toute occasion aux jeunes gens qui le consultaient sur leurs études et sur leur vie, respirent l'indulgence, le respect d'autrui, la saine pratique. « Il préférait, comme Condorcet l'a dit encore de Franklin, il préférait le bien qu'on obtient de la raison à celui qu'on attend de l'enthousiasme, parce qu'il se fait mieux, arrive plus sûrement et dure plus longtemps. » Jefferson ne proscrivait pas néanmoins les élans de l'âme; il voulait que l'homme embrassât les délices des affections, même au risque des douleurs. Dans une lettre à madame Cosway, qui est un ingénieux et délicat dialogue entre la tête et le cœur, à la manière de Sterne ou du Socrate de Philadelphie déjà tant de fois cité, notre philosophe balance les prérogatives des deux puissances rivales qui se partagent notre être, et il ne donne pas le dessous à la plus tendre. Le Montesquieu américain ne disait pas comme le nôtre, qu'il n'était point de chagrins et d'émotions dont une demi-heure de lecture ne le consolât. Une expérience rigoureuse lui avait appris qu'aux maux profonds, aux peines du dedans, il n'est de remède que le temps, le silence absolu, et aussi l'espoir de ce monde invisible où nous nous réunissons dans nos pures essences.

Une foule de pensées justes et d'observations frappantes ressortent de cette Correspondance et augmentent le trésor du lecteur : « Je ne crois pas avec les La Rochefoucauld et les Montaigne que les quatorze quinzièmes des hommes soient des fripons : je crois que cette proportion doit être singulièrement restreinte en faveur de l'honnêteté commune; mais j'ai toujours reconnu que les fripons abondent à la surface, et je ne crois pas que la proportion soit trop forte pour les classes supérieures et pour ceux qui, s'élevant au-dessus d'une multitude ignorante et abrutie, trouvent toujours moyen de se nicher dans les positions où il y a du pouvoir et du profit à acquérir. » L'expression, en maint endroit, s'anime de bonhomie et de grâce : « Cela, dit-il, en parlant de l'incandescence politique, cela peut convenir aux jeunes gens, pour qui les passions sont des jouissances; la tranquillité est le lait des vieillards. »

Le portrait que Jefferson a tracé de Washington est digne de tous deux : la beauté morale reluit dans ces lignes calmes et précises, dans cette touche solide. Nous renvoyons au livre, ne voulant pas tronquer ici cette régulière peinture. L'excellente traduction de M. Conseil l'a fidèlement reproduite. Quant au portrait de Jefferson lui-même, nous avons essayé dans ce qui précède, d'en offrir comme au hasard les principaux traits, heureux de convier notre jeunesse à l'étude d'un tel exemple, certain qu'on nous passerait quelque longueur, quand il s'agissait d'un de ces hommes en faveur desquels a prononcé, suivant une belle locution démocratique qu'il emploie, le verdict de leur patrie et du genre humain.

15 février 1833.

CHRONIQUE LITTÉRAIRE [1]

Le siècle va vite; il se hâte; je ne sais s'il arrivera bientôt à l'une de ces vallées immenses, à l'un de ces plateaux dominants, où la société s'assoit et s'installe pour une longue halte; je ne sais même si jamais la société s'assoit, se pose réellement, et si toutes les stations que nous croyons découvrir dans le passé de l'histoire, ne sont pas des effets plus ou moins illusoires de la perspective, de pures apparences qui se construisent ainsi et jouent à nos yeux dans le lointain. Quoi qu'il en soit, il est bien sûr pour nous, en ce moment, que le siècle va grand train, qu'une étrange activité l'accélère dans tous les sens; qu'à lui tâter le pouls chaque matin, sa vie semble une fièvre, et que, si dans cette fièvre il entre bien des émotions passagères, de mauvais caprices, d'engouements à la minute, il y a aussi là-dedans de bien nobles palpitations, une sé-

1. Publiée dans la *Revue des Deux Mondes*.

rieuse flamme, des torrents de vie et de génie, et toute la marche d'un grand dessein qui s'enfante.

En vérité, plus les choses vont, plus elles se mêlent et se généralisent, et plus aussi il doit y avoir orgueil et satisfaction virile pour l'individu de se sentir en faire partie, d'en être; — d'être un membre, même obscur, inconnu, même lassé et brisé, de cette foule humaine qui partout, sur tous les points, s'avance à son but dans un tumulte puissant. Qui n'aurait été fier au moyen âge de marcher comme soldat dans l'immense croisade de Pierre l'Ermite? Être homme aujourd'hui, l'être d'intelligence et de cœur, c'est faire de même qu'alors, c'est cheminer avec tous dans une route laborieuse et confuse, mais dont le terme, à coup sûr, est sacré! Ils sont déjà loin de nous ces loisirs faciles, dédaigneux, où l'élite de la société, au balcon, regardait passer et se heurter la masse. La masse, à la fin, s'est irritée d'être en spectacle et en jeu; elle s'est ruée; elle a crié à son tour aux rois et aux puissants, tout pâles devant elle, de l'amuser du balcon; ç'a été dans le premier moment une parade sanglante; depuis lors il n'y a plus, à vrai dire, que de la foule et du peuple. Chacun en est plus ou moins, et s'arrange, comme il peut, pour faire route et regarder à la fois. Cette manière de voir est moins commode; mais, somme toute, on voit mieux.

Deux grandes causes sont toujours en suspens, l'une aux portes de l'Asie, l'autre dans l'Amérique du Nord.

L'Égypte à main armée campe devant Constantinople ; la Caroline du Sud lève ses milices contre le Congrès. La discorde est ainsi au cœur du gouvernement despotique et du gouvernement libre par excellence. Mais la querelle de l'État libre se terminera, selon toute apparence, par arbitrage et avant rupture ouverte. Pour sauver la Turquie sous le coup du désastre, les puissances chrétiennes s'interposent : mais l'islamisme n'en réchappera pas ; soit qu'elle énerve et polisse Constantinople, soit qu'elle instruise et enhardisse Alexandrie, c'est toujours notre civilisation qui gagne et qui triomphe ; de son côté seul est l'avenir.

L'ouverture du parlement anglais a dès l'abord offert une solennité de débats qui écrase la petitesse de nos Chambres. L'Irlande est désormais la question vitale pour l'Angleterre ; l'Irlande opprimée et martyrisée depuis des siècles, l'Irlande traitée en conquête, pressurée sans relâche par le Saxon, par le Normand, par Jacques Ier, par Cromwell, par Guillaume d'Orange ; l'Irlande, cette noble et sainte Pologne de l'Océan, inépuisable en douleur comme en espérance ; l'inextinguible Irlande, un moment voisine de l'émancipation à la fin du dernier siècle, se lève aujourd'hui en armes pour regagner ses droits, pour faire sa révolution étouffée en 98 ; elle ne connaît plus Guillaume IV, ni ses officiers, ni ses prélats, ni le parlement britannique ; elle n'obéit qu'à son O'Connell, qui chargé de plaider pour elle à Westminster, s'y montre moins à l'aise, il faut le dire, que sur la terre nationale, au milieu de *son peuple*. En effet, la loi de l'histoire jusqu'ici est que de telles antipathies de races, de tels griefs amoncelés, ne se vident point à l'amiable devant la partie adverse, et par voie de consentement mutuel. L'Irlande le sait ; O'Connell ne s'en flatte guère; mais il hésite encore : l'heure est-elle bien venue?

En France, le mouvement de la société et l'importance réelle des choses apparaissent de plus en plus en dehors des cadres constitutionnels qu'on a tracés si à l'étroit. Notre législature ne représente pas plus l'opinion vivante et active, que l'Académie française ne représente la littérature féconde. Qu'importe ! Le progrès se fait d'ailleurs; la politique et l'art n'ont pas chômé depuis quinze jours; trois mémorables événements se sont succédé : un recueil de chansons de Béranger, l'affaire d'Armand Carrel, le drame de Victor Hugo.

Dans la prochaine livraison de la *Revue,* l'un de nos collaborateurs examinera à loisir et en détail cette production si profonde et si savante du chansonnier populaire; mais, quant à l'effet politique, au sens social, il ressort de lui-même et se perçoit vivement. Ce petit volume est gros de conversions nouvelles et d'idées qui, *conduites par le chant,* comme Boileau l'a dit à merveille, s'en vont pénétrer bien avant et bien loin en très-peu de mois. Un bon nombre de convictions timides s'exciteront sur la foi des refrains, et reprendront goût et courage à la cause de la civilisation, d'après l'autorité de leur poëte. Les questions plus que politiques, les questions sociales, que tant d'esprits éminents ont tourmentées dans ces dernières années, et qui ont prêté aux conceptions, si utiles à certains égards et si méritoires, de Saint-Simon, d'Enfantin et de M. Fourier; ces questions, grâce à Béranger, circuleront maintenant parmi le peuple sous une forme intelligible et saisissante; elles y mûriront, pour ainsi dire, sous l'enveloppe colorée dont il les a revêtues, en attendant le jour où l'enveloppe se brisera, et où les vérités à nu sortiront de l'écorce. Qu'on se figure *les Contrebandiers* chantés dans la montagne du Jura, *Jeanne la Rousse* chantée dans un village des Ardennes, *le Vieux Vagabond* aux guinguettes des barrières, et *le Pauvre Jacques* dans chaque bourgade ? Qu'on se représente l'étonnement, les larmes, les gonflements de cœur de ces pauvres et simples gens, en trouvant pour la première fois une expression à leurs peines, à leurs vœux, et l'attitude fière et enflammée des plus jeunes ! Les sociétés populaires, démocratiques, des *Amis du peuple*, des *Droits de l'homme*, etc., etc., qui, à ce qu'on assure, existent toujours, n'auraient rien de mieux à faire, au lieu des motions et harangues empruntées au portefeuille d'Anacharsis Clootz, que d'expédier dès demain, par les villages, quelques chanteurs ambulants, avec ordre de ne quitter chaque endroit que lorsque deux ou trois garçons des plus éveillés sauraient les quatre ou cinq chansons magiques : il sera mémorable, l'instant où la population de la France les redira en chœur.

Des questions sociales, si nous passons aux politiques, à proprement parler, lesquelles ne sont pas tant à dédaigner que certains esprits soi-disant *avancés* se le figurent; ces derniers jours ont produit une manifestation des sentiments publics bien imposante et qui doit donner à réfléchir. Nous ne reviendrons pas ici sur les circonstances suffisamment connues du duel de MM. Armand Carrel et Laborie. Quoiqu'il y ait eu, ce semble, dans la conduite si généreuse de M. Carrel, un surcroît, pour ainsi dire, d'honneur et de valeur dont la plupart, à sa place, se seraient crus dispensés, et que les personnes modérées en toutes choses ont peut-être blâmé comme un exemple onéreux pour elles, il faut se rappeler néanmoins qu'il est des positions d'avant-garde, des existences lancées hors de ligne, et fortement engagées, pour lesquelles le trop n'est que suffisant, et auxquelles il sied d'être personnellement ombrageuses sur ce qui offense en général un parti et une cause. Ici l'effet l'a bien témoigné; la cause qu'épousait M. Carrel était celle même du pays. La manifestation cordiale, spontanée, sincère, qui s'est produite dans la population (ce n'est pas trop dire) à la nouvelle de sa blessure, a fait voir quel gré on lui savait d'avoir relevé, au nom de tous, le gant que nul adversaire ne se fût avisé de lui jeter, à lui, en face. Une notable portion de la Chambre, les étudiants, des citoyens de toute nuance, accouraient, peu d'heures après l'accident, indignés, émus, contristés. Le lendemain, aux bureaux du *National*, la foule qui circula et s'inscrivit fut immense; on y remarqua nombre d'ouvriers. Il y avait, sans doute, dans cette démonstration profonde, intérêt amical pour l'homme même, pour l'individu atteint; il y avait hommage à un talent énergique, infatigable; quelque chose de ce respect qu'on porte en France à toute belle intelligence que la valeur accompagne, à tout noble front où l'éclair de la pensée s'est rencontré volontiers avec l'éclair d'une épée; mais il y avait aussi un sentiment dominant de solidarité, d'adhésion à des principes communs, de reconnaissance pour des services rendus, de confiance placée sur une tête forte et rare. Par un accord instantané, irrécusable, il a été constaté à quel point M. Carrel compte dans l'opinion universelle pour le triomphe plus ou moins prochain de certaines idées, dont une portion est déjà populaire.

Si, après ce qui s'est passé depuis dix années, on pouvait douter encore de la toute-puissance de la presse et de l'autorité qu'elle exerce et qu'elle confère, c'en serait là une preuve bien triomphante. Avant la révolution de juillet, M. Carrel s'était acquis une belle réputation de courage et de résolution dans le jeune carbonarisme par sa conduite en Espagne et ses condamnations à mort; il s'était fondé également une position fort solide d'écrivain et d'historien, par sa coopération à plusieurs journaux, par son excellent volume sur la Révolution anglaise de 1688. Mais connu, apprécié de ses amis et des personnes du métier, M. Carrel n'avait pas eu le temps de se faire dans le public une place à beaucoup près aussi apparente que celle qu'occupaient MM. Augustin Thierry, Mignet et Thiers. La tournure ferme, judicieuse et précise de son talent ne lui eût pas permis de chercher dans un faux éclat et des aperçus hasardés un succès qu'il ne voulait devoir qu'aux sérieuses études dont sa première vie l'avait distrait, et auxquelles il s'était remis avec toute sa vigueur. La révolution de juillet, en détachant du *National* les deux rédacteurs jusqu'alors le plus en vue, laissa seul au premier rang, et démasqua, en quelque sorte, M. Carrel; ce fut pour lui, pour le développement de son talent et de sa destinée, une époque vraiment décisive. Des facultés amples, abondantes, pleines d'aisance et de ressources, se révélèrent chez lui en face de l'obstacle, et s'ajoutèrent avec bonheur au nerf et à la persévérance qu'on ne lui avait jamais contestés. Gêné, contenu jusque là, faute d'espace et de champ libre, il étonna bientôt ceux qui l'appréciaient le mieux, et donna à tous sa mesure. Mais il la donna uniquement, qu'on note bien ceci, par des articles de chaque jour, non signés, sur des matières toujours graves, souvent spéciales, sans prétention littéraire aucune, sans phrase sonore ni clinquant qui saute aux yeux;

deux fois, la première lors de son procès, la seconde lors du mandat d'amener en juin, le pouvoir se chargea de signer pour lui et de déclarer ce nom à la France. Or la France, qui sait ce que vaut la presse et ce que peut un journal, a recueilli avidement ce nom ; elle a prouvé spontanément, dès la première occasion qui s'est offerte, à quel rang elle place dans son estime et dans son admiration, je ne dirai pas, l'*écrivain périodique*, mais, pour parler sans périphrase, le *journaliste* éloquent, appliqué, courageux. A trente-deux ans, sans avoir passé par ce qu'on appelle la vie publique, M. Carrel est arrivé, en rédigeant un journal, à un degré de popularité sérieuse et raisonnée qu'on n'avait atteint jusqu'ici que dans des carrières plus officielles en quelque sorte, dans les luttes militaires ou de tribune ! C'est, je crois, le premier exemple d'un tel fait dans notre pays, c'est une grande marque de bon sens et de progrès dans la raison publique. Quant aux devoirs qu'une manifestation de ce genre impose à celui qui en est l'objet, la constance morale et la loyauté qui, chez M. Carrel, ne varient pas plus que son talent, nous répondent qu'il saura les remplir.

Le soir même où la première annonce de la blessure de M. Carrel circulait dans Paris, une foule considérable, une société brillante, et la majorité de la jeunesse, remplissaient le théâtre de la porte Saint-Martin où l'on allait représenter la *Lucrèce Borgia* de M. Hugo. L'attente était grande, bruyante, mais non orageuse ;

des sentiments divers planaient en rumeur sur cette multitude passionnée ; on demandait *le Chant du Départ*, on chantait *la Marseillaise ;* puis la toile, se levant avec lenteur, découvrit une vue merveilleuse de Venise que saluèrent mille applaudissements : « Admirable « jeunesse, me disais-je, qui trouves place en toi pour « toutes les émotions, qui aspires et t'enflammes à tous « les prestiges ; va, tu seras grande dans le siècle, si « tu sais ne pas trop t'égarer, si tu réalises bientôt le « quart seulement de ce que tu sens, de ce que tu « exhales à cette heure ! »

Nous n'avons pas à juger en cet endroit le drame de M. Hugo ; les jugements individuels peuvent être divers ; la sévérité littéraire peut trouver à s'exercer. Mais ç'a été un beau et véritable succès, un succès invincible dont l'étreinte dramatique n'a épargné personne là présent. Après *le Roi s'amuse*, mêlée tumultueuse d'où les deux partis s'étaient retirés en désordre, M. Hugo avait besoin d'une victoire évidente ; il l'a remportée. Qui que ce soit, durant cette soirée ardente, n'a eu loisir ni haleine pour contredire. Entre le public et le poëte, il y a contrat désormais ; il est notoire qu'ils peuvent marcher et qu'ils marcheront ensemble. Quand *Lucrèce Borgia* n'aurait tranché d'autre question que celle-ci : « M. Victor Hugo est-il ou n'est-il « point capable de drame au point de vue du public ? » ce serait un pas immense de gagné. La polémique a dû changer de terrain, à partir de ce soir-là. La seule

question qu'elle ait à poser est dorénavant celle-ci :
« M. Hugo a-t-il raison d'inculquer au public, et le pu-
« blic a-t-il raison d'accepter intégralement cette es-
« pèce particulière de drame ? » A ne juger *Lucrèce
Borgia* que par les résultats extérieurs, on voit donc à
quel point c'est un avancement pour M. Victor Hugo.
Une fois son drame accepté, applaudi, autorisé, le
poëte est bien plus à l'aise pour en modifier, en assou-
plir l'esprit et les formes ; il lui est plus facile de se
relâcher quand il a vaincu, que quand il lutte ; or, ce
qu'on demande surtout à M. Hugo, c'est quelque relâchement dans la force, ou, suivant l'expression classique consacrée, quelque *pitié* dans *l'horreur*. L'âge,
la maturité et le triomphe aussi y aidant, j'ai tout espoir que ces tempéraments viendront d'eux-mêmes.

Mais c'est un spectacle trop grandiose et trop rare
en ce temps-ci pour ne pas l'admirer et s'incliner d'a-
bord devant, dût-on argumenter et analyser ensuite,
que cette trempe de caractère poétique, cette vaillance
presque fabuleuse dans l'art qui, depuis tantôt douze
ans, combat, construit et conquiert. Où cela s'ar-
rêtera-t-il ? quel effet produiront de loin pour la postérité ces efforts inouis et ces œuvres altières qui s'ac-
cumulent ? Voilà des questions que personne ne peut
s'empêcher de s'adresser à soi-même, avec un sentiment intime de respect pour le poëte de génie qui les
suscite.

Avant de quitter *Lucrèce*, rendons hommage à l'actrice qui l'a si tragiquement réalisée : mademoiselle Georges, sans déroger à l'idéal effrayant, au diadème de bronze qui couronne ce rôle d'horreur, a trouvé des accents de nature, des cris de passion familière, la vérité dans la majesté.

Un succès dramatique que nous enregistrons avec plaisir est celui des *Malheurs d'un amant heureux*, comédie-vaudeville qui rappelle le meilleur temps du Gymnase et la meilleure manière de M. Scribe. Des scènes vraies, habiles, du comique de situation, des détails fins et de jolis mots en abondance, des endroits mêmes d'un pathétique assez naturel, tout cela monté à merveille et joué avec ensemble, remplit délicieusement deux heures de soirée, et ne laisse pas jour à la critique qui s'endort sur une agréable impression. Je me permettrai seulement de rappeler à M. Scribe, pour l'acquit de ma conscience (car il le sait aussi bien que moi), que de notre temps, dans le monde, la profession d'homme à bonnes fortunes n'est pas si essentiellement distincte de celle d'avocat, médecin, agent de change, etc., qu'il le représente communément : ce sont là des classes artificielles qu'il imagine, des contrastes qui prêtent aux plaisanteries et aux couplets du genre, mais que des provinciaux seuls peuvent prendre au sérieux! entre M. Scribe et son public, c'est pure connivence.

La courte réponse de M. Lacordaire au calomnieux factum du sieur Douville a produit son effet. Le gros livre que d'honnêtes personnages se préparaient à remorquer pour le tirer de sa fange, y est resté en plein. Ce livre, au reste, on le sait maintenant, n'est pas même de la fabrique du soi-disant voyageur au Congo : il lui a fallu, pour entasser vaille que vaille cet amas de grossièretés et d'impudences, recourir à la plume d'un de ses confrères en hâbleries aventurières et en mystifications éventées. Nous nous garderions de revenir sur ce point, si des journalistes peu pénétrants ne s'étaient assez lourdement interposés dans une querelle où ils ont voulu jouer le rôle de *juste-milieu*. Admirez donc l'équité de ces messieurs! Un homme de cœur et de savoir, informé d'une supercherie infâme, qu'un Corps savant couronne par la main d'un prétendu géographe, se récrie dans une indignation généreuse; mû d'un sentiment désintéressé, patriotique, il ose dire ce qu'il a vu, ce qu'il a connu; il compromet son repos, il s'expose à un assassinat, et par là-dessus il encourt le blâme de ces honnêtes compilateurs, copistes sans critique et sans coup-d'œil, qui jugent avant tout qu'il a été *un peu loin*. Le Corps académique qui a commis la bévue renferme des personnes éclairées, d'une moralité et d'une capacité scientifique qui a intérêt à purger cette sotte affaire. Mais deux ou trois savants véreux, qui se croient quelque chose pour avoir débuté dans les bagages de l'armée d'Égypte ou pour avoir paperassé avec les travaux d'autrui, entravent tout éclaircissement, et donneraient gain de cause, s'ils l'osaient, au fripon sur l'honnête homme, plutôt que de reconnaître qu'ils ont été dupes, et de se rétracter. C'est après tout le rôle naturel qui sied au pédantisme ignorant. Pour simple vengeance je proposerais une variante au proverbe de Paul-Louis Courier : « Tu t'entends à cela comme Gail au grec, » en d'autres termes, *comme Jomard à la géographie*.

A une autre fois les romans, contes, nouvelles, salmigondis, cent-et-un, cent-et-une, et, en général, tous les chefs-d'œuvre littéraires qui ont pu et dû paraître dans la dernière quinzaine ! Je veux dire seulement un mot en finissant d'une brochure sérieuse que M. Maurize vient de publier sous le titre de *Dangers de la situation actuelle de la France*, et qu'il adresse aux hommes sincères de tous les partis. L'auteur, qui a passé, à ce qu'il semble, par les doctrines saint-simoniennes, est arrivé à considérer le système de M. Fourier comme seul capable de remédier aux désordres effroyables de la civilisation. En vérité, quand on parcourt cette masse profonde d'idées que remuent les novateurs hasardeux, les *fous* comme Béranger les appelle, et comme on peut le redire après lui sans injure ; quand on compare les éclairs qui jaillissent à chaque pas de leur recherche intrépide avec les préjugés creux souvent recouverts du nom de bon sens, on sent l'ironie expirer ; on désirerait être convaincu, ou tout au moins on voudrait ne pas être forcé de combattre. Mais, d'autre part, il y a dans les imaginations frappées, qui épousent éperdument un système, quelque chose d'impatient, de superbe, qui rudoie l'impartialité et la jette, bon gré mal gré, hors des gonds. Si nous nous plaisons en effet à reconnaître chez M. Maurize une critique hardie, ingénieuse, de l'ordre social actuel, critique où M. Fourier lui-même déploie d'ordinaire une éloquence cynique que rien n'égale, comment passer à M. Maurize le ton d'absolu dédain dont il traite les divers partis de ce qu'on appelle le mouvement, son cordial mépris pour tout ce qui est morale, politique, philosophie, pour tout ce qui a occupé jusqu'ici les plus grands hommes? « Et maintenant, messieurs, « vous tous qui êtes qualifiés du nom de *philosophes*, « *moralistes, métaphysiciens, politiques* et *économistes*, « nous vous interpellons ici directement, et nous vous « défions publiquement d'apporter, à l'aide de vos « sciences vraies et mensongères, la *moindre* amélioration « au sort de la société et notamment des classes « populaires. » Et ailleurs : « Nous dirons à tous les « détracteurs du régime sociétaire, que M. Fourier a « eu un grand tort envers eux : c'est de n'avoir pas su « se faire assez petit pour se mettre à leur taille. » Mais ce qui m'a le plus scandalisé, je l'avoue, ce sont ces phrases blasphématoires sur les maximes libérales de Fénelon : « Je viens d'appuyer la thèse par un aperçu « des sottises dogmatiques du *Télémaque*; le bon-« homme Fénelon ne se doutait pas des résultats qu'au-« rait, en 1789, sa doctrine essayée en France. » Pour nous, nous n'imiterons pas en cela M. Maurize, et nous reconnaîtrons de grand cœur que la doctrine qu'il professe si ardemment, recèle un contingent de vérités dont c'est un devoir d'essayer le triage. Mais ce triage que bien des fois nous avons tenté et que nous tenterons encore, est rendu plus difficile par ces épines repoussantes qui blessent dès l'entrée. M. Maurize a voulu faire un livre de conciliation et d'appel à tous : n'a-t-il pas été en maint endroit contre son but? La pleine vérité, en aucun temps, a-t-elle jamais tenu un tel langage? Nous souhaiterions qu'il comprît cela lui-même et que ses amis le comprissent dans l'intérêt des vérités partielles et positives qui peuvent ressortir, pour chacun, de cette doctrine.

1er mars 1833.

CHRONIQUE LITTÉRAIRE

J'ai entendu demander souvent quelle est l'unité de cette *Revue*[1]; quel système philosophique, historique, esthétique, elle représente? n'étant ni doctrinaire, ni catholique, ni de l'école pure du Contrat social, ni saint-simonienne, ni romantique en art, selon le rit de 1828? La *Revue*, en effet, n'est rien de tout cela; certaines parties des doctrines indiquées ont pu et peuvent se mêler à son ensemble et y faire contraste ou variation; mais aucun système pareil ne la compose, et le ton qui y domine, bien que d'une nuance plus diffuse et moins tranchée, est particulièrement distinct et reconnaissable. Le groupe philosophique, poétique et critique, dont les travaux et les productions forment d'habitude ce qu'on pourrait appeler le fonds de la *Revue*, indépendamment des portions de voyages ou de science où les faits seuls sont admis, ce groupe a une marche commune, rappro-

1. La *Revue des deux Mondes*.

chée, sinon concertée, et constitue librement une alliance naturelle. Par la conception de l'art, par la recherche philosophique, il appartient tout entier à l'avenir, et ne s'enchaîne au passé par aucun préjugé d'école; mais en même temps, c'est au passé surtout étudié positivement et avec impartialité, qu'il demande ses conjectures et ses espérances sur la destinée du siècle. Il y a en ce temps-ci un certain nombre d'esprits ardents, studieux, intelligents, qui, jeunes, après avoir passé déjà par des phases diverses, et avoir joint à un enthousiasme non encore épuisé, une maturité commençante, savent assez de quoi il retourne dans ces mouvements douloureux de la société, ressentent l'enfantement d'un ordre nouveau, y aident de grand cœur, mais ne croient pas qu'il soit donné à une formule unique et souveraine de l'accomplir : car le temps de ces découvertes magiques est passé; un *fiat lux* social n'est possible qu'à l'aurore; et aujourd'hui le progrès humain se fait sous le soleil, avec force sueurs, par tous, moyennant, il est vrai, quelques guides de génie, dont aucun pourtant n'a le droit de se croire indispensable. Or, les esprits qui jugent de la sorte, ont un rôle à jouer dans l'effort commun; ils ont à exciter ceux qui doutent d'une issue, à tempérer, à ne pas suivre ceux qui voient à chaque pas un *labarum;* ils ont à multiplier les points de vue de l'histoire, les documents de l'érudition, les variétés réelles, innombrables, qui déconcertent les unités étroites et factices ; ils ont aussi à rappeler, d'autres fois, le but futur, la grande unité sociale, vague encore, complexe, et inégale toujours, où évidemment le siècle s'achemine. Ils ont enfin à ne pas laisser dépérir, dans ces routes pénibles, les facultés délicates, brillantes ou tendres, oublieuses d'ici-bas, l'imagination, l'âme, l'art et toutes les cultures qu'il suggère. Or, c'est une pensée semblable, une pensée de bon sens, d'étude, de tolérance, de progrès laborieux et aussi d'agrément, qui anime l'ensemble de la *Revue;* c'est là son genre d'unité, et elle tâchera de s'y affermir de plus en plus, au milieu de tant d'assertions téméraires et de promesses ambitieuses.

Les trois grandes questions qui travaillaient, il y a quinze jours, l'Orient, l'Amérique du Nord et la vieille Angleterre, sont encore pendantes. Ibrahim, qui ne croit guère à la vertu efficace des protocoles, a fait preuve de sens, en marchant de Konieh sur Scutari; un pied dans le Bosphore, n'étant séparé du divan que par ce détroit que les amoureux et les poëtes traversent à la nage, il est plus certain de se faire entendre. — Aux États-Unis, tout espoir d'un accommodement entre la Caroline du Sud et le Congrès n'est pas évanoui; on se prépare pourtant des deux côtés, comme pour une lutte sanglante, et les milices sont sous les armes. Les volontaires irlandais ne se disposent pas non plus à se dissoudre : le bill pour la réforme de l'église d'Irlande qu'a présenté lord Altorp, à la Chambre des communes, avait fait naître des espérances de conciliation que le bill de répression, présenté par lord Grey à la Chambre des lords, a promptement dissipées. L'Irlande, menacée d'une véritable mise hors la loi, a l'allure plus effervescente, plus insurrectionnelle que jamais. Le fait européen actuel le plus décisif est là.

Le fait parisien et français, le plus capital, le plus caractéristique, depuis quinze jours, ce n'a été ni l'abandon à la dérobée de la loi sur l'état de siége, ni l'espèce de triomphe oratoire de M. de Broglie devant nos députés, ni même la chevaleresque étourderie royaliste de M. Thiers; au diable ce menu tracas législatif! Ç'a été tout bonnement le carnaval qui a fait les frais et qui a eu les honneurs de cette quinzaine, mais un vrai et franc carnaval, comme on n'en avait pas encore vu de si gaiement improvisé, de mémoire de *jeune France*. Le dernier mois s'était passé aux querelles politiques, à aiguiser ses épées, à négocier des cartels : n'était-il pas juste de varier un peu son humeur? On s'est amusé follement au carnaval de 1833, parce qu'il y avait longtemps qu'on ne s'était amusé, parce qu'il faut toujours en France en revenir aux plaisirs, parce qu'au milieu des soucis qui assombrissent et des vertus sérieuses que, dit-on (et je le crois), nous acquérons, nous sommes l'éternelle nation de la Fronde et de la Régence, le Paris de Rabelais, de *Manon Lescaut*, du *Mariage de Figaro* et du Directoire. Oui, nous sommes encore et nous resterons, je l'espère, quelque chose de tout cela; à ceux qui pensent que notre jeunesse est en train de se faire doctrinaire, à ceux qui craignent que la future République n'affecte trop un jour le goût américain, nous répondrons par ce carnaval de 1833. L'originalité du pays, la verve nationale y a reparu par un jet soudain qui marque que rien n'a baissé dans notre humeur. Après plus de deux années de spleen, abattement, désappointement amer, ces jours de gaieté inattendue promettent; nous retrouvons notre constitution saine et brillante; cette quantité de forces surabondantes qui s'échappe ainsi en allégresse sans motif, s'échapperait non moins volontiers en héroïsme et dévouement à une belle cause. L'émotion patriotique, si unanime, d'il y a un mois, n'est pas si étrangère qu'on le pourrait croire, à l'émotion joyeuse qui a brusquement succédé; je veux dire que l'une et l'autre se rattachent au même ressort interne, à une vigueur nationale qui se répare.

Les femmes du monde, on leur doit cette justice, se sont prêtées à merveille à l'attrait et à l'embellissement de cette renaissance, elles ont multiplié l'éclat des fêtes particulières; elles n'ont même pas absolument dédaigné ces tourbillons, moins étroits, mais plus enivrants, où la foule enhardit et protége le mystère. A la blancheur suave du cou et aux lignes voluptueuses de plus d'une pose indécise, il était aisé, jusque sous le masque, de saisir la curiosité de l'aristocratique beauté qui se confiait là, pour la première fois, à quelque guide heureux et fier : c'était une nuance nouvelle en ces sortes de lieux que de suivre ainsi un embarras charmant, dissipé à mesure. Nous notons ceci comme un fait : nous n'adressons aucun reproche; nous serions tenté plutôt de féliciter, si nous l'osions; deux ou trois carnavals comme le dernier feront plus, à coup sûr, pour l'émancipation réelle de la femme, que quatre ou cinq religions *ex professo*.

Nous avons sous les yeux un roman nouveau intitulé *la Saint-Simonienne*, par madame Joséphine Le Bassu. C'est un livre écrit avec douceur, intérêt, inexpérience littéraire, mais sentiment vrai, pur et assez touchant. L'auteur évidemment a été témoin d'une aventure plus ou moins semblable à celle qu'il nous raconte. Une jeune fille sentimentale, exaltée, élevée dans la pratique chrétienne et d'une nature un peu mystique, Claire, est aimée d'un jeune homme éloquent et enthousiaste qui a embrassé le saint-simonisme, et dont l'amour l'entraîne à sa secte sans la convaincre; le malheur qui les frappe tous les deux semble à l'auteur provoquer une moralité favorable au christianisme. Quelque incident arrivé dans le cours des missions saint-simoniennes du Midi, doit avoir fourni le fonds de cette histoire. Mais la lenteur du préambule, le grand nombre de personnages trop mollement dessinés, et une teinte romanesque à la Montolieu répandue sur l'ensemble, empêchent l'effet d'être vif et réel, bien que la facilité, la grâce et une certaine onction ne manquent pas. Était-il donc besoin, pour inspirer à Claire de l'amour pour Reinal, de recourir à cette opération presque fabuleuse de la transfusion du sang ? Le côté amoureux, mystique et insinuant du saint-simonisme est assez fidèlement rendu ; le côté politique et économique n'est pas même soupçonné. Durant la seconde période de la doctrine et dans les relations avec les femmes, surtout quand des jeunes gens, convertis à peine depuis quelques mois, couraient en prosélytes, s'adressant aux imaginations provençales, c'est bien sous cette forme vaguement attrayante et affadie, que le saint-simonisme, naguère austère au sortir du *Producteur*, menaçant au sortir des *ventes*, se produisait en se corrompant. Bien des cœurs avides, des imaginations tendres d'adolescents, en essayèrent. Il y aurait un singulier rapprochement, non pas tout à fait chimérique, à établir entre le saint-simonisme de cette période, et les congrégations mystiques, et à la fois ambitieuses, des premiers temps de la Restauration. C'était également, quant aux procédés du moins, quelque chose de séducteur, de chatouilleux, qui allait aux sens en parlant des choses sévères. Le demi-jour des chapelles de la Roche-Guyon se retrouvait presque dans le cabinet étoffé et doré du Père suprême. L'apothéose anticipée d'un avenir inconnu employait les mêmes expédients, les mêmes pratiques idolâtriques que l'adoration réchauffée d'un passé enseveli. Qui l'eût dit, quand une jeunesse aristocratique, sortie de Saint-Acheul ou des séminaires, se glissait dans les affiliations dévotes; qui l'eût dit, que hors d'elle, au sein même du carbonarisme farouche, il se préparait quelque chose qui deviendrait de transformation en transformation, et après une révolution nouvelle, le sanctuaire non moins mystique, le *Sacré-Cœur*, en vérité, de la jeunesse républicaine et prolétaire ? Car après les trois jours, durant deux années, le saint-simonisme a été en grande partie cela. A ce sujet, on nous permettra de citer ici quelques vers laissés par un jeune saint-simonien mort, Bucheille; le sentiment qu'il éprouve en approchant du groupe qu'il considère comme sacré, ce détachement des autres amitiés et des liens antérieurs, cette illusion d'un essor plus vaste et d'un rajeunissement moral, tous ces symptômes, que beaucoup ont partagés, y sont assez naïvement réfléchis : nous n'avons supprimé qu'un bout d'amourette vers la fin; et c'était là encore un trait qui d'ordinaire ne faisait pas faute. Je m'étonne que le saint-simonisme n'ait pas inspiré d'autres vers, et qu'aucune poésie ne se soit teinte de son reflet. Certaines pièces des *Méditations* de M. de Lamartine idéalisent assez bien les oratoires d'élite auxquels, vers 1819, où s'initiait. S le saint-simonisme s'était maintenu plus longtemps à cet état vague de petite église, si le jeune Bucheille lui-même avait plus vécu, il est possible qu'il eût essayé d'en consacrer l'esprit et la couleur. La dépendance étroite où l'on était du Père mettait toutefois obstacle à l'inspiration. Voici les préludes, qui sont, on le verra, antérieurs à l'entrée en hiérarchie du poëte :

Assez tarder, mon Ame, et faire violence
Aux penchants naturels d'un invincible essor !
Assez pour ton passé de deuil et de silence !
A ton jeune avenir renais et chante encor.

Sur tes liens détruits assez de vaines larmes ;
Assez rôder autour du nid tant regretté ;
Assez regarder fuir les cimes des grands chênes,
Et voir fumer le toit où l'on fut abrité !

L'Aquilon te soulève, ô ma jeune hirondelle,
Et l'horizon lointain abaisse ses sommets ;
Tu tardes ; craindrais-tu de paraître infidèle,
Parce qu'aux mêmes lieux tu ne reviens jamais ?

Oh ! non, tu ne reviens jamais après l'absence ;
Ailleurs, toujours ailleurs, en avant, c'est ta loi ;
Ta loi, c'est d'obéir à qui, dès ta naissance,
Te crie, à travers tout : Viens à moi, viens à moi !

A travers la douleur des amitiés brisées,
Les chutes, les écarts, — obstinée en ton vœu ;
Inégale au milieu du blâme et des risées,
Tu poursuis ton amour, ton progrès et ton Dieu.

Bien des fois, ô mon Ame, a mué ton plumage ;
Toujours il repoussa plus puissant et plus beau,
Toujours ton aile ardente, échappée à l'orage,
Par un jet plus hardi répara son lambeau.

Aujourd'hui bien plus vaste est ta course nouvelle,
Le rivage où tu tends doit être le meilleur ;
Car tu saignas beaucoup à rajeunir ton aile,
Et le temps fut pour toi comme un rude oiseleur.

Va donc, et laisse au loin les ronces dispersées,
La paille du vieux nid, les chansons du loisir;
Qu'il ne te reste rien des anciennes pensées,
Rien qu'un germe fécond de vie et de désir.

Tout change autour de nous, tout finit et commence:
Les temples sont déserts et les trônes s'en vont;
A toi de saluer dans le linceul immense
Le siècle nouveau né qui porte un signe au front!

Devance l'univers en sa métamorphose;
Beaucoup sont suscités pour la prophétiser;
Tu peux en être aussi, mon Ame; ose donc, — ose; —
Sais-tu tout ce qu'un Dieu t'inspirera d'oser?

Toute âme, toute vie a son rôle en ce monde;
A l'une est le sillon, à l'autre sont les mers;
A toi, noble insensée et la plus vagabonde,
De semer en volant le bon grain dans les airs !

Sans doute, et je l'espère, un jour apprivoisée,
A l'autel de ce Dieu que tous viendront bénir,
Dans un bosquet du temple heureuse et reposée,
Tu chanteras en chœur l'immortel avenir.

Initiée alors, toi qui n'es qu'à l'entrée,
Toi qui d'hier à peine as brisé tes barreaux,
Tu vivras d'allégresse, ô Colombe sacrée;
— Mais l'hiver souffle encor, saison des passereaux.

Va pourtant ! tu n'es plus solitaire et sans joie;
Dans la nue, au désert, perdue à tous les yeux,
Quand tu veux te guider, tu regardes la voie
Où marche en grossissant le groupe harmonieux.

Et si jamais ton ciel redevenait plus sombre,
Si ton vol fatigué fléchissait dans la nuit,
Entre le groupe et toi, si quelque jeu de l'ombre
Te voilait un moment le signal qui conduit;

Si d'en haut (car parfois le doute nous arrive
En ces jours de passage où rien n'est arrêté),
Il te semblait encor voir sans cours et sans rive,
Comme une eau dans les joncs, flotter l'humanité;

Alors, toujours, partout, sereine ou désolée,
Dans la plus froide nuit comme au plus beau soleil,
N'as-tu pas cette autre âme à tes destins mêlée, etc., etc.

En ouvrant le tome V des *Contes de toutes les couleurs*, je tombe sur *Cyprien, fragment philosophique* de Jules Sand [1], ce nom de Sand m'ayant tout d'abord alléché. Cyprien est une de ces jeunes et ardentes âmes, comme Bucheille, que le mal social agite, dévore, mûrit ou tue avant le temps; mais Cyprien est plus ferme que Bucheille; sous son accent amer, sous sa parole un peu fatiguée, on sent l'énergie morale; il vivra et trouvera à sa volonté intelligente quelque application digne d'elle. Après *Cyprien* vient *Cora*, jolie boutade de l'autre Sand, de celui d'*Indiana* et de *Valentine*. Il s'est délassé, cette fois, de la passion sérieuse en persiflant méchamment les pauvres amoureux qui s'éprennent de fantastiques beautés brunes, aux yeux verts et transparents, aux lèvres minces, fines et pâles, aux rares paroles, au profil mélancolique et sévère. C'est par suite de ce persiflage malicieux que je lis en un endroit *Murillo* et *Scheffer* accolés. Il y a aussi dans ce volume un conte qui a le mérite d'être chinois, et d'un chinois traduit par M. Stanislas Julien; on y apprend mille jolis petits détails bizarres, tout en se pénétrant d'une excellente morale en action.

M. Petrus Borel avait publié, il y a un an environ, des *Rhapsodies*; aujourd'hui *Champavert*, qui n'est autre que le même Petrus Borel, nous donne des *Contes*

---

1. Jules Sandeau.

immoraux. Nous serons sérieux avec M. Borel, parce qu'il a assez de talent pour mériter qu'on le soit avec lui, et parce qu'il l'est en vérité trop peu, lui et quelques-uns de ses amis, avec le public. Il s'est formé, depuis deux ou trois ans, une société de jeunes peintres, sculpteurs et poëtes, dont plusieurs annoncent un mérite incontestable, mais qui comptent beaucoup trop sur les avantages de l'association et de la camaraderie en fait d'art. Ils ont cru pouvoir continuer et réorganiser sur un plus large plan le cénacle ébauché par leurs aînés en 1829; ils sont tombés, comme tous les imitateurs, dans des inconvénients plus graves. Il en est résulté chez quelques-uns un contentement précoce, un mépris du grand public, des formes étranges et maniérées qui ne sont pas comprises hors du cercle, et, pour ainsi dire, une sorte d'argot maçonnique qui souvent fait tort à leur pensée. Nous estimons trop le cœur et la portée de ces jeunes artistes pour ne pas leur parler avec franchise. Voici, par exemple, M. Borel qui croit devoir mettre en tête de ses contes une *biographie mortuaire* sur un Champavert, avec lequel il identifie le Petrus Borel des *Rhapsodies*, de façon que, dans ce dédale de Champavert et de Petrus, le pauvre lecteur éperdu ne sait auquel de tous ces sosies se reprendre. Je lui reprocherai encore dans ses contes, où l'imagination et l'originalité se font jour, cette incroyable profusion d'épigraphes, de titres et d'étiquettes en toutes langues, sans traduction ; moi, par exemple, qui ne suis pas un Panurge, et qui n'entends que deux langues d'Europe, outre la française, il y a, je le confesse, les deux tiers de ces têtes de chapitre que je n'ai pas compris. La pensée première a ainsi à traverser trois ou quatre enveloppes étrangères, l'Espagne, l'Italie, le moyen âge; la dent se fatigue à chercher la pulpe sous cette contexture redoublée, et l'on est tenté de rejeter le livre comme un de ces fruits qui ne sont qu'écorce jusqu'au cœur. On aurait tort pourtant : il y a dans *Champavert* un fonds réel, beaucoup d'esprit, de l'observation mordante, du style; je renvoie les sceptiques à *Passereau* qui est un plaisant conte, bien que les soubrettes y sachent le grec et l'art poétique, les cochers de cabriolet l'espagnol, les officiers de carabiniers le moyen âge, bien qu'on y dise la *garde bourgeoise* au lieu de la *garde nationale;* oui, malgré tout cela, *Passereau* est un joli conte.

Les Mémoires d'un cadet de famille, par Trelawney, ami et compagnon de Byron, sont une lecture facile, amusante, peu convaincante par endroits : on y retrouve une vie de flibustier, et des péripéties merveilleuses comme celles du Cleveland de l'abbé Prévost. Trelawney s'était proposé de bonne heure pour modèle le Christian du voyage du capitaine Bligh, le même héros que Byron a célébré dans l'*Ile :* s'il n'a pas exagéré ses hauts faits en nous les racontant, il n'est nullement demeuré au-dessous de son idéal. Quoiqu'on ait dit que le type du *Giaour* et du

Corsaire avait été suggéré à Byron par Trelawney lui-même, j'ai peine à croire que ces types profonds ne préexistassent pas dans l'âme du poëte, et qu'ils ne surgissent point immédiatement de l'orage de ses propres pensées. Au reste, nous n'avons pas vu encore la portion de la vie de Trelawney où il entre en rapport avec Byron; ce point, si Trelawney le fixait avec une exactitude scrupuleuse, pourrait prêter à une piquante discussion biographique et littéraire.

M. Ballanche publie en ce moment une édition in-18, complète, de ses œuvres. Il a jugé convenable d'en exclure un écrit de jeunesse qui parut en 1801 et qui avait pour titre, *du Sentiment :* c'était un pur essai vaguement expansif, comme tous les jeunes gens sont tentés d'en imprimer, la tête encore échauffée de leurs premières lectures. Mais à part cette production sans importance, les autres ouvrages de M. Ballanche et plusieurs fragments inédits jusqu'à ce jour, ont été recueillis dans cette publication précieuse qui manquait à l'étude de la philosophie contemporaine. Chacun pourra désormais suivre la pensée de M. Ballanche sous les diverses formes et dans l'ordre de génération où elle s'est produite : on désirera vivement surtout l'achèvement de cet édifice grandiose, dont on aura traversé le péristyle et dont on aura vu se dessiner l'enceinte. La philosophie de l'auteur d'*Orphée* a déjà été exposée dans cette *Revue* avec une largeur et une fidélité bien difficile par la plume métaphysique de M. Barchou; nous tâcherons peut-être de revenir quelque jour sur l'auteur lui-même, en l'abordant cette fois comme le père d'Hébal, par le côté personnel et plus vivant, et en insistant sur les mérites de l'écrivain.

Les deux derniers jours ont été féconds en incidents. La déclaration de la duchesse de Berri, qui n'a guère rien appris de nouveau aux personnes bien informées, atteste l'obstination presque violente qu'on a dû mettre à l'obtenir, et l'importance qu'on attachait à l'enregistrement solennel d'un tel aveu. Ce sera un sujet de honte pour bien du monde. La légitimité est un peu plus morte que devant; le dogme de l'hérédité n'est pas plus affermi, je pense. Le lendemain de cette culbute accablante du parti, M. de Chateaubriand comparaissait devant les assises, accusé au sujet de sa dernière brochure. Quel que fût le fond de cette brochure, quelle que fût la défaveur du moment, l'illustre écrivain représentait la liberté de la presse mise en cause dans sa personne. Le jury l'a compris de la sorte. Les choses se sont passées comme elles se passeront toutes les fois qu'on confrontera le génie, défenseur d'une liberté, face à face avec le pays. L'équité du verdict d'acquittement s'animait et se colorait d'une émotion généreuse. A partir de ce jour, M. de Chateaubriand est encore reconquis à la France; mais, qu'il y songe, il n'appartient qu'à elle désormais.

20 avril 1833.

QUINZE ANS DE HAUTE POLICE
SOUS NAPOLÉON

TÉMOIGNAGES HISTORIQUES, PAR M. DESMAREST, CHEF DE CETTE PARTIE PENDANT TOUT LE CONSULAT ET L'EMPIRE.

Dans un temps où nous sommes affligés de la plaie des Mémoires, où le vrai et le faux, l'authentique et l'apocryphe, se confondent de plus en plus et deviennent presque impossibles à discerner; quand le moindre contemporain et témoin du drame impérial s'autorise de quelques souvenirs, qui tiendraient en peu de pages, pour recommencer la chronique générale et desserrer volume sur volume; il est précieux de trouver un homme qui a vu longtemps et de près, qui a manié et surveillé les plus secrets ressorts, et qui raconte avec sobriété les seules portions dont il se juge bien instruit. M. Desmarest, directeur, pendant quinze ans, de cette branche de la police qui concernait la sûreté de l'État, a dû être parfaitement informé des conspirations, tentatives de bouleversement ou d'assassinat sur la personne de l'empereur, qui se sont succédé dans ce laps de temps. Le fond de cet ouvrage, pour lequel il trouve la qualification de *Mémoires* trop ambitieuse, n'ayant jamais de son chef agi ni ordonné, et qu'il intitule simplement *Témoignages historiques*, ce fond se compose donc des principales affaires d'État qui l'ont occupé, depuis son entrée au ministère, dix jours après le 18 brumaire, jusqu'à la Restauration. L'attentat de la machine infernale, la conspiration de Pichegru, Georges et Moreau, en 1804, le coup de main de Mallet, les résolutions fanatiques des jeunes Allemands Staaps et La Sahla, etc., sont traités à part, et certains côtés, non publics, de ces événements, apparaissent pour la première fois de manière à compléter les notions éparses qu'on en a déjà. Par un sentiment de gravité et de discrétion qui prouve l'honnête homme et qui ajoute encore au poids de ce qui est affirmé, M. Desmarest a évité d'entrer dans les personnalités proprement dites; ce sont des documents scrupuleux sur quelques points difficiles de l'histoire qu'il présente. Si la curiosité, toujours maligne, du lecteur, regrette par endroits tant de mesure de la part d'un témoin qui a si bien regardé du dedans, elle a d'ailleurs de quoi raisonnablement se satisfaire en ce qu'il raconte; si l'on se trouve arrêté souvent plus vite qu'on ne voudrait, on sait du moins qu'on a été guidé constamment dans une voie consciencieuse et véridique.

M. Desmarest ne se défend pas au reste de toute partialité : la grande figure de Napoléon domine, il l'avoue, sa pensée et son livre. Homme d'ordre, de probité ferme, de régularité judicieuse et laborieuse, d'amélioration sociale moyennant l'action administrative, il a surtout apprécié l'époque par cet aspect; lui-même, dans son rang secondaire, il avait mérité l'estime de l'empereur; son excellent travail de *premier commis* passait tous les soirs sous cet œil d'aigle. Il loue Napoléon, à propos des tentatives de complots et d'assassinat dont sa personne était l'objet, de ce généreux dédain qu'il y opposa et du caractère purement défensif que garda l'administration chargée d'y veiller. Tandis qu'en effet les libelles incendiaires, les armes et munitions, les conspirateurs eux-mêmes, étaient continuellement versés sur nos rivages de Normandie et de Bretagne, il ne songeait pas un seul instant à user de semblables moyens contre l'Angleterre : ses guerres comme ses lois étaient empreintes de force et de dignité. « Vers 1811, dit M. Desmarest, une proposition formelle de Vêpres siciliennes contre les Anglais nous vint de Palerme. L'officier de marine, napolitain, Muller d'Amélia, débarqua d'un bâtiment royal en Illyrie, auprès du maréchal Marmont, qui le dirigea sur Paris. Il se disait envoyé par la reine Caroline, décidée alors à se délivrer à tout prix du joug britannique. Pour toute réponse, le négociateur de massacres fut gardé au fort de Vincennes. Les alliés, qui l'en firent sortir en 1814, ont pu voir son écrou et les motifs de sa détention. »

Georges Cadoudal, le plus grand caractère d'entre les conspirateurs royalistes, le plus héroïque des brigands, le Vendéen roturier qui ne souffrait pas de nobles dans son armée; physionomie attrayante d'ailleurs, ouverte, très-replet, les cheveux bouclés, le teint clair et frais, l'œil assuré, mais doux, aussi bien que la voix; Georges avait, il paraît, été reçu avec hauteur et dureté par le premier consul, lorsqu'il se présenta à lui après la pacification. Les Bourmont, d'Autichamp, et autres gentilshommes, eurent meilleur accueil. Soit prévention de Bonaparte, soit âpre refus de Georges aux propositions qui lui furent faites, l'entretien finit mal. Georges se hâta de passer à Londres, et trois mois s'étaient à peine écoulés qu'il revenait en Bretagne pour diriger de là cette machine du 3 nivôse. Une telle monstruosité d'attentat le ravalait au rang des forcenés assassins. S'étant enfui à Jersey, il y attendait le vent pour regagner la flotte anglaise. Comme il se trouvait dans cette attente chez le comte Leloureux, commissaire royaliste pour ces parages, il aperçut un livre qu'il commença à feuilleter négligemment, puis il s'y attacha. C'était, autant qu'on l'a raconté à M. Desmarest, un commentaire de Gordon ou de Machiavel sur Tacite ou Tite-Live; il y saisit un passage qui développait cette pensée : « Que les gens chargés de l'exécution des grands attentats n'en tirent jamais les fruits qu'ils espèrent; car ceux qui, par leur position, sont appelés à en profiter, qu'ils l'aient commandé ou non, ont soin de cacher un instrument honteux, si même ils ne le brisent comme dangereux. » Georges, en montrant le livre à M. Leloureux, lui dit : « Voilà une excellente leçon, et qui ne sera pas perdue. » M. Desmarest ne doute pas que Georges ne soit resté fidèle à cette impression. Le séjour de Londres, de 1801 à 1803, durant lequel il fréquenta des hommes de pensée élevée et de civilisation, contribua sans doute aussi à agrandir ses vues et à mûrir son intelligence politique. Ce qui est certain, c'est que, quand Georges remit le pied en France sur la falaise de Biville, en août 1803, il n'avait p'us pour but unique la mort du Consul et l'assassinat à tout prix; cette mort était résolue évidemment; il la fallait comme condition première de l'entreprise; mais le coup se liait à des projets immédiats de remplacement : le 3 nivôse, comme le dit avec concision M. Desmarest, se compliquait ici d'un 18 brumaire. Georges, débarqué le 21 août 1803, attendit cinq mois entiers Pichegru et le dernier débarquement, qui n'eut lieu que le 16 janvier 1804 : cette attente, si périlleuse, serait inexplicable s'il n'avait voulu alors que ce qu'il avait tenté en 1800, tuer d'une manière quelconque le premier Consul. Mais Georges, comme nous l'avons dit et comme M. Desmarest l'a très-bien posé, rougissait désormais du rôle d'*aventurier* et d'*assassin* par ordre; il tenait cette fois (et il l'a lui-même proclamé dans son interrogatoire) à réunir des conjurés d'élite, à attaquer le premier Consul de vive force, mais avec des armes égales à celles des gardes de son escorte, à le frapper enfin de l'épée dans un choc militaire, comme un vaillant, et non sous les formes clandestines du meurtre. Ce projet presque chevaleresque, joint aux difficultés politiques qu'opposa Moreau, explique le long retard par où périt cette conjuration, la plus forte assurément qu'ait essuyée la fortune de Bonaparte. Bonaparte rendit, au reste, justice à Georges, et l'admira; il lui offrit un régiment de sa garde, dit-on, et de le faire un de ses aidesde camp ; mais, au point où il en était venu, le poste d'honneur pour Georges ne pouvait être qu'en Grève, et la tête haute, il y marcha.

Quant à Moreau, M. Desmarest le suit pas à pas avec connaissance de cause. Vers l'époque du Concordat, une proclamation injurieuse au premier Consul, dans laquelle il s'agissait des *capucinades* du Corse, ayant été adressée de Rennes, où commandait Bernadotte, à M. Rapatel, alors aide de camp de Moreau, fut interceptée par la police. Fouché en parla au général, d'après l'ordre du consul. Moreau prit la chose d'un ton ironique et léger, affectant de plaisanter sur cette *conspiration du pot à beurre :* la proclamation avait été envoyée et trouvée dans un panier à beurre. Lorsque Fouché, avec tous les égards qu'il portait d'ailleurs à Moreau, rendit compte de l'explication au premier Consul, celui-ci s'écria : « Il faut que cette lutte finisse.

Il n'est pas juste que la France souffre, tiraillée entre deux hommes... Moi dans sa position et lui dans la mienne, je serais son premier aide de camp... s'il se croit en état de gouverner... (Pauvre France!) eh bien, soit. Demain à quatre heures du matin, qu'il se trouve au bois de Boulogne, son sabre et le mien en décideront; je l'attendrai. Ne manquez pas, Fouché, d'exécuter mon ordre. » Il était minuit quand Fouché revint des Tuileries avec cette commission étrange : on envoya querir Moreau; M. Desmarest était présent. La conclusion fut qu'au lieu d'aller au bois de Boulogne, le général consentit le lendemain à se rendre au lever des Tuileries; mais l'inimitié suivit son cours.

Le degré de culpabilité indécise et négative de Moreau dans la conspiration de Georges est fort justement saisi et indiqué par M. Desmarest. Bonaparte donna pour premier mot au grand juge Régnier, le jour de l'arrestation de Moreau : « Voyez avant tout interrogatoire si Moreau veut me parler; s'il le veut, mettez-le dans votre voiture et amenez-le moi : que tout se termine entre nous deux. » Moreau hésita un moment et refusa. M. Desmarest pense que le parti de la Restauration a peut-être plus gagné à la mort de Moreau en 1813, qu'il n'a perdu à celle de Georges et de Pichegru. Selon sa conjecture, en effet, l'empereur Alexandre, s'il fût entré à Paris accompagné du général Moreau, l'aurait investi du pouvoir, d'accord avec le Sénat et avec les chefs de l'armée; c'était l'arrière-pensée de la politique russe qui se fût ainsi assurée à la fois contre Napoléon et contre les Bourbons. L'antipathie persistante et invincible de Moreau contre les Bourbons, de laquelle M. Desmarest cite plusieurs preuves frappantes, vient à l'appui de cette idée qui, du reste, a pu se loger dans le cerveau d'Alexandre plus aisément qu'elle n'en fût sortie lors de l'exécution.

Les suicides de Pichegru et du capitaine Wright, que la crédulité et l'esprit de parti ont voulu transformer en assassinats politiques, obtiennent de M. Desmarest une discussion exacte, motivée, approfondie, qui achève de les éclaircir. Nous recommandons tout son chapitre sur l'arrestation et le meurtre du duc d'Enghien. Le rapprochement des circonstances minutieuses, l'enchaînement fortuit et prompt des motifs dans la tête de Bonaparte, le malheureux quiproquo sur M. de *Thumery*, aide de camp du prince, métamorphosé par la prononciation allemande en *Dumouriez*; l'information première donnée par le maréchal Moncey sans commentaire, au lieu d'être faite d'abord avec les correctifs nécessaires par M. Réal, tous ces contre-temps conjurés qui, si légers en eux-mêmes, eurent un résultat si foudroyant, deviennent, d'après M. Desmarest, le récit le plus explicatif de la conduite de Bonaparte en cette déplorable affaire. Nous n'avons jamais mieux compris qu'en lisant ces pages en quels abîmes, au sommet du pouvoir absolu, le moindre faux pas, le moindre bouillonnement de tête, peut à chaque instant précipiter les plus grands cœurs.

M. Desmarest s'étend peu sur les conspirations militaires du Consulat qu'on a rattachées aux *Philadelphes* et au nom mystérieux d'Oudet ; il a l'air d'y croire médiocrement, et, dans l'exposé qu'il donne de l'équipée audacieuse de Mallet, il atténue, ce nous semble, l'importance qu'elle aurait pu acquérir. Son esprit positif et sévère répugne à la tournure romanesque, à la fragilité chimérique de ces projets. Est-ce méconnaître l'homme, que de lui croire un petit reste de rancune pour la prison de quelques heures qu'il a partagée avec MM. Pasquier, Savary et Frochot ?

Depuis Moscou, le mécontentement des hauts dignitaires de l'armée augmenta et se précisa même au point de se résoudre, durant la campagne de 1814, en un commencement de complot. Il s'agissait, pour plusieurs maréchaux et généraux, de *faire disparaître* l'homme, ou, en d'autres termes, de frapper Napoléon au fond de quelque défilé ou d'un bois écarté, de creuser un trou et d'y ensevelir son corps, sans qu'on pût en découvrir la moindre trace. On aurait dit, pour le coup, dans l'oraison funèbre : « Napoléon a disparu, comme Romulus, dans une tempête ! » La résolution fut si avancée, qu'on jugea à propos de s'en ouvrir au vieux duc de Dantzig, commandant de la garde impériale. C'était un général de brigade qui se chargeait de cette singulière négociation. Le maréchal s'indigna et menaça de tout dénoncer à l'empereur. Après vingt-quatre heures de délibération, l'envoyé revint et consentit à ce que Napoléon fût informé. On espérait par là, du moins, ébranler son courage opiniâtre. « Je sais que j'ai affaire à des fous, » répondit Napoléon ; et pourtant il n'était pas sans méfiance. Un jour qu'il remontait à cheval assez péniblement dans une plaine isolée, le vieux maréchal Lefebvre s'approcha de lui par derrière, pour l'aider en le soulevant. L'empereur tressaillit avec vivacité ; mais, en reconnaissant le bon maréchal, sa physionomie redevint riante, et il le remercia. Où était-il alors, en cette triste plaine champenoise, harassé et pesant, presque inquiet au toucher d'un des siens, le radieux Consul qui s'était écrié, la main sur son front : « Je sens en moi l'infini ! »

Un ou deux mots encore sur Napoléon tel que M. Desmarest nous le montre. Vers le mois d'octobre 1800, le premier Consul demandait à M. Mathieu, ex-membre du Conseil des Anciens : « Qu'est-ce que vos théophilanthropes ? quels dogmes ? est-ce une religion ? » M. Mathieu lui expliqua cette doctrine, qui reposait sur la loi naturelle, et dont le but était purement moral et social. « Oh ! reprit vivement Napoléon, ne me parlez pas d'une religion qui ne me prend qu'à vie, sans m'enseigner *d'où je viens et où je vais.* » Napoléon touchait là du doigt les deux pôles de toute religion. Il conçut en ce moment l'idée de faire constater exactement l'état de la croyance religieuse et superstitieuse en France. Un travail de statistique, qui embrassait depuis les pèlerinages divers jusqu'aux tireuses de cartes, fut entrepris et suivi pour chaque localité. On y employa plusieurs mois. Il en résulta que la France presque en masse vivait sur des croyances abondantes, qu'elles fussent ou non grossières. Le Concordat vint peu après, comme pour régulariser et organiser ce fait.

Napoléon ne voulait ni accord ni accommodement de ses ministres entre eux, non plus qu'entre les autorités secondaires, préfets, généraux, clergé. « Que chacun, disait-il, marche dans sa ligne ; s'il y a choc, j'arriverai. » Quand le conflit était assez grave, il demandait toute la correspondance et prononçait son opinion en la motivant, et surtout sans blâme.

Il avait, dit M. Desmarest, le pouvoir de *faire ses idées*, c'est-à-dire de les arrêter au point d'y soumettre ses actes et jusqu'à ses impressions. Sa volonté dominait son intelligence et sa manière de sentir : « Pourquoi voulez-vous m'ôter mon calme ? » répondait-il en 1814 à une personne qui lui traçait la sinistre perspective d'une guerre prolongée. En effet, les grands hommes d'action doivent avoir cette puissance de retrancher aux choses qui sont en spectacle devant leurs yeux et de n'en voir que ce qu'il en faut pour se diriger dessus et y enfoncer la pensée comme un coin. C'est à ce prix qu'on devient grand et qu'on persévère dans la pratique active. Les intelligences qui s'élargissent passivement en tous sens et font de l'âme une surface glacée qui réfléchit habituellement chaque objet et chaque nuage, ces intelligences, belles peut-être comme miroirs, n'ont jamais le tranchant ni le fil du glaive. Quand on s'épanouit sans cesse pour tout voir et tout sentir à la fois, la volonté hésite et, pour ainsi dire, bégaie. L'intelligence des grands hommes d'action est subordonnée à leur vouloir : dès qu'il y a urgence sur un point, elle s'y porte et y fond comme l'éclair : elle se garde d'ailleurs de distraire l'énergie par des perspectives de côté, réelles peut-être, mais intempestives. La sensibilité chez eux fait de même : elle se concentre au point voulu, à l'état de passion sombre, et elle disparaît partout autre part. Ainsi, par exemple, en ce qui concernait les attentats et guet-apens dont il pouvait être victime, Bonaparte avait vu de bonne heure qu'il n'y avait pas de moyen sûr d'y parer, si cela devait être : il avait donc pris le parti, non pas de s'étourdir là-dessus, mais de n'y point songer, de s'affranchir de toute émotion pénible à ce propos, et d'en faire abstraction totale : et ce qu'il avait décidé, il le tint. Son intelligence, sa sensibilité, étaient comme une algèbre exacte et pressante dont sa volonté souveraine dénombrait à l'avance les éléments.

24 juin 1833.

LOÈVE-VEIMARS

LE NÉPENTHÈS, CONTES, NOUVELLES ET CRITIQUES [1].

Le *népenthès* est une plante mentionnée par Homère en son *Odyssée*, et qui dissipe les ennuis. Comme les libraires veulent avant tout aujourd'hui de *bons titres* aux livres qu'ils achètent, des titres sonores, énigmatiques et alléchants ; comme en notre république des lettres un livre bien titré fait son chemin aussi sûrement que le faisait jadis à l'armée un gentilhomme de

[1]. M. Sainte-Beuve a déjà détaché un fragment de cet article, ainsi que des deux qui suivent immédiatement sur les *Mémoires de Casanova de Seingalt* et *Le Livre des Pèlerins polonais*, par le poëte Mickiewicz, dans la dernière édition des *Portraits Contemporains* (tome II, page 505, 509, 512). Nous avons cru néanmoins pouvoir reprendre à l'ancien *National* ces trois articles *in extenso*, dans la crainte de nuire à leur clarté, en ne réimprimant ici que ce que l'auteur n'en avait pas voulu admettre. Quand, au contraire, il nous a semblé que la reproduction de fragments précédemment recueillis ne pourrait que faire double emploi, dans le cours de certains articles, nous nous sommes contentés de renvoyer le lecteur au passage même, déjà cité par M. Sainte-Beuve.

bonne maison, M. Loève-Veimars n'a pas cru devoir résister au vœu de son éditeur; il lui a donc trouvé pour cette publication, qui certes pouvait autant qu'aucune autre s'en passer, un titre à la fois inconnu, érudit, piquant, et de plus très-juste pour peu qu'on y songe. Le soin qu'il prend en sa préface de vouloir identifier le népenthès avec l'opium est peine perdue; je m'en tiens, en le lisant, au népenthès d'Homère; et ce titre, assez dans le goût allemand, et qui fait appel à l'érudition grecque, résume à merveille pour moi la variété multiple, curieuse, amusante, l'instruction étendue, agréablement bigarrée, légèrement moqueuse, le bon sens raffiné et salutaire, la saveur en un mot d'un livre écrit par l'un des plus distingués littérateurs en une époque comme celle de Lucien, où l'on se rappelle encore de bien loin son Homère, et où l'on extrait avec recherche le suc de toutes choses.

Je ne sais quel effet la littérature de ce temps-ci fera dans l'avenir à ceux qui la regarderont à distance respectueuse; il est à croire que moyennant les inclinaisons de la perspective, et un peu de bonne volonté et d'illusion chez les spectateurs, tout cela prendra une tournure, une configuration générale et appréciable, une sorte de simplicité. La ville où l'on séjourne a beau être embrouillée, inégale, tortueuse, sans ordre et sans plan, pleine de carrefours, de tréteaux de charlatans, de passages et de ruelles, de monuments inachevés dont les pierres en comprent les places, d'arcs de triomphe sans chars ni statues de vainqueurs, de clochers et de coupoles sans croix : quand le soleil est couché, quand, du haut des collines prochaines, le voyageur qui n'est pas entré dans cette ville et qui n'y a pas vécu, l'aperçoit à l'horizon dessinant sa silhouette déjà sombre sur le ciel encore rougi du couchant, il la voit toute différente ; il y distingue des étages naturels, des accidents dominants, des masses imposantes et combinées ; les édifices que la distance et l'obscurité achèvent et idéalisent à ses yeux, lui apparaissent selon des hauteurs bien diverses. Ce voyageur qui passe et qui n'a pas le temps de s'approcher ni d'entrer, a-t-il donc tout à fait tort dans l'idée qu'il emporte de cette ville? Est-ce pure rêverie de sa part? Non, à coup sûr; mais il n'a pas entièrement raison toutefois; il l'a vue de trop loin, de même que ceux qui y vivent et meurent sans en sortir la voient de trop près. C'est un peu là l'histoire de notre littérature et de l'effet qu'elle nous produit, à nous citadins et casaniers, et de l'effet, certainement différent, bien qu'impossible à déterminer, qu'elle produira sur nos neveux, voyageurs hâtés qui retourneront un moment vers nous leurs regards du haut de leurs collines. Quoi qu'il advienne de ce jugement vénérable et suprême, pour ce que nous savons et voyons directement, nous avons bien le droit de dire que le caractère de notre littérature actuelle est avant tout la diversité, la contradiction, le pour et le contre coexistants, accouplés, mélangés, l'anarchie la plus inorganique, chaque œuvre démentant celle du voisin, un choc, un conflit, et, comme c'est le mot, un *gâchis* immense. Précisément à cause de cela, dès qu'on veut assigner un caractère un peu précis à la littérature de ce temps, elle est telle qu'à l'instant même il devient possible d'alléguer des exemples frappants du contraire. Dites que notre littérature est sans choix, désordonnée, impure, pleine de scandales, d'opium et d'adultères ; et l'on va vous citer des œuvres pures, voilées, idéales même avec symbole et quintessence, des amours adorablement chrétiennes, des poëtes qui ont l'accent et le front des vierges. Dites que cette littérature est ignorante, sans critique, se jetant à l'étourdie à travers tout, pleine de méprises, de quiproquo et de bévues que personne ne relève, ne prenant les choses et les hommes graves du passé que dans un caprice du moment, s'en faisant une contenance, un trait de couleur, un sujet de charmante et folle fantaisie ; et quand il s'agit d'être érudite, l'étant d'une érudition d'hier, toute de parade, soufflée et flatueuse ; et voilà qu'on peut vous nommer, même dans les jeunes, des esprits patients, analytiques, circonspects, en quête de l'antique et lointaine érudition, de celle à laquelle on n'arrive qu'à travers les langues, les années et les préparations silencieuses d'un régime de Port-Royal. Dites que notre littérature s'est gâté le style, qu'elle s'est chargée d'abstractions genevoises et doctrinaires, de métaphores allemandes, de phraséologie drôlatique ou à la Ronsard; et quatre ou cinq noms qu'à l'instant tout le monde trouvera, vous rappelleront les écrivains les plus vifs, les plus sveltes et dégagés, qui aient jamais dévidé une phrase française. Dites que l'art de nos jours est sans but, sans foi en lui-même, sans suite et sans longue haleine en ses entreprises; et l'on vous objectera, parmi nos poëtes, le plus célèbre et le plus opiniâtre exemple, toute une vie donnée à la restauration de l'art. Dites encore avec M. Loève-Veimars, en sa spirituelle préface : « La littérature actuelle est toute d'improvisation; c'est là son caractère, et il est bon d'avoir un caractère quel qu'il soit. Je crois pouvoir affirmer que tout écrivain qui a ce qu'on appelle du succès, c'est-à-dire, qui réunit des lecteurs autour de son œuvre; que tout homme qui est assez heureux, assez malheureux veux-je dire, pour être en butte à l'admiration, aux éloges, à la haine et aux critiques, n'a pas un moment laissé reposer sa plume sur ses compositions... Dans mon enfance on m'a montré, comme un glorieux témoignage du génie de Bernardin de Saint-Pierre, la première page de *Paul et Virginie*, écrite quatorze fois de sa main. Janin envoyait à l'imprimerie, sans les relire, les pages de la *Confession* et de *Barnave*, à mesure qu'il les laissait tomber de sa plume. » Eh bien! dites que c'est là le trait distinctif de la littérature de ce temps, et plus d'un écrivain qu'on lit non sans plaisir et qui vous paraît facile, vous avouera, s'il l'ose, qu'il corrige, qu'il rature et qu'il *recopie* beaucoup. Charles Nodier, que certes on ne récusera pas comme l'un des types les plus actuels et les plus contemporains, assure qu'il a besoin de remettre au net même de simples articles de journal. En un mot, à chaque fait un peu général que vous cherchez à établir touchant cette pauvre littérature, l'exception se lève aussitôt et le ruine. Quelque caractère particulier et déterminé que vous tâchiez d'indiquer, il se trouve toujours à côté autre chose d'assez imposant et d'aussi légitime que le reste, qui vous répond : « Non, la littérature de notre temps n'est pas cela. » C'est toute la définition que j'en veux donner aujourd'hui.

Dans un tel état d'incohérence, la critique a beau jeu ; elle s'évertue, elle triomphe ; sous prétexte de mettre le holà à droite ou à gauche, elle augmente souvent elle-même le tumulte ; elle prêche pour son saint, elle décrie, elle exalte ; elle parle bien haut et sans savoir toujours que dire, elle fait comme les avocats ou conseillers au parlement durant la fronde, attroupant le peuple autour d'eux sur le Pont-Neuf et l'embrouillant. C'est là tout un côté de la critique actuelle, de la mauvaise critique ; mais hors de celle-là, en face ou pêle-mêle, il y a la bonne, il y a celle des esprits justes, fins, peu enthousiastes, nourris d'études comparées, doués de plus ou moins de verve ou d'âme, et consentant à écrire leurs jugements à peu près dans la mesure où ils les sentent. Cette espèce de critique est le refuge de quelques hommes distingués qui ne se croient pas de grands hommes, comme c'est trop l'usage de chaque commençant aujourd'hui ; qui ne méconnaissent pas leur époque, sans pour cela l'adorer ; qui, en se permettant eux-mêmes des essais d'art, de courtes et vives inventions, ne s'en exagèrent pas la portée, les livrent, comme chacun, à l'occasion, au vent qui passe, et subissent, quand il le faut, avec goût, la nécessité d'un temps qu'ils combattent et corrigent quelquefois, et dont ils se rendent toujours compte. Parmi les hommes assez rares de cette nature, nous ne pouvons pas ne pas mentionner M. Chasles qui, dans une publication récente, sous le titre de *Caractères et Paysages*, vient de recueillir des morceaux de critique, d'érudition, et quelques souvenirs animés et touchants ; nous reviendrons plus particulièrement à lui un autre jour. M. Loève-Veimars, dans son *Népenthès*, s'offre aussi à nous avec des qualités et des mérites variés qui conviennent surtout à cette classe d'esprits. M. Loève-Veimars, selon nous, est bien un exemple à citer d'un littérateur des plus distingués et des plus au complet à une époque comme celle-ci. Il a beaucoup écrit de bonne heure, et s'est beaucoup perfectionné en faisant. Sachant bien plusieurs langues, rompu aux littératures étrangères dont, le premier, il a produit parmi nous de fantastiques chefs-d'œuvre, habile à se souvenir et à démasquer les larcins, s'inspirant lui-même de ses lectures et l'avouant, laborieux au logis, ingénieux et facile à tout dire, propre à tout, ne se faisant guère d'illusion, croyant peu, capable d'admirer le passé, quoique d'une érudition trop spirituelle pour être constamment révérente, et avec cela toujours maître de sa plume, l'arrêtant, la dirigeant à volonté, un peu recherché et joli par endroits, comme quand l'esprit domine, il a gardé quelque chose de très-français à travers son premier bagage d'outre-Rhin et a aiguisé sa finesse au milieu des génies allemands qui avaient ou n'avaient pas de fil : qu'on se souvienne en effet qu'il a passé par Vandervelde avant de donner la main à M. Heine. Bref, le côté humouriste qui ressemble à du Sterne, le côté d'intérieur allemand et flamand rapporté du commerce d'Hoffmann, sont dirigés en M. Loève-Veimars par une pointe de cet esprit philosophique de Voltaire et de Chamfort, de Chamfort qui n'aurait pas fait de tragédies et qui aurait beaucoup lu Brantôme et les mémoires de la reine Marguerite.

Ce que j'aime chez M. Loève-Veimars entre autres choses, c'est qu'il sait à merveille la langue, qu'il en observe les tours, le mouvement, le génie; qu'il l'a étudiée dans ses différentes phases, dans ses sources larges et volontiers secrètes, dans ses curiosités et jusqu'en ses coquetteries légitimes. Il emploie les mots selon leurs acceptions précises et distinctes, il sait être piquant, sans les violenter, sans pincer jusqu'au sang cette pauvre langue, sans la chatouiller à la plante des pieds, comme le héros d'un roman nouveau [1] fait à sa maîtresse; la pauvre langue et la maîtresse expirent de la sorte en des rires et des ébats convulsifs. Le style de M. Loève-Veimars va donc, leste, aisé, sans être jamais piqué de cette tarentule; l'écrivain atteint où il veut, s'arrête court ou tourne à propos. Il y a de la verve pourtant, de l'haleine dans ces pages qu'il jette. Un certain article intitulé *la Vie de Molière* pourrait être un des *petits papiers* délicieux échappés à un bon quart d'heure de Diderot.

C'est Diderot, en effet, qui est chez nous le père, l'aïeul vénérable, l'Homère de ce genre mélangé de critique et d'art, de ces contes, de ces historiettes, de ces *pastiches* chauds et gracieux, de ces analyses mousseuses et vives. Le *Chat d'Hoffmann* semble tout à fait un cadre familier dérobé à la fantaisie de notre grand peintre, et M. Loève-Veimars l'a rempli avec simplicité et sentiment; lui aussi il sait peindre; il nous a peint tour à tour Aloysius Block et l'abbé Joie, portraits à la flamande, et récemment Casimir Périer moribond, en traits historiques qui ont fortement frappé.

Ce dernier portrait qui fera partie d'une galerie de nos hommes d'État n'est point contenu dans *le Népenthès*. Le recueil que voici comprend, outre les morceaux précédemment indiqués et d'autres petits ro-

---

1. *Le Magnétiseur*, de Frédéric Soulié.

mans à la façon de la vicomtesse de Chamilly, un ensemble d'articles déjà publiés dans le Feuilleton dramatique dont est chargé au *Temps* M. Loève-Veimars. Ces articles, écrits tous à l'occasion de quelque représentation particulière, sans être des biographies ni des appréciations complètes, étincellent de vues neuves, de détails agréablement érudits, de comparaisons diverses, et prennent rang d'abord parmi les pièces et les jugements à consulter pour la connaissance littéraire de notre grand siècle. Sur Molière et sur Corneille, je ne saurais qu'adopter tout ce que dit d'admiratif, d'explicatif et de profondément senti, l'excellent critique. Quant à Racine, j'eusse à peine remarqué peut-être ce qu'il y a d'insuffisant et d'un peu maigre, même d'un peu aigre, dans la part qui lui est faite, attribuant ce défaut au manque d'espace ce jour-là, et comptant sur une prochaine revanche, si, dans un dernier feuilleton, non encore recueilli, je n'avais lu sur le pauvre auteur de *Phèdre* l'accusation grave d'être, j'ose au plus le répéter,... d'être un *intrigant*, et d'avoir cabalé à la cour et chez les grands seigneurs favoris contre Pradon, tandis que Pradon cabalait à l'hôtel de Nevers et au théâtre contre Racine lui-même. Un tel paradoxe, si contraire à la conscience littéraire de l'élite du public d'alors, à l'admirable Épître de Boileau, et de plus si impossible à démontrer aujourd'hui comme à réfuter, m'a fâché, je l'avoue, venant d'un esprit aussi net et aussi droit que M. Loève-Veimars. Dans le même

moment un autre critique très-spirituel, parlant de
Racine, avançait que le vrai, le spécial et principal talent de ce poëte était pour le comique, témoin *les
Plaideurs*, et que Racine, en abordant la tragédie, avait
fait fausse route. Moi-même, hélas! puisque j'en suis
sur les conjectures hasardées après coup sur le génie
de Racine, n'ai-je pas prétendu quelque part qu'il était
bien plus propre à l'élégie, au lyrique, qu'au dramatique, et qu'en d'autres circonstances il se fût aisément
passé du théâtre pour s'adonner à la poésie méditative et personnelle! Mais cette dernière erreur, si erreur il y a, ne me paraît pas comparable en témérité
et en déviation à l'idée de faire de Racine un Molière
ou un Aristophane manqué. Et ceci, tout énorme que
je le trouve littérairement, ne me paraît qu'une peccadille auprès de cette autre accusation portée après deux
siècles contre lui, le doux et tendre poëte, d'avoir été un
intrigant. Que répondre, je vous prie, à ces découvertes
faites subitement sur vous cent cinquante ans après
votre mort? J'ai relu les Mémoires de la vie de Racine
par son fils; on me dira que Racine fils n'avait pas connu
son père, qu'il n'en parlait que par ouï-dire, par tradition, d'après M. de Valincour ou tel autre : c'est trop
vrai, et je regrette qu'il n'y ait pas de Mémoires plus
directs sur cette vie illustre; mais nous en savons encore moins là-dessus, ce me semble, que Racine fils
ou que ceux d'alors dont aucun n'a tenu un tel langage. Oh! ne forçons pas ainsi les choses; vous surtout

qui avez bien assez d'esprit et de piquant sans le paradoxe! Je m'en tiens, moi, en fait de médisance sur Racine, à ce qu'a dit l'ingénieux et circonspect M. Daunou dans son commentaire sur Boileau; le tendre et dévot Racine avait quelquefois ses susceptibilités et ses aigreurs plus que le brusque et franc Despréaux. Mais être irritable et être intrigant, cela ne se ressemble pas. C'est par cette critique que je veux finir avec M. Loève-Veimars : au milieu de tous les éloges qui lui sont dus, je lui ai gardé cette rancune.

1er juillet 1833.

MÉMOIRES
DE CASANOVA DE SEINGALT

ÉCRITS PAR LUI-MÊME.
ÉDITION ORIGINALE, LA SEULE COMPLÈTE.

Il ne faut pas avoir beaucoup vécu et observé pour savoir que, s'il est de nobles êtres en qui le sentiment moral domine aisément et règle la conduite, il y a une classe assez nombreuse d'individus qui en sont presque entièrement dénués, et chez qui cette absence à peu près complète permet à toutes les facultés brillantes, rapides, entreprenantes, de se développer sans mesure et sans scrupule. Nous ne voulons pas dire que cette dernière classe soit nécessairement vouée au vice, à l'intrigue, à la licence des aventures. Sauf un petit nombre d'exceptions mystérieuses et de véritables monstruosités morales, l'homme est libre, bien que plus ou moins enclin ici ou là; il peut lutter, bien qu'il lutte trop peu; il peut s'appuyer sur certains principes qu'il sait bons et utiles, nouer alliance avec ses facultés louables contre ses penchants plus dangereux[1], bien que d'ordinaire ce soit pour ceux-ci qu'il se déclare. Mais en fait, d'après la loi de l'infirmité et de la lâcheté humaine, dans le manque d'éducation forte et de croyance régnante, ce sont les instincts naturels qui décident en dernier ressort et qui font l'homme. Ceux donc qui ont reçu en naissant la fermeté, la vénération, l'estime d'eux-mêmes, ces nobles et gouvernantes facultés que la nature, à ce que pensent les phrénologistes, aurait placées au sommet du front comme un diadème moral, ceux-là agissent avec suite, se maintiennent purs dans les vicissitudes, et opposent aux déchaînements les plus contraires une auguste permanence. Un certain nombre, qui ne possèdent ces hautes facultés qu'inégalement ou selon une mesure assez moyenne, sont favorisés dans leur honorable ténacité, par le peu de tentation que leur donnent à droite ou à gauche les facultés mobiles et divertissantes, presque nulles chez eux. Quant aux personnages spirituels, aventureux, pleins de ressources et de souplesse, que ces derniers penchants tout extérieurs emportent sans contre-poids à travers la vie, rien n'est plus rare que de les voir unir la moralité et la véracité rigoureuse à une curiosité si courante et si dissipée. Même quand

---

1. Je ne réponds pas de la rigoureuse exactitude philosophique de cette manière de voir et de dire ; je ne parlais là qu'en littérateur et d'après l'opinion spécieuse généralement reçue (*Note des Portraits contemporains*, tome II, page 509).

ils ne deviennent ni des fripons, ni des escrocs avilis, ni des hâbleurs impudents; quand quelque chose de l'honnête homme leur reste, et qu'on peut leur donner la main, il ne faut pas s'attendre à beaucoup de scrupules de leur part; leur sens moral, chatouilleux peut-être et intact sur un ou deux points, vous paraîtra fort aboli et coulant pour tout le reste. La vertu en ce bas monde, à cause du rebours trop habituel, consiste presque entièrement à s'abstenir, à sacrifier; à assister, sans y participer, aux choses et à leur dire *non* en face bien souvent. Les anciens Perses dans leur mythologie appellent l'Esprit du mal *Celui qui dit toujours non;* eh bien! dans la réalité pratique de la vie, ce rôle est en grande partie dévolu à l'homme de bien. Or, l'homme habile, à expédients, le génie à métamorphoses, le Mercure politique, financier ou galant, l'aventurier en un mot, ne dit jamais *non* aux choses; il s'y accommode, il les prend de biais, il a l'air parfois de les dominer, et elles le portent parce qu'il s'y livre et qu'il les suit; elles le mènent où elles peuvent; pourvu qu'il s'en tire et qu'il en tire parti, que lui importe le but? Gil Blas et Figaro sont les admirables types de ce personnage qui vit d'action plutôt que de conviction. Dans la réalité, Grammont, Law, Marsigli, Bellisle, Bonneval, Beaumarchais lui-même, Dumouriez, etc. ... s'en rapprochent plus ou moins par quelques traits. Un sentiment d'honneur, et même une sorte de tendresse d'âme, sont compatibles, il faut le dire, avec cette facilité bizarre, comme cela se voit chez l'abbé Prévost dans sa jeunesse, chez l'abbé de Choisy, chez Gil Blas. Casanova de Seingalt rentre tout à fait dans cette famille ; c'en est un des fils les plus prodigues et nés le plus complétement coiffés.

Ce Vénitien, issu de sang espagnol, qui compte dans sa généalogie force bâtards, religieuses enlevées, poëtes latins satiriques, compagnons de Christophe Colomb, secrétaires de cardinaux, et une mère comédienne ; ce jeune abbé, qui débute fraîchement comme Faublas et Chérubin, mais qui bientôt sent l'humeur croisée de Lazarille et de Pantalon bouillonner dans sa veine, qui tente tous les métiers et parle toutes les langues comme Panurge ; dont la vie ressemble à une comédie mi-partie burlesque et mi-partie amoureuse, à un carnaval de son pays qu'interrompt une atroce captivité ; qui va un jour visiter M. de Bonneval à Constantinople, et vient à Paris connaître en passant Voisenon, Fontenelle, Carlin, et être l'écolier du vieux Crébillon ; ce coureur, échappé des Plombs, mort bibliothécaire en un vieux château de Bohême, y a écrit, vers 1797, à l'âge de soixante et douze ans, ses *Mémoires* en français, et dans le meilleur et le plus facile, dans un français qu'on dirait naturellement contemporain de celui de Bussy. Il y raconte tout et peut-être au delà ; il s'y montre à nu, sans façon et d'assez bonne grâce pour un vieillard ; épicurien comme Horace, qu'il aime à citer, sensualiste ouvertement, sans trop de cynisme, quelque peu chrétien par là-dessus, à ce qu'il dit, je ne me chargerai pas d'expliquer comment; plein de regrets pour le passé, mais sans trace de repentir, il va, il déroule à plaisir, il recommence sa jeunesse. Ses premiers aveux, qui ne lui coûtent pas plus que le reste, sont d'une belle naïveté ; je me figure que les filles d'Otaïti se seraient confessées de la sorte peu après l'arrivée de M. de Bougainville, ou les jeunes Zélandaises, le soir du départ de l'*Astrolabe*. Comme le chroniqueur ingénu ne paraît guère préoccupé de l'idée de pudeur, cela fait que le lecteur est médiocrement choqué lui-même, et qu'il laisse courir le récit du moins prude des mondains. A prendre la chose de ce côté, on n'y est pas plus scandalisé qu'à de certaines pages de Boccace.

Quoi qu'il en soit, l'honnête lecteur doit se tenir pour bien averti. A ceux qui ont toujours dans leur poche et souvent dans leurs mains le petit Horace Elzevir non expurgé par Jouvency, à ceux qui savent par cœur les épigrammes salées de Catulle et de Martial, les vers de Solon, qui citent volontiers certains passages d'Ovide et de Tibulle, et les fredaines du Lucius d'Apulée, qui suivent sans répugnance la naïve Chloé dans la grotte des Nymphes, *faciles nymphæ risere;* à ceux que notre vieille littérature grivoise et conteuse ne rebute pas, qui se dérident à La Fontaine, qui se délectent aux *Amours des Gaules*, qui ne perdraient pas une ligne des Mémoires de Choisy, si tout le manuscrit de l'Arsenal était imprimé; à ceux que les premières pages des *Con-*

fessions n'irritent nullement, que les lettres de Diderot à Mlle Voland enchantent sans réserve, qui en aiment jusqu'aux propos de madame d'Aine, jusqu'aux allusions insinuantes de Diderot comptant les arbres de ses *vordes* chéries : à ceux-là, loin de le défendre, nous conseillerons plutôt Casanova ; ce ne sera pas pour eux une dangereuse nouveauté ni un scandale attrayant, ce sera un tableau de plus, non le moins vif et le moins varié, dans le réfectoire de leur abbaye de Thélème. — Un jour, durant l'année que le docte Saumaise passa à Stockholm près de la reine Christine, comme il avait la goutte et gardait le lit, la reine le vint visiter ; or, en ce moment, pour se désennuyer et tromper son mal, le grave commentateur lisait un livre très-agréable, mais assez leste (*perfacetum quidem, at subturpiculum*), *le Moyen de parvenir*, de Béroalde de Verville. Voyant la reine entrer, et craignant de choquer sa délicatesse, Saumaise fourra vite le volume sous la couverture, mais pas assez vite pour le dérober à cet œil curieux de femme et de savante. La reine saisit donc le livre à temps, quoique déjà sous la couverture ; elle en lut au hasard quelques lignes qui la firent bien sourire, et, ayant appelé mademoiselle de Sparre, noble et belle fille de sa suite, et sa favorite la plus chère, elle lui marqua du doigt certains passages, qu'elle lui ordonna de lire tout haut, malgré les fréquents arrêts, la rougeur et la honte de cette jeune personne, et aux grands éclats de rire de tous les assistants. — Qui nous raconte cela, s'il vous plaît, sur ce ton de badinage? rien moins que l'évêque d'Avranches, Huet, dans les Mémoires écrits durant sa vieillesse. Saumaise lui avait rapporté l'histoire à Leyde, bien des années auparavant, et, pour mieux circonstancier le fait, il avait envoyé chercher l'exemplaire du *Moyen de parvenir* à la Bibliothèque de la ville, et l'avait donné à Huet, fort élégamment relié. Eh bien! à ceux qui entendent raillerie de la sorte, qui l'entendent comme Huet, comme Christine, comme Saumaise, Ménage et Lamonnoie, nous croyons pouvoir, sans rien compromettre, parler des *Mémoires de Casanova;* nous ajouterons pourtant, de peur que l'anecdote citée tout à l'heure ne fasse équivoque, que mesdemoiselles de Sparre ne doivent en lire aucun passage ni haut ni bas.

Jacques Casanova naquit à Venise en 1725; les liens de famille ne l'étouffèrent pas. Sa mère, qui l'aimait beaucoup, mais qui *était belle comme le jour*, séjournait, tantôt à Londres, tantôt à Saint-Pétersbourg ou à Dresde, jouant la comédie. Son père était mort le laissant en bas âge. Quant à ses frères et sœurs, il ne les connut pas tous, sinon lorsqu'il les rencontra ensuite par le monde dans ses voyages. Son frère François, le peintre de batailles, avec qui il fut le plus lié, lui portait de la jalousie, bien qu'il mêlât ce sentiment à quelque amitié. « Son vice, comme tous les miens, dit l'auteur des *Mémoires*, doit aujourd'hui être mort de vieillesse. » Élevé d'abord chez sa grand'mère maternelle, qui s'appelait Marzia, soumis par elle, dans une maladie qu'il fit, à toutes les superstitions populaires et aux pratiques occultes de la magie, il y prit, sans trop y croire, un avant-goût de cette disposition à la cabale et aux enchantements, qui fut quelquefois une de ses ressources en ce siècle de Cagliostro. On le mit bientôt en pension à Padoue chez un bon chanoine Gozzi, très-ignorant, très-zélé pour la prédication, ayant en sa faveur la figure et la voix, et par conséquent fort suivi des femmes, dont il était d'ailleurs l'ennemi juré, et qu'il ne regardait jamais en face. Le chanoine Gozzi avait une sœur de quatorze ans, Bettine, la plus jolie fille du quartier, toujours à la fenêtre, grande liseuse de romans, laquelle soignait et peignait les écoliers de son frère. Pour qu'il fût plus aisé à Bettine de tenir le jeune Casanova propre, on avait coupé à celui-ci ses cheveux noirs, et on l'avait affublé d'une perruque blonde. Mais madame Casanova passant un jour à Venise, et s'y étant fait amener son fils par le docteur Gozzi, qui pour le coup n'osait regarder une si belle femme au visage, madame Casanova, donc, se plaignit de cette étrange perruque blonde, et dit au docteur qu'elle ferait à Bettine un beau présent si elle coiffait désormais son écolier en cheveux. A partir de ce temps, Bettine soigna, peigna, lava si exactement et si longuement chaque matin le petit Casanova dans sa chambre, qu'il faillit en résulter mille accidents; cette fille malicieuse et ce précoce enfant s'en tirèrent, l'une avec duplicité et coquetterie consommée, l'autre avec une fermeté rare et une sorte de vertu qu'il ne devait pas garder longtemps. A quelle école, se demande Casanova, cette jeune fille spirituelle, si ingénue en apparence, si trompeuse et insaisissable, à quelle école avait-elle appris à connaître le cœur humain? Or, la réponse qu'il se fait est précieuse : « C'est « en lisant des romans, dit-il. Il se peut que la lec- « ture de plusieurs soit la perte de bien des jeunes « personnes; mais il est certain que la lecture des « bons leur apprend la gentillesse et l'exercice des ver- « tus sociales. »

A la bonne heure! Quant à Casanova lui-même, il ne tarda pas à se perfectionner, et sans avoir besoin de lire beaucoup de romans, je crois. Ayant fait à Padoue de suffisantes études, il revint à Venise, où il reçut du patriarche les quatre ordres mineurs. Le voilà petit abbé à poil follet, l'orgueil de sa vieille grand'mère. L'illustre poëte lubrique Baffo donna l'œil à l'achèvement de son éducation poétique; un vieux sénateur retiré des affaires, mais non du monde, perclus de jambes, mais sain de tête, M. de Malipiero, lui ouvrit sa maison, sa table, avec les conseils d'une expérience vénitienne de soixante-dix ans, et l'initia au savoir-vivre exquis et à une honnête corruption. Aussi le jeune abbé, sous un tel maître, fut-il promptement au fait des *vertus sociales*, si bien qu'un jour M. de Malipiero, en finissant sa sieste plus tôt que de coutume, le trouva trop tendrement engagé dans son salon avec la jeune Thérèse, dont lui-même était épris, et dut y mettre ordre à coups de canne. Vers ce même temps, Casanova fut présenté chez une courtisane et actrice à la mode, J..., qu'il trouva singulière, et aux impertinences de laquelle il résista : « Chaque fois qu'elle me regardait, elle se ser- « vait d'un lorgnon, ou bien elle rétrécissait ses pau- « pières comme si elle eût voulu me priver de l'hon- « neur de voir entièrement ses yeux, dont la beauté « était incontestable : ils étaient bleus, merveilleuse- « ment bien fendus, à fleur de tête et enluminés d'un « iris inconcevable que la nature ne donne quelquefois « qu'à la jeunesse, et qui disparaît d'ordinaire vers les « quarante ans, après avoir fait des miracles. Le grand « Frédéric l'a conservé jusqu'à sa mort. »

Nous avons voulu citer la peinture de cet iris, pour montrer avec quelle facilité lumineuse écrit notre Vénitien, et comme je ne sais quelle grâce des Sévigné, des Choisy et des Bussy a passé par là et voltige sous cette plume d'au delà des monts. C'est, au reste, la même J..., qu'après diverses rencontres Casanova retrouvait, six ou sept ans plus tard, dans la galerie de Fontainebleau, devant être présentée au roi Louis XV le lendemain; mais sa majesté étant venue à passer avec M. le maréchal de Richelieu, lorgna la galante étrangère un peu dédaigneusement, et dit au maréchal assez haut pour que J... pût l'entendre : « Nous en avons ici de plus belles. » L'iris fascinateur avait manqué son triomphe, et la présentation n'eut pas lieu.

Il y a aussi vers ces débuts du jeune abbé à Venise

et aux environs, une jolie figure espiègle et enfantine, la petite paysanne Lucie de Paséan. Les scènes de la chambre et du lit, par leur mélange de désirs et d'innocence, ressemblent aux ingénuités de Chloé près d'un Daphnis moins ignorant, mais scrupuleux encore. Ces scrupules s'en vont tout à fait dans l'intrigue avec Nanette et Marton, deux sœurs qu'il appelle *ses anges*, et qui réalisent au delà de ce qu'on peut croire, la bonne intelligence des deux épouses chinoises aux bras du même mari. Ce qui me frappe surtout dans les amours de Casanova, dans les premières comme dans celles qui viendront plus tard, dans ses passions les plus vraies et les plus profondes au moment où il les a, dans ce qui n'est ni pur caprice ni désœuvrement, ni débauche, dans sa liaison avec dona Lucrezia, avec Bellino-Thérèse, avec madame F., avec la jeune comtesse A. S., avec la belle Henriette, avec ces divinités sans nombre qu'il a aimées et qu'il déclare toutes suaves, c'est la facilité, l'insouciance mêlée de tendresse, le plaisir dominant, le bonheur, l'amour à l'antique, nu, comme les Grecs ioniens, comme Horace l'entendaient, comme Courier de nos jours et Béranger, un amour vif, tendre, jouissant, successif et oublieux, l'âme n'y étant que pour orner les sens, les délasser et leur sourire, non pour les torturer de ses jalousies ou de ses remords. Ses héroïnes, jeunes filles ou femmes, se prêtent à merveille à ce genre de passion qui est le sien et le partagent. Nulle part il ne rencontre de ces amantes acharnées qui s'attachent violemment à leur proie et ne lâchent pas volontiers leur infidèle ; nulle part de ces *fornarina* échevelées et menaçantes, comme Byron en affronta à Venise ; nulle part non plus de ces êtres gracieusement débiles qui meurent d'un abandon. Les femmes que Casanova a le plus aimées, et qui l'ont le plus aimé aussi, ne meurent pas, ne menacent pas ; je ne dis point qu'elles l'oublient ni qu'elles se consolent entièrement ; mais elles lui promettent au départ de vivre et de tâcher d'être heureuses dans leur tristesse, de même qu'elles lui font promettre d'être heureux à son tour, et d'aimer encore, et de les oublier. Aussi le bon Casanova, quand il rencontre sur le chemin de son récit toutes ces tendres aventures, s'y repose comme au premier jour, les développe avec un nouveau bonheur, et sur un ton de Boccace ou d'Arioste, en style de Pétrone et d'Apulée, sans ironie ni amertume de vieillard ; et, bien qu'il prétende en un endroit, épicurien qu'il est, que l'*homme vieux a pour ennemi la nature entière*, il n'a pas l'air de trop maudire sa vie ni d'en rien rejeter depuis le jour où son père, comme il dit, l'*engendra dans une Vénitienne.*

Ayant été amené à Rome par un concours bizarre de circonstance, et y étant devenu presque secrétaire du cardinal Acquaviva, notre abbé, qui venait de se faire raser pour la première fois (car son poil follet n'était plus de mise), fréquenta beaucoup à ses heures de loisir dona Lucrezia, femme d'un avocat de Naples, qu'un procès ecclésiastique retenait à Rome. Casanova, qui avait été leur compagnon de route, ne les abandonna pas à leur arrivée; et la belle dona Lucrezia lui fournit l'occasion d'être de leurs excursions à Frascati, à Tivoli et aux villas d'alentour. Durant l'une de ces promenades délicieuses, où ils avaient perdu exprès tous les deux la compagnie, Lucrezia lui tenait ce langage : « Comment! je suis ton premier amour! ah! « malheureux! tu n'en guériras pas. Que ne suis-je à « toi! tu es aussi le premier amour de mon cœur, et « tu seras certainement le dernier. Heureuse celle que « tu aimeras après moi ! je n'en serai pas jalouse ; mais « je souffrirai de ne pas lui connaître un cœur tel que « le mien. » Et comme ils s'oubliaient dans ces paroles et dans leurs mutuels témoignages, Lucrezia répondit à son ami, qui craignait quelque surprise : « Oh! ne « crains rien, mon ami, nous sommes sous la garde de « nos génies ! — Oui, nos génies nous gardent, ajouta-« t-elle ; tiens, vois le petit démon. Comme il nous « observe ! comme son œil est vigilant! c'est tout ce « que la nature a de plus occulte. Admire-le. C'est cer-« tainement ton génie et le mien. » Et elle lui montrait un petit serpent qui passait à côté sur le gazon. A cette vue, Casanova convient qu'il eut peur, et que son premier mouvement fut d'éloigner son amie; mais elle, qui, d'ordinaire, avait peur de la moindre couleuvre, ne craignant rien à cette heure et en ce moment, continuait : « Son aspect me ravit, te dis-je, et je suis sûre

« que cette idole n'a de serpent que la forme, ou plu-
« tôt que l'apparence. » Et elle redoublait de bonheur
et d'oubli. On croirait lire quelque idylle d'un érotique
grec. Et comme Lucrezia avait une plus jeune sœur,
qui, s'apercevant de son amour, la blâmait et la plaignait; comme cette sœur, qui n'aimait pas le jeune
abbé, allait se marier et se fixer à Rome, la belle amante
dit un jour : « Mon ami, mon bonheur ne saurait durer
« longtemps; nos affaires se terminent, je touche au
« moment cruel où il faudra que je me sépare de toi.
« Dès que je serai partie, impose-toi la tâche de la ré-
« duire à reconnaître son erreur. Elle me plaint, venge-
« moi. » Et cette vengeance eut lieu, même avant le
départ ; Lucrezia y força elle-même et y aida, un certain matin, à Tivoli, sa sœur Angélique : Marton et
Nanette n'avaient pas vécu plus complaisamment.

De toutes les beautés dont Casanova nous entretient
dans ces premiers volumes, celle qui est reine évidemment, celle qui lui a laissé la plus profonde empreinte,
et pour laquelle il démentirait le plus volontiers sa
définition un peu outrageuse de l'amour que, *ce n'est
qu'une curiosité plus ou moins vive, jointe au penchant que
la nature a mis en nous de veiller à la conservation de l'espèce;* cette femme mystérieuse, appelée Henriette,
qu'il rencontre la première fois en habit d'officier, et
qui se trouve être une noble personne française, ne
diffère pas notablement, par le caractère, de dona Lucrezia, ni de tous ces cœurs d'amantes voluptueux,

passionnés, non jaloux et capables de séparation. Lorsque Casanova la voit d'abord à Césene ou à Mantoue (je ne sais lequel), voyageant avec un vieux capitaine hongrois, lui-même il avait éprouvé depuis son séjour à Rome bien des traverses et des vicissitudes. Forcé de quitter le cardinal Acquaviva, il s'en était allé à tout hasard jusqu'à Constantinople avec une lettre de son éminence pour le renégat Bonneval, non plus en abbé, pensez-le bien, mais en officier de la noble République. De nouvelles chances l'avaient ramené de Corfou à Venise, où, tombé dans la misère et presque dans l'avilissement, il s'était relevé à temps par la connaissance qu'il avait faite du bon M. de Bragadin, riche sénateur, qui l'avait adopté pour son fils. Quelques escapades, qui cette fois ne le conduisirent pas encore aux Plombs, l'éloignaient momentanément de Venise, lorsqu'il rencontra cette divine Henriette, dont le vieil Hongrois fut heureux de se débarrasser. Trois mois se passèrent dans une félicité sans mélange, chaque jour révélant un surcroît de perfection et un talent imprévu dans cette personne rare, dont il ignora jusqu'à la fin l'histoire antérieure et le secret. Une rencontre qu'ils firent à la cour de Parme d'un M. d'Antoine, noble Provençal et parent d'Henriette, mit fin à ce beau rêve. Dès ce moment, dit Casanova, notre amour commença à devenir triste, et il ajoute naïvement : « La tristesse « est une maladie qui finit par le tuer. » Il obtint d'Henriette la permission de l'accompagner jusqu'à Genève où elle le quitta pour rentrer en France. Au moment de partir, comme elle avait touché mille louis de son banquier, elle lui mit dans la poche cinq rouleaux de cent louis, *faible consolation*, a-t-il soin de nous dire, *pour mon cœur accablé d'une si cruelle séparation.* Voici la dernière lettre qu'Henriette lui écrivit : « C'est moi, « mon unique ami, qui ai dû t'abandonner ; mais n'aug-« mente pas ta douleur en pensant à la mienne. Soyons « assez sages pour nous persuader que nous avons fait « un agréable songe, et ne nous plaignons pas du des-« tin ; car jamais songe délicieux n'a été aussi long. « Vantons-nous d'avoir su nous rendre parfaitement « heureux pendant trois mois de suite ; peu de mor-« tels en peuvent dire autant... Ne t'informe pas de « moi, et si le hasard te fait parvenir à savoir qui je « suis, ignore-le toujours. Je te ferai plaisir en t'infor-« mant que j'ai si bien mis ordre à mes affaires que je « serai pour le reste de mes jours aussi heureuse qu'il « peut m'être donné de l'être, privée de toi. Je ne sais « pas qui tu es, mais je sais que personne au monde ne « te connaît mieux que moi. Je n'aurai plus d'amants de « ma vie ; mais je souhaite que tu ne penses pas m'imi-« ter. Je désire que tu aimes encore et même que ta « bonne fée te fasse trouver une autre Henriette. Adieu, « adieu. » Cette Henriette-là, sauf qu'elle ne meurt pas d'un anévrisme, est un peu l'aïeule de la bonne et dévouée mademoiselle de Liron[1]. La façon, dont en moins

---

1. Mademoiselle de Liron est, comme on sait, l'héroïne d'un ro-

de huit jours Casanova s'était consolé d'Henriette, n'a rien d'assez idéal ni même d'assez décent pour que j'ose l'indiquer : ce n'est ni par la dignité ni par la mélancolie qu'il brille. Pour qui sait et veut l'amour, il y a quelque chose de profondément triste à voir cette consolation perpétuelle et banale : quand don Juan change si vite, on sent du moins de l'ironie dans ses infidélités. Casanova n'est pas à cette hauteur ni à cette profondeur dans le vice ; qu'il glisse à la surface ou qu'il s'y embourbe, il s'y abandonne gaîment.

Nous reviendrons une autre fois sur Casanova, et nous le suivrons à Paris où il se perfectionne dans le français sous le vieux Crébillon le tragique, singulier maître de langue, de qui il apprit, j'imagine, bien moins qu'il ne prétend. C'est là qu'on le voit aussi fort lié avec *un homme du plus grand mérite,* M. l'abbé de Voisenon. *Cet illustre écrivain* le présente à Fontenelle, âgé alors de quatre-vingt-treize ans, et comme Casanova dit au philosophe qu'il arrive d'Italie tout exprès pour le voir : « Convenez, monsieur, répliqua le malin vieillard, que vous vous êtes fait attendre bien longtemps. » Casanova connut aussi dès son arrivée dans la capitale, M. Patu, jeune poëte, *qui, s'il avait vécu, aurait suivi de près Voltaire.* Tout cet épisode de Paris est très-facétieux.

---

man bien connu de Delécluze, le critique d'art du *Journal des Débats,* et l'auteur des *Souvenirs de soixante années,* auxquels M. Sainte-Beuve a consacré, en 1862, deux piquants articles recueillis depuis dans les *Nouveaux Lundis,* (tome III).

8 juillet 1833.

ADAM MICKIEWICZ

LE LIVRE DES PÈLERINS POLONAIS.

TRADUIT DU POLONAIS, PAR M. DE MONTALEMBERT, SUIVI D'UN HYMNE A LA POLOGNE, PAR M. DE LA MENNAIS.

La condition de la critique, en ce qu'elle a de journalier, de toujours mobile et nouveau, la fait ressembler un peu, je l'éprouve parfois, à un homme qui voyagerait sans cesse à travers des pays, villes et bourgades, où il ne ferait que passer à la hâte, sans jamais se poser; à une sorte de Bohémien vagabond et presque de Juif errant, en proie à des diversités de spectacles et à des contrastes continuels. Aujourd'hui, c'est un coin politique et historique; demain, une poésie ou une rêverie mélancolique; après-demain, quelque roman sanguinaire ou licencieux, puis tout d'un coup une chaste et grave et religieuse production; il faut que la pauvre critique aille toujours à travers cela, il faut qu'elle s'en tire, qu'elle s'en teigne tour à tour, qu'elle voie assez de chaque objet pour en jaser pertinemment et d'un ton approprié. L'acteur qui change chaque soir de costume, de visage et de rôle, doit éprouver quelque chose de semblable. Et qu'on ne dise pas que, si la critique avait un point de vue central, si elle jugeait en vertu d'un principe et d'une vérité absolus, elle s'épargnerait en grande partie la fatigue de ce mouvement, de ce déplacement forcé, et que, du haut de la colline où elle serait assise, pareille à un roi d'épopée ou au juge Minos, elle dénombrerait à l'aise et prononcerait avec une véritable unité ses oracles. Il n'est à ma connaissance, par ce temps-ci, aucun point de vue assez central pour qu'on puisse embrasser, en s'y posant, l'infinie variété qui se déroule dans la plaine. D'estimables journaux et recueils, qui, comme *le Semeur* ou la *Revue européenne*, échappent, autant qu'ils le peuvent, à l'empirisme de la critique, n'y parviennent qu'en restreignant souvent par là même, beaucoup plus qu'il ne faudrait, le champ pratique de leur observation. En ce qui concerne la littérature de ce temps, est-ce donc un si grand mal, dira-t-on, que de s'arranger d'avance pour en négliger et en ignorer une bonne partie? Je n'oserais affirmer le contraire, et pourtant, du moment qu'on en veut juger en toute connaissance de cause, comme c'est la prétention de la critique, voilà l'interminable voyage qui recommence. J'ai lu quelque part une belle comparaison à ce sujet, qui a de plus le mérite d'une extrême justesse. L'art qui médite, qui édifie, qui vit en lui-même et dans son œuvre, l'art peut se représenter aux yeux par quelque château antique et vénérable que baigne un fleuve, par un monastère sur la rive, par un rocher immobile et majestueux ; mais, de chacun de ces rochers ou de ces châteaux, la vue, bien qu'immense, ne va pas à tous les autres points, et beaucoup de ces nobles monuments, de ces merveilleux paysages, s'ignorent en quelque sorte les uns les autres ; or, la critique, dont la loi est la mobilité et la succession, circule comme le fleuve à leur base, les entoure, les baigne, les réfléchit dans ses eaux, et transporte avec facilité, de l'un à l'autre, le voyageur qui les veut connaître. La comparaison jusqu'ici est fort belle, mais elle n'est juste encore que si l'on suppose la critique, dans toute sa profondeur et sa continuité, s'appliquant aux grands monuments des âges anciens. De plus, en poursuivant l'image, en supposant le fleuve détourné, brisé, fatigué à travers les canaux, les usines, saigné à droite et à gauche, comme le Rhin dans les sables et la vase hollandaise, on retrouve la critique telle exactement que la font les besoins de chaque jour, dans sa marche sans cesse coupée et reprise. Tout cela est bien long pour dire qu'ayant parlé l'autre fois de quelque ouvrage assez peu grave, nous avons à donner aujourd'hui un mot sur une œuvre de patriotisme et de piété, et pour demander pardon d'être la même plume qui passe d'un Casanova au *Livre des Pèlerins polonais.*

Car ce petit livre est une œuvre à part ; une conviction profondément nationale et religieuse l'a dicté au poëte fervent; il est destiné, comme un viatique moral, au peuple errant ou captif chez qui l'ancienne foi catholique semble avoir fait alliance avec le sentiment plus moderne de la liberté. Pour le lire convenablement, et se pénétrer de l'esprit qui y respire, il convient de dépouiller bien des idées familières aux libéraux et aux républicains *rationalistes*, comme nous le sommes. Il faut se figurer un instant qu'on est Irlandais ou Polonais, c'est-à-dire d'une race où la nationalité et la religion se sont jusqu'ici étroitement embrassées; d'une armée qui s'agenouille au nom de Marie, et dont le généralissime Skrzynecki combat avec le scapulaire sur la poitrine ; il faut se prêter à cet orgueil si légitime qui, au milieu de l'inaction des peuples les plus invoqués, au sein de l'apparente lâcheté européenne, permet qu'on se considère comme le peuple élu par excellence, comme un peuple hébreu, martyr et réduit présentement en captivité, mais pourtant le seul vivant entre les tribus idolâtres, le seul par qui la cause de Dieu vaincra.

M. Mickiewicz a pris la grande infortune polonaise de ce côté ardent et mystique, si propice à la poésie. Les formes des livres saints sont celles qu'il affecte; lui qui autrefois exhalait ses patriotiques douleurs dans les *Sonnets de Crimée*, ou, comme dans *Konrad Wallenrod*, semblait emprunter à Byron ses vaporeuses figures, aujourd'hui il écrit en simples versets comme l'apôtre, il parle en paraboles à l'imitation des Évangiles, et distribue aux bannis dans le désert l'humble pain d'une éloquence populaire et forte. Son but, dans ce petit livre, est de prémunir ses compatriotes contre la dispersion des pensées, contre la perte des coutumes, l'attiédissement de la foi et du dévouement en terre étrangère. Il craint pour eux l'exemple des peuples charnels que l'*intérêt* et le *bien-être* énervent ; il craint l'affaiblissement à la longue de cet *esprit* d'héroïsme et de *sacrifice* qu'il décerne, trop exclusivement selon nous, mais par une partialité devant laquelle nous nous inclinons, à sa Pologne toujours vivante et immolée. Il craint ces aigreurs intestines, ces récriminations réciproques que le malheur fomente, et qui sont une maladie trop commune chez les plus nobles émigrés. Il veut qu'à l'heure quelconque de cette délivrance qu'il espère, tous les soldats polonais, tous les pèlerins, comme il les appelle, forts de leurs souffrances, unis et frères, se retrouvent vêtus en *tchamaras* polonaises sur les genoux de leur douloureuse patrie. Nous citerons quelques-unes de ses paroles : ce christianisme du Nord, on va le voir, est un peu moins soumis et clément que celui de Pellico :

« Vous jeunes et vieux, portez les tchamaras d'insurgés ; car tous vous êtes soldats de l'insurrection nationale. Et on appelle en polonais tchamara le costume dont on revêt un mourant.

« Or, plusieurs d'entre vous mourront dans la parure d'insurgé, et tous doivent être prêts à mourir ainsi.

« Qui ne reconnaîtra pas sous la tchamara d'insurgé l'homme qui a vaincu à Wawer (*Skrzynecki*), et l'homme qui a vaincu à Stoczek (*Dwernicki*), et l'homme qui a ramené l'armée de Lithuanie (*Dembinski*), et l'homme qui a commandé le régiment de Wolhynie (*Charles Rozycki*), et l'homme (*Lelewel*) qui a dit dans les premiers jours de l'insurrection : « Jeunes gens, exécutez votre projet ; allez et combattez ; » et l'homme qui, le premier, a crié *à bas Nicolas!* (*Roman Stoltyk*) ? leurs noms sont connus dans le monde.

« Mais qui sait comment s'appellent le roi de Naples et le roi de Sardaigne, quoiqu'ils soient vêtus de pourpre ? Qui connaît les noms des fils de rois des autres pays, et les noms des maréchaux malgré leurs bâtons, et des généraux malgré leurs cordons ? Personne n'en sait rien.

« Et les autres, on ne les connaît que parce qu'ils sont remarquables par leur grande iniquité ou par leur grande stupidité, comme on connaît dans une petite ville les noms des brigands du voisinage, et les noms de l'escamoteur ou du fou qui flâne dans les rues pour amuser le peuple.

« Or telle est la gloire du czar Nicolas, ou du petit czar don Miguel, ou du petit czar de Modène, de plusieurs rois et ministres que vous connaissez.

« Portez donc les tchamaras d'insurgés. »

En maint endroit, et par des conseils directs ou sous forme frappante de parabole, le poëte recommande aux siens de ne point se disputer entre eux sur leurs mérites réciproques, ni sur les préséances et décorations ; de ne pas crier volontiers *au traître* et *à l'espion,* comme font les gens aigris et désespérés ; de ne pas se distinguer les uns des autres en disant : « Je suis de la vieille armée, et toi de la nouvelle ; j'ai été à Grochow et à Ostrolenka, et toi tu n'as été qu'à Ostrolenka..., etc., etc. » ; mais de ne revenir en idée sur le passé qu'en se préparant à l'avenir, comme un homme qui veut franchir un précipice, ne recule que juste autant qu'il faut pour mieux s'élancer.

Au milieu de ces conseils énergiques et simples donnés à ses compatriotes, il y a bon nombre de sévères paroles qui tombent de la bouche du poëte sur l'étranger, sur nous autres Français aussi, accoutumés à plus de louanges. Ces mots d'*étranger*, d'*ennemi*, d'*idolâtre*, synonymes pour le poëte, s'appliquent également à nous, qui avons manqué à notre belle mission de la guerre générale pour la cause des peuples. En cela M. Mickiewicz nous a semblé, le dirons-nous, un peu injuste, un peu abusé par l'analogie poétique qui lui a fait considérer jusqu'au bout sa nation comme une sorte de peuple juif, unique, privilégié, doué entre tous de *l'esprit de sacrifice,* et du sein duquel la liberté, comme un autre messie, doit sortir. Ces espèces d'exclusions sauvages, cette *tchamara* polonaise, dont il fait trop lui-même un signe distinctif et matériel, comme l'était la circoncision chez les Hébreux ; ces âpres méfiances au milieu de populations cordiales et compatissantes, ne me paraissent pas appartenir à cette liberté moderne, européenne, dont l'enfantement s'opère depuis plus de quarante ans dans le sang et les larmes de tous. En se servant des propres paroles de M. Mickiewicz et en les retournant en un sens plus général, la France réelle, celle qui a tant aimé la Pologne, qui a tant saigné pour elle, la France qui a vaincu aux trois jours, et qu'on a liée par surprise, et qui souffre et qui attend, cette France dont nos gouvernants enhardis s'accoutument à nier l'existence, croyant l'avoir confisquée dans leurs petites Sibéries, cette France ne pourrait-elle pas répondre au poëte : « Oh ! ne récriminons pas ; vous en tchamara, nous en habit ou en haillons, nous sommes frères ; vous êtes restés dévots au Christ et à Marie, comme nos aïeux l'étaient, comme nos pères ne l'étaient déjà plus ; mais nous voulons la liberté des croyances, et les vôtres seront respectées de nous. Vous vous dites pèlerins et bannis, et nous aussi, nous sommes bannis de la révolution que nous avons aimée et que nous avons faite, nous sommes expulsés de nos espérances. Vous avez combattu à Grochow ou à Ostrolenka, et les derniers de nous, abusés qu'ils étaient, et, certes, remplis de *l'esprit de sacrifice*, mouraient, il y a un an, à Saint-Merry. Ainsi donc, il y a peu de distinction entre vous et nous, sinon que nous vous accordons d'être les braves des braves, l'avant-garde des grandes Thermopyles; mais vous et nous, d'ailleurs, c'est le même peuple et la même cause. » Il y avait peut-être, dans cet ordre plus expansif de sentiments, une inspiration poétique et une vérité politique qui n'auraient pas nui, d'ailleurs, à tout ce que M. Mickiewicz voulait donner aux siens d'utiles et éloquents conseils.

Peut-être même ces conseils y eussent-ils gagné d'être plus applicables et plus généraux parmi les réfugiés polonais. Le poëte doit savoir bien mieux que nous sans doute quel est le langage qui leur va le plus au cœur. Pourtant, autant qu'il nous semble, la Pologne philosophique, raisonneuse, érudite, celle que Lelewel nous représente si vénérablement, et qui n'est pas tout à fait la Pologne dévote et naïve de Skrzynecki, cette Pologne qui est en minorité, je le crois, mais que d'inévitables lumières tendent à agrandir et à recruter, trouvera des objections de bon sens et de répugnances judicieuses contre certains préceptes d'un livre d'ailleurs si vivifiant et si salutaire.

Pour nous, nous y avons vu surtout un bien noble emploi du génie poétique en des temps de calamité nationale; nous y avons admiré, grâce à l'exacte et ferme traduction de M. de Montalembert, les beautés d'une pensée grave et mâle, et tout naturellement biblique. Ç'a été pour nos lèvres trop souvent affadies, comme un pain de haute et amère saveur, un peu étrange, pétri à la manière des Slaves. Le chaleureux Avant-propos que M. de Montalembert y a joint, fort remarquable par les faits rassemblés, par l'invective de cœur et la science de style, ne nous a paru avoir d'autre défaut que d'être trop écrit au point de vue du poëte. Un hymne de M. de La Mennais à la Pologne termine ce volume avec la douceur et l'harmonie d'une virginale prière; car ce grand écrivain, assez connu par l'énergie brûlante de sa plume, une fois hors de la polémique, retrouve une onction tendre et une délicieuse fraîcheur d'âme.

A la plupart de nos catholiques, le *Livre des Pèlerins polonais* doit paraître démocratique et insurrectionnel outre mesure. Paraîtrait-il trop catholique de forme aux républicains? Nous ne craignons pas de le recommander à tous ceux qui osent étudier et accepter sous ses aspects les plus divers, sous ses vêtements les plus insolites, la pensée de la liberté future.

18 juillet 1833.

E. LERMINIER

DE L'INFLUENCE DE LA PHILOSOPHIE DU XVIII° SIÈCLE SUR LA
LÉGISLATION ET LA SOCIABILITÉ DU XIX°.

M. Lerminier continue avec une ardeur croissante l'œuvre d'excitation, d'impulsion historique et philosophique qui a été jusqu'ici la sienne. Il y a six mois environ, il nous donnait ses *Lettres berlinoises*, coup d'œil rapide et enflammé, jugement plein de verve sur l'époque présente et les divers systèmes qui s'y agitent, qui y rendent l'âme ou s'efforcent d'y éclore. Aujourd'hui, c'est un retour vers le passé, un suprême et expansif mouvement d'adieu vers le XVIII° siècle, au moment où ce siècle, enfoncé déjà avant sous l'horizon, retire de nous ses derniers reflets et ne dore plus même les cimes. Occupé d'une *Histoire du pouvoir législatif*, qui va lui prendre plusieurs années, M. Lerminier a voulu une fois encore montrer, comme il le dit, l'image des pères aux générations qui chaque jour s'en éloignent et n'ont pas reçu, ainsi que nous, cette tradition toute vivante. Son livre se ressent, et heureusement à notre avis, de cette disposition affective qui en anime les pages et fait revivre pathétiquement les grandes figures. Il y avait sans doute une autre manière plus rigoureuse, plus analytique et scientifique de traiter ce sujet de l'influence de la philosophie sur la législation ; c'eût été, dans une sorte de dépouillement des écrits des philosophes, de dénombrer les propositions essentielles le plus applicables à la société selon l'ordre religieux, civil ou politique ; de suivre la fortune positive de ces propositions diverses depuis leur mise en circulation jusqu'à leur avénement régulier, depuis leur naissance à l'état d'idées jusqu'à leur terminaison en lois ; d'épier leur entrée plus ou moins incomplète dans les codes, et d'apprécier ceux-ci dans leur raison et leur mesure. Mais cette espèce de travail minutieux et attentif de physiologie sociale, qui consisterait à chercher, même à travers les moindres rameaux, la circulation souvent insaisissable de chaque idée, à démontrer le cours de ce chyle subtil et nutritif jusqu'à son arrivée à un système de vaisseaux évident, à y mesurer la proportion dans laquelle il s'y mêle avec les éléments antérieurs et moins virtuels, ce travail-là, qui serait, en ce qui concerne le xviiie siècle, le sujet de plusieurs beaux mémoires à faire, n'entrait pas dans le dessein de M. Lerminier, qui voulait surtout envisager l'influence générale des idées sur les lois, la communication lumineuse, atmosphérique, à distance, des unes et des autres, et l'ensemble du siècle sur place, avec ses contrastes, ses passions et ses grands hommes. M. Lerminier a donc fait un livre chaud, semé de vérités larges et brillantes, comme sa vocation d'orateur et d'écrivain placé en face de la jeunesse le lui a conseillé. Avant d'être un livre, cet exposé du xviii° siècle a été un cours ; dans sa préface, l'écrivain a très-habilement posé la différence du style à la parole, les sacrifices que l'un exige, auprès des licences heureuses que l'autre se permet. Le mouvement de la phrase et du développement, chez M. Lerminier, reste pourtant oratoire, et il ne faut pas s'en plaindre ; de grandes beautés littéraires, à côté des défauts, ressortent de cette forme presque nécessaire d'éloquence dans laquelle il est si à l'aise.

A propos de cette préface, nous l'aurions en quelques endroits désirée plus simple. En y jugeant lui-même ses précédents ouvrages, M. Lerminier y a été sévère, et il a paru toutefois à beaucoup de lecteurs trop préoccupé d'un soin qu'il vaut mieux laisser aux autres. M. de Chateaubriand, à plus de trente années de distance, réimprimant son *Essai sur les Révolutions* et se jugeant çà et là dans de courtes notes comme entièrement désintéressé dans la question, a pu sembler quelquefois usurper les prérogatives de ce chatouilleux public qui se pique de classer œuvres et gens à sa guise, et de ne pas accepter un jugement tout fait d'un auteur sur lui-même. Or, M. de Chateaubriand avait trente ans de distance entre lui et son *Essai*[1]; qu'est-ce donc lorsqu'il n'y a que six mois d'intervalle? Nous avons regretté aussi qu'en insistant avec raison sur l'importance de l'idée et de la vérité, lorsqu'on écrit, et sur la part très-secondaire qu'il faut laisser aux mobiles personnels, M. Lerminier ait traité si durement ce qu'il appelle l'*éclat futile de la gloriole des lettres*; pour nous, qui croyons, en le lisant, que l'éclat des lettres sert de beaucoup à propager et à illustrer les vérités, nous le trouvons ingrat en ceci, comme Malebranche dans sa colère contre l'imagination. L'un des mérites en effet qui nous ont le plus frappé dans cet ouvrage, le meilleur sans contredit de M. Lerminier, c'est un grand talent littéraire qui s'affermit, s'assouplit et se perfectionne de jour en jour.

M. Lerminier, doué comme il l'est d'une intelligence vaste et progressive, tendant, comme il le fait, à une œuvre d'avenir où un si beau rang l'attend et où il convie en toute occasion avec tant d'ouverture

---

[1]. La pensée première de Chateaubriand, au moment où il écrivait son *Essai sur les Révolutions*, est contenue dans les notes manuscrites du fameux exemplaire confidentiel, qui fit tant de bruit à la vente de la bibliothèque de M. Sainte-Beuve, après sa mort. Ces notes étaient déjà connues en partie par l'ouvrage de M. Sainte-Beuve: *Chateaubriand et son groupe littéraire sous l'empire*; mais elles ont été imprimées, toutes, au complet, dans une édition de l'*Essai sur les Révolutions*, donnée par M. Sainte-Beuve lui-même en tête des œuvres complètes de Chateaubriand (chez MM. Garnier frères).

de cœur ses contemporains amis et les générations plus jeunes dont il est un des maîtres, M. Lerminier qu'alimente sans cesse une forte et courageuse étude, a pourtant à se garder de quelques écarts auxquels ne sont exposés d'ailleurs que les grands talents instinctifs, orateurs ou poëtes, les talents *porte-foudre*, si l'on peut s'exprimer ainsi. Il arrive en effet que dans cet orage naturel qui s'agite au dedans de lui aux heures de paroles ou de composition, il se fait des éclats peu mesurés, qui vont au delà de l'équitable pensée, qui dévient et frappent à faux, qui heurtent en face les scrupuleux et les superstitieux, qui pourraient en aveugler à tort quelques-uns sur un ensemble plein d'utilité et de puissance. Tel est ce mot méprisant sur les lettres qui revient assez fréquemment chez M. Lerminier et qui est excessif pour exprimer la simple préférence accordée aux applications historiques et philosophiques ; ce mot-là outre-passe à coup sûr sa pensée, et nous voyons avec reconnaissance et comme en expiation le nom d'André Chénier cité en dix endroits du même ouvrage. Il y a quelques jours, pour exhorter à l'histoire et détourner des vagues rêveries la jeunesse, il lui échappait, à propos de l'auteur d'*Adolphe*, une sortie sans motif contre la *lâcheté d'O-bermann* que personne ne songeait à proposer en exemple, et il se trouvait ainsi injurieux à son insu, injuste envers un moraliste rigoureux qui cherche à sa manière, dans ses voies obscures, l'utilité et le bien des hommes. Si nous nous permettons de relever chez M. Lerminier ces mots rapides échappés aux hasards d'une plume ardente, c'est qu'ils sont assez rares pour pouvoir aisément disparaître; et c'est qu'au degré d'autorité croissant qu'acquiert l'écrivain, ils tombent de plus haut et sont remarqués davantage.

La première partie de l'ouvrage nouveau contient quatre grands portraits, ou plutôt quatre statues, Montesquieu, Voltaire, Diderot, Rousseau, qui n'ont jamais apparu avec plus de jeunesse divine et de majesté. M. Lerminier, après avoir médité ses sujets en philosophe et en penseur, s'en est emparé en artiste; l'enthousiasme de Diderot a passé dans celui qui le célèbre et qui célèbre les trois autres; ces quatre chapitres sont comme un poëme, en quatre hymnes, qui s'adressent tour à tour à chacun des membres de ce *quaternaire* sacré de la philosophie. A Montesquieu, l'histoire renouvelée; à Voltaire, la propagation du déisme, du bon sens et de la tolérance; à Diderot, le résumé encyclopédique des connaissances humaines; à Jean-Jacques, la restauration du sentiment religieux, des droits de l'homme, tant individuel que social, et le grand principe de la souveraineté démocratique; tels sont les titres généraux, que leur reconnaît M. Lerminier dans ce glorieux inventaire; mais leur vêtement habituel idéalisé, les traits rassemblés de leur physionomie, leur pose, leur allure, se joignent étroitement à l'idée et font revivre, en le rehaussant, le personnage. M. Lerminier a l'art d'exceller en ces sortes de statues qu'il dresse ; l'orateur, on le sent par lui, s'adresse volontiers aux masses comme le statuaire ; la solennité, l'ampleur, le sacrifice des détails, l'exagération poussée au colossal, leur vont à tous deux et sont conformes à leurs fins. Dans cette grande route humaine où il marche, dans cette voie sacrée qu'il affecte, l'orateur, comme un héraut d'armes, salue à droite et à gauche les groupes de marbre sur leur piédestal, il a besoin d'apostropher des statues de demi-dieux ; il fait faire place à l'entour ; il crie *au large* aux hommes *médiocres* qui empêchent de mesurer les grands ; il écrase un peu les uns : pour les autres est l'apothéose ! M. Lerminier n'a pu s'empêcher de faire ainsi, et nous ne lui en voulons pas ; cette perspective, selon laquelle il dispose et il étage ses hommes, perspective qui n'est pas tout à fait la nôtre, est peut-être celle du lointain et de l'avenir. Béranger, le poëte, me disait un jour qu'une fois que les hommes, les grands hommes vivants, étaient faits types et statues (et il m'en citait quelques-uns), il fallait bien se garder de les briser, de les rabaisser pour le plaisir de les trouver plus ressemblants dans le détail ; car, même en ne ressemblant pas exactement à la personne réelle, ces statues consacrées et meilleures deviennent une noble image de plus offerte à l'admiration des hommes. A part Fénelon, qu'il s'est trop complu à saisir au point de vue biographique et caustique de Saint-Simon, M. Lerminier procède dans ce large sens envers les figures qu'il rencontre. Aussi nous ne lui en ferons pas un sujet de reproche, tant qu'il se contente d'augmenter et de rajeunir les immortalités révérées; nous lui passerons même quelques impétueux éloges qui veulent trop prouver sur le côté faible des modèles, comme lorsqu'il dit de Voltaire : « Voltaire pouvait parler de Dieu, car *il l'aimait ardemment.* » Nous lui concéderons son éloquent enthousiasme pour Frédéric, bien que nous doutions un peu qu'à la fin des âges ce nom doive se trouver dans *le plus pur froment des mérites de l'humanité.* Nous ne prendrons pas parti pour les anecdotes de ce pauvre Étienne Dumont, qui, avec tant de circonspection et d'honnêteté, a essayé malencontreusement de remettre à leur place quelques verrues sur le visage presque auguste de Mirabeau. Comme, après un certain laps de temps, la vérité minutieuse et toute réelle est introuvable, comme elle l'est même souvent déjà entre contemporains, il faut ou se condamner à un scepticisme absolu et fatal, ou se résigner à cette grande manière qui nous reproduit bien moins l'individu en lui-même que les idées auxquelles il a contribué, et qu'on personnifie sous son nom. Mais si nous admirons en M. Lerminier ce talent de personnification enflammée et d'apothéose, il nous a semblé dur, sans assez de proportion, contre certaines renommées secondaires qui gênaient le piédestal des hautes statues. Mably a été immolé sans pitié aux pieds de Rousseau; l'auteur l'a chargé, comme un bouc émissaire, de tout ce qu'il y avait eu de mauvaises idées spartiates et crétoises à la Convention, en réservant à Jean-Jacques toute l'influence salutaire et rien que la salutaire : « Mably a été plus qu'inutile ; il a été dangereux. » D'Holbach surtout se trouve outrageusement anéanti, pour que Diderot apparaisse plus pur, plus serein et plus dominant. Je sais que c'est une défense peu avantageuse à prendre que celle du *Système de la nature* et de cette faction d'holbachienne ; mais je ne veux soutenir d'Holbach ici que comme un homme d'esprit, éclairé quoique amateur, sachant beaucoup de faits de la science physique d'alors, n'ayant pas si mal lu Hobbes et Spinosa, maltraité de Voltaire, qui le trouvait un fort lourd écrivain et un fort ennuyeux métaphysicien, mais estimé de d'Alembert, de Diderot, et dont l'influence fut grande sur Condorcet et M. de Tracy. Les *extravagances* de d'Holbach se rapprochent beaucoup des *extravagances* qui fourmillent dans la tête et les écrits de ces autres philosophes si indulgemment acceptés. L'*Examen critique des Apologistes du Christianisme*, la *Lettre de Thrasybule*, ces livres clandestins que M. Lerminier ne juge pas indignes de Fréret, appartiennent plus probablement à la fabrique de d'Holbach. Condillac, qui n'eut guère qu'une réputation posthume et que M. Lerminier, par de généreux motifs de réparation, surfait un peu selon nous, a été souvent invoqué par des métaphysiciens plus forts que lui et qui se disaient en toute occasion ses disciples, tandis qu'ils l'étaient peut-être plus réellement de d'Holbach. C'est que d'Holbach avait une exécrable réputation d'athéisme, tandis que Condillac, abbé, n'ayant jamais écrit contre l'âme ni contre Dieu, était un maître ostensible plus avouable, en même temps que doué de mérites suffisants. D'après ce procédé trop absolu qu'il suit de sacrifier le moyen au grand, M. Lerminier a dit en parlant de madame Roland : « Cette femme de génie *assujettie à un homme médiocre.* » Or, M. Roland, sans être un homme de génie, était un esprit rare et un plus rare caractère. Ses écrits nombreux sur les matières économiques, son *Voyage en Italie*, attestent beaucoup de justesse, de finesse et de connaissances ; ses descriptions de machines dans l'Encyclopédie méthodique surpassent, assure-t-on, en précision élégante celles de Diderot. Enfin, l'on sait par quel héroïque suicide M. Roland a fini, comme Valazé, comme Condorcet : est-ce donc de ce seul mot rapetissant qu'il convenait de payer sa digne mémoire ?

Oh ! que j'aime mieux cet intérêt nuancé de charme, cette sobriété ingénieuse et fine, cette parcimonie mordante, avec lesquelles M. Lerminier effleure tour à tour en passant le mélancolique Boulanger, le jeune Vauvenargues [1], le vieux Fontenelle et d'Alembert le

---

1. Vauvenargues pourtant mourut à trente-deux ans, et non à vingt-cinq.

circonspect provocateur! Le chapitre sur Turgot est un chef-d'œuvre de sage et neuve appréciation, plein et mesuré, éloquent et simple.

M. Lerminier, en suivant, dans ses conquêtes multipliées et sur tous les points, l'esprit du XVIIIe siècle, le trouve triomphant et invincible. « Quels sont ses « adversaires? se demande-t-il : des gens couverts « d'un ridicule indélébile ou d'une obscurité plus fu- « neste encore à la cause qu'ils défendirent. Avez-vous « lu Martin Fréron, Nonotte et Patouillet? A peine le « nom de Bergier surnage-t-il parmi ceux des apolo- « gistes de l'Église. D'où vient donc cette incurable « médiocrité? Quoi! pas un homme!... » Et en continuant sa recherche, l'écrivain ne découvre dans l'opposition de ce siècle que Gilbert qui puisse compter. Quoique cet examen fût un peu étranger au sujet de son livre, quoique les idées des partis vaincus n'aient guère d'influence sur les lois, j'aurais désiré que M. Lerminier étudiât de plus près cette opposition dans laquelle Nonotte ou Fréron, ou l'abbé Guénée, lui auraient offert peut-être des pages dignes de considération. Je suis certain que, si la réputation si obscure et enveloppée du *Philosophe inconnu* n'avait défavorablement prévenu M. Lerminier contre cet auteur profond, il aurait mentionné avec quelque détail le mystique précurseur et, je crois même, inspirateur de De Maistre.

Vers la fin du volume, M. Lerminier jette des vues élevées sur la religion, la science et la liberté dans l'avenir. Un excellent chapitre sur le rapport des idées et des mœurs démontre que, s'il est des époques dans la vie du monde où les mœurs précèdent les idées, il en est d'autres où, au milieu de la prostration des anciennes mœurs, l'initiative est aux idées pour réformer et retremper les nations. Nous sommes évidemment à une époque semblable ; ce que le XVIIIe siècle a fait en destruction et en tentative à demi-efficace, nous avons à le reprendre et à l'organiser.

Si nous nous sommes permis des critiques de détail sur quelques points du livre de M. Lerminier, c'est que ce livre nous ayant paru le meilleur, le plus ferme et le mieux exprimé de ceux qu'il a produits jusqu'ici, nous avons cru le moment propice à quelques conseils que notre admiration pour la rare faculté de l'auteur et notre confiance en son avenir feront peut-être agréer de lui, mais que du moins il nous pardonnera. En terminant dignement toute la première partie de l'œuvre de l'auteur, la partie d'essai, de revue critique, d'introduction et de prolégomènes, l'ouvrage présent donne de belles assurances pour le développement qui doit suivre. L'*Histoire du Pouvoir législatif*, que plusieurs années vont édifier, unira, nous l'espérons, à cette ardeur morale qui est la vie des écrits, et dont M. Lerminier possède un foyer fécond, à cette science croissante et comparée qu'il amasse, une cohérence de composition de plus en plus étroite, et quelque chose aussi d'une maturité corrective et atténuante.

8 août 1833.

HENRI HEINE

DE LA FRANCE.

Sous la Restauration, on se figurait beaucoup trop l'Allemagne littéraire et poétique soumise sans contestation aux pieds de Goethe, l'Allemagne philosophique obéissant de plein gré aux formules de Kant ou de Hégel, l'Allemagne politique sans velléité ni chance de se déclarer. La pensée d'outre-Rhin, qui nous avait d'abord été révélée et préconisée par madame de Staël, continuait d'être interprétée chez nous par des disciples et des héritiers de cette femme célèbre. Les diverses additions qui s'étaient faites à la première connaissance si vague et si lyrique, les détails plus précis, les analyses et les anecdotes se rapportaient naturellement au même point de vue. *Le Globe* et la *Revue Française* achevaient de nous faire comprendre cette Allemagne que madame de Staël avait ébauchée avec feu et génie ; le tableau se déroulait et s'éclaircissait, mais on n'en voyait pas commencer un autre derrière. L'écrivain allemand, qui résidait presque officiellement chez nous durant la Restauration (car à toutes les époques nous avons eu en France un écrivain allemand qui a résidé), M. le baron d'Eckstein, homme de grand savoir et d'une véritable étendue d'esprit, tenait tout à fait par ses études et ses liaisons au parti des Stolberg, des Frédéric Schlegel, des artistes et philosophes catholiques de son pays. Ses travaux substantiels, nourris d'idées et de faits, jetaient bien quelque confusion utile à travers les descriptions plus simples et moins approfondies de nos purs admirateurs de Schiller et de Goethe. Mais M. d'Eckstein n'accordait aucune place ni aucune valeur aux tentatives nouvelles de révolte, d'ironie, d'irrévérence et de liberté fougueuse qui éclataient déjà dans l'art, en attendant qu'elles se fissent jour en politique. Les hommes qui, en Allemagne, attaquèrent d'abord dans les Schlegel le mysticisme des théories sur le moyen âge, et dans Goethe l'impartialité égoïste et suprême de l'art, ces hommes sont en partie les mêmes qui essaient de populariser maintenant les idées pratiques de liberté, et d'amener leurs compatriotes à la vie publique. Ils ont été des détracteurs et des destructeurs littéraires avant d'être des novateurs politiques : témoins M. Menzel et M. Heine. Ce dernier, dans l'ouvrage qu'on vient de publier, et qui est l'extrait d'une Correspondance écrite par lui pendant ces deux dernières années, laisse percer à chaque page ce caractère originel du satirique et du poëte.

M. Heine n'était pas connu chez nous avant la révolution de juillet, et aujourd'hui il est tout à fait naturalisé ; il est des nôtres autant que le spirituel Grimm l'a jamais été. Sous la Restauration, on lui en aurait voulu de venir se montrer et nous dire ses railleries sur les dieux que de loin nous vénérions : il eût été un vrai trouble-fête ; on l'eût tancé, on l'eût fait taire, on l'eût appelé *voltairien,* on l'eût proclamé mesquin et arriéré : bien lui a pris de venir un peu plus tard.

Aujourd'hui on n'est plus si *collet monté,* en fait d'opinions dogmatiques, qu'on l'était dans le monde éclairé et bel esprit de 1826 à 1830. Le *cant* doctrinaire qui menaçait d'envelopper une portion de la jeunesse ; qui faisait fi de tout ce qui sortait du diapason magistral, de tout ce qui était vif, pétulant, spontané, passionné, poétique, et, comme on disait, *jacobin ;* le *cant* doctrinaire, si opposé au génie net, actif, entreprenant et accommodant de la France, a cessé de peser sur la société ; ce que les hommes de ce bord ont gagné en pouvoir matériel et temporaire, ils l'ont à jamais perdu en autorité morale. Il est permis, à l'heure qu'il est, de dire son avis sur tout, franchement, vertement, d'inscrire ses restrictions incisives au piédestal de certaines idoles, de siffler des vers fescennins autour de chaque petit ou grand triomphateur ; cela est permis sans soulever contre soi dans la haute compagnie intellectuelle des amas de scandale et d'anathèmes. Il n'y a plus de haute compagnie intellectuelle ; je ne nie pas qu'il ne résulte de cette dispersion quelques désavantages. Mais, dans l'ordre de l'esprit, chacun en France est chez soi ; des choses et des oracles d'en deçà et d'au delà du Rhin, on peut parler haut, à son aise ; qu'on parle bien, avec verve et mordant, avec vivacité toujours, avec équité s'il se peut, on est écouté ; sans être cru sur parole, on est pris en considération. Encore une fois, l'arène est ouverte, les barrières sont tombées ; nos régents, pêle-mêle, culbutés les uns sur les autres, se noient dans la foule de l'amphithéâtre ; la vérité de plus belle est au libre concours ; elle ressortira large et forte de cette confusion ; voilà un avantage qui compense, selon nous, plus que la perte.

M. Heine a donc à merveille choisi son moment pour nous parler à nous de l'Allemagne, et pour parler à l'Allemagne de nous. Homme de guerre, d'escarmouche rapide, archer fuyant et un peu cruel, il s'est jeté parmi nous, sur notre rive du Rhin, et de là, il nous a montré comment il savait décocher l'ironie et frapper au cœur des siens quand les siens n'étaient pas des nôtres. Chaque flèche qu'il décochait de la sorte portait en même temps un message à notre louange ; nous devons aimer en lui un de nos alliés les plus compromis et les plus fervents. Il a profondément la haine de l'aristocratie, comme on l'aurait en France si l'aristocratie y était et y pouvait redevenir quelque chose; il a la haine du christianisme comme on ne l'aurait même pas chez nous si le jésuitisme avait régné et tracassé plus longtemps; sur ce point, M. Heine est beaucoup plus railleur qu'il ne convient à notre indifférence acquise ou à notre religiosité renaissante. S'il n'a rien de la morgue, de la pesanteur universitaire ou aulique, on lui voudrait un fond d'enthousiasme plus fécond ; sa fantaisie brillante paraît quelquefois bien leste à ces Français jadis réputés frivoles. S'il nous juge un peuple malin et dénigrant plutôt qu'admiratif, il se trompe; nulle part on ne croit à la gloire comme chez nous. Ainsi, dans les excellents articles qu'il a publiés sur la littérature allemande, le ton a pu choquer les personnes les mieux disposées à ces points de vue nouveaux. Notre juste et droit sens a, en outre, quelque peine à le suivre dans sa logique brisée, saccadée, qu'interceptent à chaque pas les fusées de la métaphore. Pour tout dire, M. Heine sera davantage encore à notre niveau de Français quand il aura un peu moins d'esprit.

C'est qu'en France, ce don héréditaire de l'esprit qui fait notre renom à l'étranger, et que nulle vicissitude n'éteindra, s'est modifié pourtant au sein des choses plus graves, et ne se joue plus avec la même pétulance. C'est qu'aussi l'esprit de M. Heine est plutôt celui d'un poëte que celui de tout le monde ; il n'a pas seulement de ces traits inattendus, saisissants, courts, de ces rapports neufs et piquants qu'un mot exprime et enfonce dans la mémoire ; il a, à un haut degré, l'imagination de l'esprit, le don des comparaisons singulières, frappantes, mais prolongées, mille gerbes, à tout instant, de réminiscences colorées, d'analogies brillantes et de symboles. Or, pour un poëte qui écrit en prose, qui surtout doit être lu en prose française, la plus difficultueuse de toutes les proses, il y a beaucoup de précautions nécessaires pour faire passer, comme en contrebande, cette magie et ces richesses. Montaigne, qui fourmille d'images spirituelles à chaque phrase, a soin de rendre son trait aussi court que possible. Béranger, dans la préface de ses dernières chansons, a montré à merveille comment on pouvait condenser le plus de comparaisons et d'images poétiques, sans cesser un seul instant d'être limpide, facile et logique. M. Heine, dans sa fertile et magique exubérance, a des allures bien moins françaises ; sa pensée, au lieu de traverser un peu vite, en s'en colorant, les jets irrésistibles qui naissent à chaque pas, se laisse prendre à cette efflorescence, et s'égare comme à plaisir, et monte dans l'air sur chaque fusée ; elle a peine ensuite à reprendre le fil du chemin, ou du moins on a peine à le reprendre avec elle. Tout ceci, en nous prouvant combien, au milieu de ses qualités françaises, M. Heine est au fond poëte et poëte de son pays, nous donne un vif regret de ne pouvoir l'apprécier dignement par ce côté. Il faudrait, pour prétendre à le juger, parler autrement que par ouï-dire de ses *Chansons*, de ses *Impressions de voyage;* les morceaux humoristiques que nous a fait connaître M. Loève-Veimars annoncent une nature mobile, impressive, mordante, se piquant d'être légère, d'une ironie souvent factice, d'un enthousiasme parfois réel, quelque chose de M. de Stendhal, mais avec plus de pittoresque, et, malgré tout, de spiritualisme.

Le livre de M. Heine, qu'on vient de publier, traite des événements politiques de la France depuis la fin de 1831 jusqu'à la fin de 1832. C'est une récréante et instructive lecture, que de relire ainsi l'histoire d'une année précédente dans un journal rédigé par un étranger ami, spirituel, acéré, attentif à mille détails qui nous auront échappé, et qui, exagérés ou non, nous servent à préciser notre jugement. Si, comme il arrive à tout journal, M. Heine pousse trop à l'effet de chaque jour; s'il voit tel petit flot voisin plus gros et plus menaçant qu'il ne l'était en réalité; si en un mot l'harmonie du temps et de l'histoire n'a point encore passé sur ces impressions successives et parfois discordantes, que de vérités en revanche, que d'observations fines et bien saisies il sème chemin faisant ! Quand il parle des hommes surtout, on reconnaît le poëte, soit que sa fantaisie, enthousiaste au fond et capable d'ébranlement, le fascine, et qu'il les peigne grandioses ; soit que sa malice satirique les prenne sur le fait et nous offre leur masque en grotesques silhouettes. M. Heine était singulièrement préoccupé de cette figure maladive et moribonde de Casimir Perier, de cette frénésie d'un homme dévoué (*sacer*) qui, pour rendre à l'État le règne de la paix et d'Astrée, semblait avoir amassé sur sa tête la colère des dieux infernaux. Il l'avait vu dans les luttes convulsives de tribune; sa corde poétique avait vibré, et il s'exagère cet homme, comme cela était tout simple sous l'impression du moment. Il le compare au géant Atlas; un peu après, il le compare à George Canning, avec lequel Perier n'eut jamais de commun que la taille peut-être et un faux air de visage; mais comme caractère, comme lumières, comme culture d'esprit, il est difficile de trouver un plus entier contraste. Non, M. Casimir Perier n'était rien moins qu'un *grand homme*. Mais un jour, après la révolution de juillet, les portes de l'ordre social étant ébranlées, à ce que croyait la bourgeoisie, il s'agit de tenir bon et de se mettre en travers, en attendant qu'on eût refait à loisir des verrous neufs. Or, les bras fourrés des doctrinaires ne sont guère solides quand il s'agit de résister à une attaque de fait; la pensée immuable ne jugeait pas qu'il fût l'heure encore de se mettre en personne sur la brèche. Il fallait donc un homme qui voulût pendant quelque temps faire le métier de verrou. La force physique des maniaques est plus grande, comme on sait, que celle des gens sensés et prudents. On mit la main, par bonheur, sur un maniaque énergique; on le poussa, il fit son office, et lorsqu'à la fin il cassa sous l'effort, le danger était passé.

Si M. Heine a trop accordé à M. Perier sur la foi de sa physionomie douloureuse, il a parfaitement compris et rendu cet autre ministre de camarilla qu'il définit « un jeune homme bien bâti, un bel écolier vu au « travers d'un verre grossissant. » Il a dit de M. Girod (de l'Ain) : « C'est un homme ramassé, qui a l'air d'un « Brunswickois vendant des têtes de pipes dans les « foires, ou bien encore d'un ami de la maison qui ap- « porte des croquignoles aux enfants et caresse les « chiens. » Le côté pittoresque et d'émotion est celui que préfère M. Heine dans cette revue politique qu'il écrit d'entraînement; mais si l'on cherche en vain dans ses pages un système politique suivi, l'impression patriotique française, l'impression populaire n'y fait jamais faute.

Le volume se termine par un examen critique du Salon de 1831 ; c'est là encore que se trahit plus sensiblement le poëte. Il parle de nos peintres en homme qui a manié, sinon le pinceau, du moins la clef de l'art, et qui a pénétré par une autre porte dans le même sanctuaire. A propos de *la Ronde de nuit à Constantinople*, de Decamps, on avait reproché au peintre d'avoir forcé et chargé la nature. « En fait d'art, dit « excellemment M. Heine, je suis *surnaturaliste*. Je « crois que l'artiste ne peut trouver dans la nature tous « ses types, mais que les plus remarquables lui sont « révélés dans son âme comme la symbolique innée

« d'idées, et au même instant. » Et il ajoute avec justesse que Decamps a le droit de répondre au critique qu'il a été, en peignant, fidèle à la vérité fantastique, à l'intention d'un rêve, à la vision nocturne de ces figures sombres courant sur un fond clair. La même question se reproduit à l'occasion des *Moissonneurs* de Robert : ici ce n'est pas la vision fantastique et un peu fabuleuse qui empiète sur la nature, c'est l'idéal qui épure et ennoblit celle-ci : « Quelques têtes, dit M.
« Heine, semblent être des portraits ; mais le peintre
« n'a point copié la nature avec le scrupule de beau-
« coup de ses confrères, ni rendu les traits avec une
« minutie diplomatique. Ainsi que me le faisait re-
« marquer un ami, homme d'esprit, Robert a recueilli
« d'abord en lui les figures que lui offrait la nature,
« et de même que les âmes ne perdent pas dans les
« feux du purgatoire leur individualité, mais seulement
« les souillures de la terre, avant de s'élever au séjour
« des heureux, ainsi ces figures ont été purifiées dans
« les flammes brûlantes du génie de l'artiste, pour
« entrer radieuses dans le ciel de l'art, où règnent
« encore la vie éternelle et l'éternelle beauté, où Vé-
« nus et Marie ne perdent jamais leurs adorateurs, où
« Roméo et Juliette ne meurent jamais, où Hélène reste
« toujours jeune, où Hécube au moins ne vieillit plus
« davantage. » Voilà de la critique certainement éloquente, et je crois, très-judicieuse. Souvent, le soir, regardant quelque coin de ciel, des toits lointains, çà

et là un rare feuillage, je me suis dit qu'un tableau qui retracerait exactement cette vue si simple serait divin ; puis j'ai compris que cette fidélité entière était impossible à saisir directement ; que mon émotion résultait du tableau en lui-même et de ma disposition sentimentale à le réfléchir ; que, de l'observation directe de l'objet, et aussi de la réflexion modifiée de cet objet au sein du miroir intérieur, l'art devait tirer une troisième image *créée* qui n'était tout à fait ni la copie de la nature, ni la traduction aux yeux de l'impression insaisissable, mais qui avait d'autant plus de prix et de vérité, qu'elle participait davantage de l'une et de l'autre [1].

[1]. Nous détachons, du prochain recueil de la Correspondance de M. Sainte-Beuve, la lettre suivante qui nous a été communiquée par M. Ch. Berthoud, traducteur de Henri Heine. Nous n'avons point retrouvé, dans la *Revue des Deux-Mondes*, l'article sur les *Reisebilder* dont il est question dans cette lettre, mais il se peut bien (à moins que nous n'ayons mal cherché) que M. Sainte-Beuve ait confondu, dans ses propres souvenirs, avec cet article du *National* qu'on vient de lire. Quoiqu'il en soit, nous avons ici un dernier mot de lui sur Henri Heine.

A M. Ch. Berthoud, à Neuchâtel (Suisse).

« Ce 6 janvier 1867.

« Monsieur,

« J'ai reçu les deux volumes de la Correspondance de Heine et je les ai aussitôt parcourus avec plaisir. Ils me sont parvenus dans un moment, d'ailleurs, où ce genre de lecture facile et variée est tout ce que je puis supporter, étant encore fort souffrant d'une indisposition assez grave. J'ai connu autrefois Henri Heine ; il me faisait beaucoup d'amitiés à la rencontre : il m'est même arrivé de parler, il y a bien longtemps, de ses *Reisebilder* dans la *Revue des Deux-Mondes*. Il me disait que, comme poëte, je ressemblais un peu au poëte allemand Hœlty *. Depuis, nos relations qui n'avaient jamais été que fortuites se sont relâchées ; il est tombé malade et n'est plus sorti de la chambre. Je crois bien n'avoir pas échappé à quelques-unes des épigrammes qu'il distribuait à la *Gazette d'Augsbourg,* aux dépens de ses connaissances de Paris. Il y a bien à dire sur ce côté peu sûr de son caractère. Mais c'était un charmant, parfois divin et souvent diabolique esprit. Il est fort à la mode en ce moment chez nous. Lui et Musset sont poussés très-haut. Nous vous devrons de le mieux connaître.

« Agréez, monsieur, l'assurance de mes sentiments les plus distingués et obligés,

« Sainte-Beuve. »

* « Ce Joseph Delorme de l'école poétique de Gœttingue (voir Henri Heine, *De l'Allemagne,* I) mourut jeune, mais non pas par le suicide, comme le pseudonyme français de M. Sainte-Beuve. La pensée de la mort, très-habituelle chez Hœlty, comme chez le poëte français avec lequel il a, d'ailleurs, assez peu d'analogie, est sans doute ce qui avait donné à Heine l'idée de ce rapprochement curieux. » (Note de M. Ch. Berthoud.)

15 septembre 1833.

ACHILLE DU CLÉSIEUX

L'AME ET LA SOLITUDE.

Nous annoncions tout récemment les vers de M. Turquety[1], poëte breton et catholique ; voici un autre poëte de la même contrée et de la même foi qui prend son rang aujourd'hui. M. du Clésieux, pour ceux même qui ne connaîtraient de lui que son volume, est évidemment une de ces âmes rares, mais non pas introuvables en nos temps, un de ces jeunes hommes qui, de bonne heure, ont cherché le port dans l'antique croyance. C'est un spectacle assurément mémorable, au milieu de tant de scepticisme et de tant d'écarts dont on est entouré, que de voir comme l'élite de ces vierges et vertueux esprits ne diminue pas, comment

---

[1]. Dans la *Revue des Deux-Mondes*, où l'on trouve en effet, dans la chronique du précédent numéro, p. 594, un article non signé sur ce poëte.

elle se recrute et se perpétue, conservant, pour ainsi dire, dans toute sa pureté, le trésor moral. Quelles que soient les formes sous lesquelles doive se reconstituer (nous l'espérons) l'esprit religieux et chrétien dans la société, cette vertu avancée de quelques jeunes cœurs, cette foi et cette modestie, tenues en réserve, aideront puissamment au jour de l'effusion. M. du Clésieux, nous dit-on, après de bonnes études, et quelques années passées à Paris dans sa première jeunesse, s'est bientôt retiré, et comme enfui dans sa Bretagne; les plaisirs l'avaient effleuré un moment, et il s'y dérobait avec une sorte d'effroi. Dans un domaine rural, voisin de la mer, six pleines années se sont écoulées pour lui à méditer, à prier, à se guérir et à s'affermir. Et l'amour de l'humanité! nous crieront nos maîtres intellectuels; et le service que tout homme doit aux autres! et la part que réclame de chacun l'action commune! En réponse à ces excellentes exigences, nous n'avons rien à opposer sinon que M. du Clésieux, nous a-t-on dit encore, n'a pas employé ces six années de retraite, dont nous parlons, à de pures extases de cœur, à de simples élévations d'intelligence; il a fait le bien, et a beaucoup amélioré les hommes autour de lui; combien d'agitations bruyantes sont moins effectives! Au milieu de ces œuvres pratiques et dans les intervalles solitaires, sa pensée a quelquefois cherché, par instinct, la mélodie. La lecture de M. de Lamartine était toute son étude d'art; c'est aussi dans cette forme libre et facile que se sont modulés ses premiers chants. Le volume que nous avons sous les yeux laisse certainement à désirer pour l'art, pour la composition et l'expression ; souvent, quand il parle du *Jour des Morts*, quand il nous peint sa paisible et assise existence sous le toit qui est à lui, quand, dans le silence de son vallon, il entend et nous raconte *la voix de son cœur*, en ces endroits, tout en étant lui-même, le poëte nous rappelle un peu trop le maître harmonieux dont l'inspiration l'a éveillé. Mais le mouvement intérieur n'est jamais emprunté, même quand les mots le sont ; ce que disent ces lèvres pieuses, sort toujours d'une poitrine oppressée. Je ne sais quel souffle vif et quelle fraîcheur qui s'exhale nous décèle, là auprès, une source naturellement courante. Les dernières pièces du volume, qui sont d'une date plus récente, ont aussi plus de vigueur et de fermeté. Celle qui a pour titre, *A mon Père*, est d'une belle haleine et d'une sensibilité pénétrante. Celle à M. Victor Hugo offre du vague et un ton mystiquement exagéré dans la partie des reproches ; la fin a de l'onction et de la beauté. L'ode à M. de La Mennais est pleine d'essor ; mais nous trouvons, et nous osons croire que l'illustre prêtre trouvera comme nous qu'elle est trop prise du côté de la gloire humaine : il ne fallait pas clore une pièce à M. de La Mennais par des *fleurons*. Dans *la Vocation du poëte*, le voile de la pensée ne se lève nulle part nettement. En abordant, comme il le fait dans ses derniers morceaux, une poésie plus soutenue et plus figurée, M. du Clésieux aura à se garder de perdre la clarté simple de ses premiers essais. Quoi qu'il en soit de nos critiques sincères, ce volume, qui vient de l'âme, et qui est une douce émanation, charmera les lecteurs dispersés de la même famille; les lecteurs plus artistes et plus difficiles y verront au moins les promesses d'un poëte.

1ᵉʳ mai 1834.

L. AIMÉ MARTIN

DE L'ÉDUCATION DES MÈRES DE FAMILLE, OU DE LA CIVILISATION
DU GENRE HUMAIN PAR LES FEMMES.

Depuis quelques années, l'attention des philosophes et de tous ceux qui s'occupent sérieusement du problème social s'est tournée sur la condition de la femme, sur les changements de destinée auxquels elle était appelée, sur la fonction importante qu'elle aurait à remplir dans un ordre où l'on suppose que devront prévaloir l'égalité et la raison. Fénelon, qui fut un si hardi novateur sous des formes si insinuantes et si adoucies, avait donné le premier d'admirables conseils dont l'excellence n'a pas été surpassée; la femme, telle qu'il l'élève et qu'il la forme, serait encore le plus achevé modèle et comme le trésor de la famille chrétienne. Après lui on n'a parlé différemment qu'en sortant plus ou moins du christianisme. Jean-Jacques, venu dans un siècle et dans un monde énervé et de mœurs factices, s'est épris, par contre-coup de génie, du culte de la *nature*; il s'est créé sous ce nom un idéal romanesque qu'il a constamment opposé aux raffinements de la société d'alors. Il l'a fait surtout avec une éloquence entraînante en ce qui concernait le rôle maternel des femmes. Elles répondirent par un cri d'enthousiasme, et cette impulsion sentimentale, due à *la Nouvelle Héloïse* et à l'*Émile*, s'est longtemps prolongée. De nos jours pourtant on a compris que, de même que toute saine politique n'est pas dans un état de nature antérieur, toute la destination sociale des femmes ne se découvre pas dans une vague idéalisation de ce mot *nature*. Le saint-simonisme, sous ce rapport, a eu l'immense mérite de soulever et de poser avec audace les vraies questions, celles qui ressortent de l'examen réel de la société d'à présent, et bien que ses solutions aient été hasardées et mystiques parfois jusqu'à la folie, il a déchiré le voile d'une fausse pudeur et a montré au christianisme attiédi ce qu'on oubliait trop et ce qu'il fallait guérir. — M. Aimé Martin, écrivain élégant et philosophe de l'école de Bernardin de Saint-Pierre et de Jean-Jacques, aborde aujourd'hui le même sujet ; et, tout en restant fidèle aux traditions de ses maîtres, il les ravive par une analyse nouvelle et par la connaissance des travaux essayés depuis eux. Son livre repose sur cette vue très-juste que dans le relâchement actuel de tous les liens et de toutes les disciplines, l'affection de la femme, de la mère, est ce qui reste de plus puissant sur les jeunes âmes et de plus tendrement respecté. C'est donc autour de cette affection inspiratrice qu'il veut faire participer à une éducation commune les jeunes âmes de la famille. Mais qu'apprendra ainsi la mère aux enfants? Quelles seront avant tout la science et l'éducation de la mère? L'auteur est ainsi amené à développer ses idées et ses réflexions sur l'âme, sur l'intelligence, sur les vérités senties et les vérités démontrables, sur la certitude. Il différencie radicalement les facultés de ce qu'il appelle l'*intelligence* d'avec les facultés de l'*âme;* il fait de la première la science purement terrestre, le résultat élaboré des organes; il fait de la seconde une émanation de Dieu et un pur esprit; et c'est en s'attachant aux facultés de cette partie immatérielle qu'il pense arriver avec évidence aux vérités sublimes et naturelles qui doivent diriger toute une vie. S'il en était ainsi, si ce principe de certitude et cette méthode pour arriver à la vérité demeuraient infaillibles, on sent que l'éducation de la mère de famille deviendrait facile, et que ce qu'elle aurait à enseigner à ses enfants serait également trouvé. Mais cette philosophie de M. Aimé Martin, dans les détails de laquelle nous voudrions plus longuement entrer, est, comme toutes les philosophies individuelles qui se croient évidentes, des plus sujettes à contestation. Au milieu de distinctions fines et de bien nobles sentiments de spiritualisme que nous y reconnaissons, il nous est impossible, pour notre compte, d'en admettre le procédé, ni beaucoup des résultats. Nous portons, par exemple, un jugement tout autre que le sien sur le christianisme catholique, sur ses grandes institutions, ses sacrements et ses mystères, sur la sainteté des vierges, sur le célibat des prêtres. Nous croyons qu'il y a dans la nature un reste de mal qu'il faut attaquer par le sacrifice, et contre lequel la nature elle-même est infirme sans une sorte de grâce. — Et puis, quand on aurait trouvé théoriquement quelle devrait être l'éducation des mères de famille, ne faudrait-il pas que cette éducation pût matériellement s'adresser à toutes? Dès lors voilà la question du grand nombre et des pauvres qui revient, question plus terrible et plus funeste encore dans la destinée de la femme que dans celle de l'homme. Tels sont les doutes qu'a fait naître en notre esprit la lecture de l'estimable ouvrage de M. Aimé Martin. Qu'il ne s'effraye pas de ces critiques sincères. Il a abordé une tâche difficile que le temps seul et les efforts successifs peuvent mener à fin. Il y a semé des aperçus justes, des observations élevées; il a animé un sujet grave de mouvements honnêtes et généreux; son style et sa parole sont restés fidèles à l'harmonie de ses maîtres. Il y a du mérite à tout cela.

1ᵉʳ décembre 1834.

REVUE
LITTÉRAIRE ET PHILOSOPHIQUE [1]

Sous le titre de *Précis de l'histoire de la Philosophie*, MM. de Salinis et de Scorbiac, directeurs du collége de Juilly, viennent de publier un manuel fort plein de science et de faits, non-seulement à l'usage de leur établissement, mais encore à celui du grand nombre des enseignements philosophiques dans les colléges, et même d'une utilité applicable à tous les lecteurs amis de cette haute faculté de l'esprit humain. Le point de départ adopté dans l'ouvrage est la révélation, et l'auteur ou les auteurs n'affectent pas de se placer dans cette position philosophique indifférente, qui n'est pas pour cela une véritable impartialité. Mais en même temps, les analyses et les exposés qu'ils font des doctrines diverses ne sont pas moins d'une grande exactitude et d'une parfaite équité. Quatre périodes historiques y sont plus

[1]. Publiée dans la *Revue des Deux-Mondes*.

particulièrement traitées : 1° La période de la philosophie orientale, dans laquelle les spéculations de la philosophie brahminique et chinoise sont exposées par une plume très au courant des plus récentes connaissances; 2° la période de philosophie grecque, fort complète aussi, et embrassée avec une sérieuse intelligence des grands systèmes; 3° la période chrétienne qui comprend les Pères des cinq premiers siècles; 4° le moyen âge dans ses philosophes contemplatifs ou scolastiques. Ces deux dernières périodes, le moyen âge et les cinq premiers siècles, ordinairement effleurés à peine dans les précis de l'histoire de la philosophie, sont ici traités avec un développement et une lucidité qui annoncent chez le rédacteur de ce manuel un des hommes les plus familièrement versés en ces sources profondes. Les temps modernes, qui forment la cinquième et dernière période, à partir de Bacon et Descartes, et qui constituent pour un grand nombre d'enseignements le principal de l'histoire de la philosophie, n'obtiennent pas ici tout le développement qui conviendrait peut-être; mais c'est la partie la plus abordable, celle à laquelle les discussions habituelles du dehors initieront assez tôt les jeunes esprits, et il était plus utile de leur faire apprécier tous ces immenses travaux précédents qu'on a trop de hâte d'oublier dans la plupart des débats modernes. Le style de l'ouvrage est d'une belle clarté et d'une rigueur philosophique qui rappelle en certaines pages d'exposition l'auteur de la *Controverse chrétienne;* et il nous a semblé que celui-ci, ami des éditeurs, pourrait bien ne pas être étranger en effet à la rédaction d'un livre modeste, et dont pourtant toute plume s'honorerait.

MM. Grégoire et Collombet continuent avec persévérance et zèle leurs publications et traductions des Pères de l'Église des cinq premiers siècles. Après Salvien, que nous avons dans le temps annoncé à nos lecteurs, voici cette fois *saint Vincent de Lérins* et *saint Eucher de Lyon*. Le *Commonitoire* de saint Vincent de Lérins est un des livres les plus cités et les plus considérables de cette époque chrétienne, et dans lequel les points importants de dogme et de doctrine sont le mieux éclaircis. L'unité dans l'Église et une sorte de progrès au sein de cette unité y sont admirablement posés. En général, toute cette école de Lérins cherchait à concilier le plus d'intelligence et de liberté avec la grâce et la foi : Vincent de Lérins en est un des plus éloquents organes. Quant à Eucher, ses lettres ou traités sur la *Louange du Désert* et sur le *Mépris du Monde* forment d'aimables et pieux conseils, qui caractérisent à merveille la situation des âmes à cette époque, et ce mélange d'élégance littéraire, un peu païenne, avec une morale austère. La traduction de MM. Grégoire et Collombet reproduit bien le modèle, et, placée en regard du texte, elle aide souvent en même temps qu'elle invite à y recourir. Des biographies, des notes, des rapprochements et éclaircissements accompagnent les traités et complètent la perspective historique de ce temps-là. MM. Grégoire et Collombet nous promettent pour leur prochaine traduction saint Sidoine Apollinaire, avec le texte en regard ; nous ne saurions trop encourager ces travaux de conscience et d'étude pieuse, qui font circuler dans un plus grand nombre de mains des trésors que les érudits connaissent et que toutes les personnes instruites devraient posséder.

Le docteur Léon Simon vient de donner une traduction fort soignée du grand ouvrage de Dugald Stewart, *Philosophie des facultés actives et morales de l'homme*. Le célèbre auteur écossais, dans cet écrit qui présente l'ensemble complet de ses observations et de sa doctrine philosophique morale, développe ce qu'il n'avait fait qu'indiquer sommairement pour ses élèves dans ses *Esquisses de philosophie morale*, que M. Jouffroy a si éloquemment introduites et naturalisées parmi nous. Dans son premier grand ouvrage sur la *Philosophie de l'esprit humain*, Dugald Stewart envisageait principalement l'homme comme être intelligent, et s'attachait à analyser surtout cette partie de notre nature qu'on appelle entendement, marchant sur les traces de Reid et redressant Locke. Mais ici, le philosophe, par une psychologie moins abstraite et moins exclusivement rationnelle, aborde l'homme du côté des penchants actifs, des passions et instincts qui sont les mobiles réels des facultés de l'intelligence ; il marche davantage sur les traces d'Adam Smith, et nous donne sa théorie des sentiments moraux. Il distingue et discute successivement : 1° les appétits ; 2° les désirs ; 3° les affections ; 4° l'amour de soi ; 5° la faculté morale. Quelque opinion qu'on garde après la lecture du livre sur la réalité de ces divisions qu'une philosophie plus forte trouverait sans doute moyen de simplifier et de réduire, ce qu'il faut reconnaître, c'est l'agréable et instructif chemin par lequel le philosophe nous a menés ; c'est cette multitude de remarques fines, judicieuses et ingénieuses, tempérées, qu'il a semées sous nos pas ; c'est ce jour si indulgent et si doux qu'il sait jeter sur la nature humaine en y pénétrant ; c'est l'émotion honnête qu'il excite en nous, tout en nous apprenant à décomposer et à observer ; ce sont les heureuses applications morales et pratiques, le choix et l'atticisme des exemples, et les fleurs d'une littérature si délicatement cultivée à travers les recherches de la philosophie. Après l'examen et la discussion des mobiles, l'auteur aborde les devoirs et leurs diverses branches, devoirs envers Dieu, envers nos semblables et envers nous-mêmes ; dans ce traité sur la vertu, qui comprend tout le second volume, on rencontre les plus hautes questions de la nature humaine, aplanies avec cette aisance particulière à l'aimable philosophe, et accompagnées de digressions bien assorties. Tous les amis de la philosophie et d'une littérature ingénieuse et sérieuse voudront lire ces deux volumes, et sauront gré à M. Simon de nous les avoir fait connaître.

M. Damiron avec lequel nous sommes, bien malgré nous, en retard, a publié, il y a quelques mois, la seconde partie de son cours de philosophie : la première contenait la psychologie proprement dite ; le volume nouveau comprend la morale. C'est ainsi que Dugald Stewart, après sa *Philosophie de l'esprit humain*, a publié sa *Philosophie des facultés actives et morales*. Les personnes, auxquelles s'adressent les écrits du philosophe écossais, devront désirer connaître l'ouvrage d'un des hommes qui cultivent en France avec le plus de distinction et de sagesse cette même philosophie transplantée par M. Royer-Collard. M. Damiron s'interdit peut-être un peu trop dans sa manière actuelle, plus scientifique et plus sobre qu'autrefois, les développements et applications historiques ou littéraires dont le bon Dugald Stewart orne et quelquefois recouvre son chemin ; mais nulle lecture n'est plus saine à l'âme, plus doucement pénétrante et persuasive, plus satisfaisante à tout esprit honnête et reposé que ce volume de M. Damiron. Les fines et justes observations y abondent ; l'auteur attribue quelquefois, je pense, à des vues de détail plus de valeur scientifique et de généralisation qu'elles ne comportent. La nature humaine, par bien des côtés exorbitants, échappe, ce nous semble, et pour son malheur, à cette simple, chaste et indulgente théorie. Mais il est bien de l'offrir, de la rappeler dans toute son intégrité aux âmes modérées, auxquelles elle est suffisante ; il est bien surtout d'en faire le premier enseignement et comme le premier tableau au fond des pures et jeunes âmes; car elles y reviendront avec fruit, elles s'en ressouviendront un jour.

Nous signalerons dans le *Dictionnaire de physique générale*, publié par Mame, un article *Alchimie*, de M. Gilbert, l'ancien ami et éditeur du théosophe Saint-Martin. Les amateurs des sciences occultes, s'il en est encore, les personnes plus positives qui tiennent à en constater la bibliographie et l'histoire, y trouveront de curieuses indications données par un homme qui semble avoir, sinon pénétré le secret, du moins tourné de près à l'entour.

Les dernières livraisons de l'*Encyclopédie pittoresque*, publiée par Lachevardière, contiennent de remarquables articles, *Arianisme*, *Aristote*, où l'on reconnaît la pensée philosophique profonde et la plume énergique de M. Pierre Leroux, à qui cette Encyclopédie est déjà redevable, ainsi qu'à M. Jean Reynaud, de tant d'articles importants. En restant fidèles et exacts dans les exposés historiques, MM. Leroux et Reynaud savent produire les idées très-neuves et dignes du plus sérieux examen, avec lesquelles ils envisagent l'histoire de la philosophie et du christianisme.

M. Paulin Paris, poursuivant ses utiles travaux sur la littérature française au moyen âge, nous a donné, après le roman de *Berte aux grans piés*, dont nous avons parlé en son temps, le *Romancero* français, ou Choix des chansons des anciens trouvères, que nous n'avons pas annoncé encore. Ce recueil, composé avec le soin et le goût qui distinguent le spirituel érudit, est un agréable bouquet de nos plus vieilles romances, dont la fraîcheur et la délicatesse se révèlent pour la première fois depuis des siècles. Des notes discrètes et essentielles rendent cette lecture facile; des notions sur les auteurs connus ou présumés la rendent souvent piquante et toujours instructive. Ces chansons et romances appartiennent à la fin du XIIe et au commencement du XIIIe siècle. Les trouvères sont la plupart des princes et des rois; Jean de Brienne, roi de Jérusalem; Charles d'Anjou, frère de saint Louis et roi de Sicile, Pierre de Dreux, dit *Maucler*, comte de Bretagne; mais Queenes de Béthune, l'un des ancêtres de Sully, et Audefroi-le-Bâtard, paraissent les plus anciens. La plupart des sujets de leurs chants sont des complaintes d'amour et de chevalerie. Un coloris vif, une naïveté mêlée de sensibilité, une mélodie heureusement d'accord avec l'émotion, recommandent ces courtes pièces. On peut voir maintenant que Charles d'Orléans et Thibaut de Champagne, qui avaient pris à eux seuls toute la gloire de leurs contemporains ou devanciers, n'étaient que d'heureux et premiers échantillons de cette branche de notre poésie qui s'étend depuis le milieu du XIIe siècle jusqu'à la fin du XVe, et qui cesse dans la poésie plus érudite de la Renaissance. A l'article de Hues de la Ferté, M. Paris a traité et éclairci, avec une érudition légèrement railleuse, la question des amours de la reine Blanche et de Thibaut de Champagne, que l'éditeur des Chansons du comte, dans le dernier siècle, avait essayé de nier : la discussion de M. Paris est un vif exemple de l'appui qu'une chanson bien interprétée peut apporter à un point d'histoire. Nous attendons avec intérêt la suite de ces publications auxquelles nous désirons, non pas plus de goût ni de soin, mais des considérations parfois plus étendues et des points de vue éclairés par une littérature plus générale.

7 avril 1835.

ALEXIS DE TOCQUEVILLE[1]

DE LA DÉMOCRATIE EN AMÉRIQUE.

Les études sur les États-Unis d'Amérique se sont mul-

---

1. A l'occasion de cet article, nous croyons utile de reproduire une lettre ancienne de M. de Tocqueville, bien qu'elle ait été déjà publiée par M. Sainte-Beuve dans les *Nouveaux Lundis*, tome X, à la suite de son étude sur la *Nouvelle Correspondance inédite* de l'auteur de *la Démocratie en Amérique* (1865). Cette lettre retrouve ici sa place naturelle. Nous n'hésitons donc pas à la donner de nouveau, avec le commentaire dont M. Sainte-Beuve l'avait fait précéder, et qui se rapporte à l'article même qu'on va lire :

« En parlant, dit M. Sainte-Beuve, des *avances* de Tocqueville, je ne dis pas trop. Lorsque son livre de *la Démocratie* parut, j'en écrivis quelques mots d'éloge que je fis insérer dans le journal *le Temps*, dirigé alors par M. Coste (1835). Tocqueville m'adressa à ce sujet la lettre suivante, qu'un hasard me fait retrouver :

« Je viens de lire, Monsieur, dans le journal *le Temps* d'hier, un article de vous dont il me tarde de vous remercier. Les choses flatteuses que vous avez bien voulu dire sur mon ouvrage m'auraient causé beaucoup d'orgueil et de joie, de quelque part qu'elles vinssent ; mais le nom de l'auteur de l'article ajoute encore à mes yeux un nouveau prix à ce que contient d'aimable l'article même. Vous êtes du nombre de ceux que le public aime à voir devant lui, pour lui tracer la route d'opinion qu'il doit suivre.

« Permettez-moi, Monsieur, d'attacher à quelque chose plus d'im-

tipliées chez nous depuis ces derniers temps. Dans l'anxiété où l'on est, dans l'incertitude du but où la société européenne est poussée, on est allé demander des enseignements, des augures rassurants ou contraires, des raisons de se hâter ou de craindre, à ce grand peuple qui offre soixante années de prospérité croissante sous une forme politique jusque-là inaccoutumée dans l'histoire. Les extraits des Mémoires de Jefferson, par feu M. Conseil, les écrits de M. Achille Murat ont replacé sous nos yeux la constitution des États-Unis qui, durant les années précédentes, était plutôt admirée de loin qu'analysée en connaissance de cause. Les moqueries de mistress Trollope sur ces mœurs républicaines provoquèrent une discussion animée d'où bien des détails intérieurs s'éclaircirent. D'intéressantes lettres de M. Michel Chevalier, en exposant le mécanisme de certaines institutions, et le jeu compliqué des intérêts, ont montré de plus quel respect inévitable le spectacle d'un pareil développement de société inspi-

portance encore qu'au jugement que vous portez sur *la Démocratie américaine*, c'est à voir continuer et devenir plus fréquents les rapports qui se sont établis entre nous. Je ne puis m'empêcher de croire qu'il existe pour nous beaucoup de points de contact et qu'une sorte d'intimité intellectuelle et morale ne tarderait pas à régner entre vous et moi, si nous avions l'occasion de nous mieux connaître.

« Agréez, je vous prie, Monsieur, avec l'expression de ma reconnaissance, celle de ma considération la plus distinguée.

« ALEXIS DE TOCQUEVILLE.

« Paris, ce mercredi matin. »

rait à l'un des esprits les moins prévenus en faveur des expériences démocratiques. Il n'est plus permis de dire, en réponse aux exemples empruntés des États-Unis, que ces exemples ne prouvent rien, appliqués à de vieux peuples civilisés, et venant d'un peuple véritablement enfant et encore à l'état élémentaire. Quelles que soient les différences réelles et historiques qui séparent la civilisation des États-Unis de la civilisation européenne, il faut convenir maintenant que la première de ces civilisations est très-avancée, très-développée, et fort capable en mainte question de jeter un grand jour sur la seconde, de laquelle elle peut sembler à beaucoup d'égards comme un cas particulier simplifié et anticipé.

Ceci devient incontestable, surtout après la lecture de l'excellent ouvrage de M. de Tocqueville. Envoyés, en 1831, aux États-Unis avec mission d'observer le régime pénitentiaire, MM. de Tocqueville et de Beaumont s'acquittèrent avec conscience et talent de ce travail intéressant de législation criminelle ; de nombreux documents de statistique et un bon livre sur le *Système pénitentiaire aux États-Unis*, attestèrent au gouvernement et au public les résultats de leur observation. Mais à travers cette occupation spéciale, une autre idée d'observation plus étendue ne les avait pas quittés ; ils s'étaient attachés à étudier les divers ressorts du grand ensemble qu'ils avaient sous les yeux, et leur tâche officielle dignement remplie, ils viennent de nous reproduire la double face de la civilisation américaine tout entière, l'un, M. de Beaumont, la société civile et les mœurs dans le roman de *Marie*; l'autre, M. de Tocqueville, la société politique et les lois, dans l'ouvrage que nous annonçons.

Un grand avantage du livre de M. de Tocqueville, et ce qui le distingue complétement des autres écrits publiés jusqu'à ce jour sur les États-Unis, c'est de n'être à aucun degré ni un plaidoyer, ni une insinuation pour ou contre telle ou telle forme de gouvernement; et pourtant, M. de Tocqueville l'a composé en vue de notre Europe, dans un but élevé d'enseignement, et sous l'impression, comme il l'avoue lui-même, d'une sorte de terreur religieuse que lui inspirait la marche fatale des sociétés. Un fait dominant a frappé son esprit, dans l'histoire des diverses nations depuis plusieurs siècles. Il a vu que toutes les révolutions, les guerres, les querelles intérieures, avaient toujours eu pour point de départ, ou pour conséquence, l'émancipation civile et politique d'un plus grand nombre d'hommes; il a remarqué, au milieu de toutes les déviations, de tous les quiproquos journaliers et des non-sens qui agitent l'avant-scène du monde, le développement graduel de l'égalité des conditions se produisant avec une lenteur irrésistible, se faisant place en chaque mouvement, profitant de chaque crise, ne reculant jamais.

M. de Tocqueville s'est-il épris d'enthousiasme pour cette loi des sociétés modernes, lorsqu'elle lui est apparue ? Lui a-t-elle semblé devoir engendrer avec les siècles un ordre de choses devant lequel pâliraient les puissances et les gloires du passé, et qui serait un âge d'or incomparable pour le genre humain? A-t-il cru qu'il n'y avait qu'à se déployer en ce sens, que toute issue de ce côté était certaine? A-t-il pensé que dans le cas même de la solution la plus avantageuse, toutes les facultés humaines gagneraient également au résultat et que le progrès se ferait dans toutes les dimensions, pour ainsi dire? Si rien, chez M. de Tocqueville, n'annonce un regret, ni encore moins une antipathie contre cette loi de développement qu'il reconnaît et proclame comme providentielle, si dans le savant tableau qu'il nous retrace des États-Unis et du principe qui y triomphe, il se laisse aller parfois à un sentiment d'admiration grave, tel que le philosophe politique peut en exprimer, nous devons dire qu'il paraît moins rassuré en ce qui concerne l'Europe et la France. Ce qu'il laisse échapper à ce sujet dans son Introduction, est d'une éloquence douloureuse. En quittant l'état social de nos aïeux, se demande-t-il, en jetant pêle-mêle derrière nous leurs institutions, leur idées et leurs mœurs, qu'avons-nous mis à la place? Et il énumère tous les pouvoirs qui sont tombés, les grandes existences individuelles désormais impossibles, la perte des croyances, qui, chez le grand nombre, a devancé l'acquisition des lumières ; il montre la démocratie grandissant, et, à chaque combat décisif, renversant tout ce qui est sur son chemin, mais sans direction jusqu'ici, sans cons-

cience d'un but à atteindre, et de plus en plus pareille à un enfant robuste et sauvage. Il montre le reste de la société effrayé de ce spectacle, hostile à tout effort imprévu, n'appliquant ses lumières qu'à la conservation des intérêts et du bien-être, et manquant de l'énergie sagement active qui redresserait et tempérerait l'énergie aveugle. « J'aperçois, dit-il, des hommes
« vertueux et paisibles que leurs mœurs pures, leurs
« habitudes tranquilles, leur aisance et leurs lumières
« placent naturellement à la tête des populations qui
« les environnent. Pleins d'un amour sincère pour la
« patrie, ils sont prêts à faire pour elle de grands sa-
« crifices : cependant la civilisation trouve souvent en
« eux des adversaires ; ils confondent ses abus avec
« ses bienfaits, et dans leur esprit l'idée du mal est
« indissolublement unie à celle du nouveau. »

Cette absence de lien entre les opinions et les goûts, entre les actes et les sentiments, entre l'énergie des désirs et la justesse des vues, ce divorce trop habituel entre les convictions chrétiennes restantes et les sympathies de l'avenir, toute cette confusion morale attriste le jeune philosophe et lui semble un symptôme presque unique dans l'histoire. « Où sommes-nous
« donc ? s'écrie-t-il... Tous les siècles ont-ils ressem-
« blé au nôtre ? » Il se rassure toutefois par l'idée qu'une loi aussi doit régir ces destinées sociales en apparence égarées, et qu'un avenir plus fixe et plus calme ne manquera pas à la civilisation européenne si lente

en son enfantement. « Il est un pays dans le monde, se
« dit-il, où la grande révolution sociale semble avoir
« à peu près atteint ses limites naturelles ; elle s'y est
« opérée d'une manière simple et facile, ou plutôt on peut
« dire que ce pays voit les résultats de la révolution dé-
« mocratique qui s'opère parmi nous, sans avoir eu la
« révolution elle-même. » Il nous emmène donc avec
lui en Amérique pour y étudier le principe dominateur
et générateur des sociétés modernes, l'égalité des conditions ; pour l'y contempler en ce vaste espace, où ni
les souvenirs historiques, ni les décombres d'anciennes institutions ne l'ont comprimé ; pour l'y voir en
jeu et vivifié de toute sa moralité, grâce à l'esprit religieux qui, là, s'est trouvé uni dès le début à l'ardeur
laborieuse.

Une fois entré dans son sujet, M. de Tocqueville
s'y tient avec sévérité, et les considérations générales,
éloquentes, de son Introduction font place à une analyse savante, exacte et sans aucune de ces digressions
sentimentales auxquelles s'abandonnent trop volontiers
beaucoup de nos jeunes historiens et publicistes. Il
n'est pas un des chapitres de ce livre qui n'atteste un
des meilleurs et des plus fermes esprits, un des plus
propres à l'observation politique, dans cette carrière
où l'on compte si peu de pas éclatants et solides depuis l'incomparable monument de Montesquieu.

Le premier volume de M. de Tocqueville est consacré à étudier la démocratie américaine dans les insti-

tutions et dans les lois écrites ; dans la Commune, le Comté, l'État; dans la constitution particulière des différents États, et dans la constitution fédérale qui les unit ; dans les trois branches de pouvoirs, législatif, exécutif et judiciaire.

Le second volume nous montre cette démocratie et la souveraineté populaire qui en est l'âme, dans son influence continue et dans son esprit en dehors des lois écrites ; ici trouvent leur place les mœurs, les instincts, les passions politiques et publiques des gouvernés, des gouvernants ; ce qui résulte en bien et en mal de cette omnipotence de la majorité, les vices et les dangers qu'elle entraîne, en même temps que ce qui la tempère. L'étendue et l'importance des questions que soulève ce second volume, surtout relativement à notre Europe, se conçoivent aisément ; l'auteur, sans prétendre jamais résoudre à l'avance ce que recèle l'avenir, a rassemblé tous les éléments d'expérience, et posé les règles déjà évidentes pour les plus probables conjectures.

L'élément fondamental et naturel des institutions démocratiques paraît être à M. de Tocqueville la Commune, et il en expose la formation et l'existence en Amérique, et particulièrement à la Nouvelle-Angleterre, de manière à nous transporter tout d'abord dans le secret même de cette société qui se gouverne elle seule. Le grand nombre, l'extrême division, la courte durée des fonctions publiques dans la Commune, créent au sein de chacun de ces petits mondes un mouvement continu où trouvent à s'exercer, d'accord avec les relations ordinaires de la vie, le désir de l'estime, le goût du bruit et du pouvoir. L'agitation même de tous les intérêts et de toutes les passions autour de chacun de ces petits centres concourt à la stabilité de l'ensemble. Sans prétendre conclure de là directement à l'Europe, M. de Tocqueville, dans l'un des chapitres suivants, discute la valeur d'un mot très-souvent répété, et cherche à préciser ce qu'il faut entendre par *centralisation*. Il distingue deux espèces de centralisations : 1° celle qui comprend certains intérêts communs à toutes les parties de la nation, tels que la formation des lois générales et les rapports du peuple avec les étrangers ; 2° celle qui voudrait comprendre et organiser administrativement les intérêts spéciaux à certaines parties de la nation, tels, par exemple, que les entreprises communales.

Il est des points sans doute sur lesquels ces deux espèces de centralisations viennent se confondre ; mais en somme, et en prenant les objets dans leur ensemble, il reste facile de les distinguer. La première, la centralisation gouvernementale, lui paraît salutaire et nécessaire à la force d'un État, au maintien de son unité ; elle existe aux États-Unis plus forte qu'on ne croit, trop forte même dans beaucoup d'États selon lui ; elle existe à côté de la décentralisation administrative la plus éparse. La centralisation administrative, qui certainement ajoute de la force à l'autre, mais aux dépens de la vie même de chacun des membres de la nation, existe en France plus absolue aujourd'hui que jamais, plus entière que sous Louis XIV, qui, tout en disant avec raison : *l'État, c'est moi,* le pouvait dire à titre de gouvernement bien plutôt qu'à titre d'administration.

Tout ce qu'ajoute M. de Tocqueville sur cet intéressant sujet et en conséquence de sa distinction lumineuse, mérite d'être étudié, et appartient à l'idée la plus fondamentale qui le préoccupe, celle de nos destinées européennes futures. S'il devait arriver en France que la monarchie ou la république (peu importe), en s'armant de ce mot de centralisation mal entendu, fissent prévaloir constamment la régularité administrative, soit douce, soit rigoureuse, sur la vie réelle, morale, animée de chaque point du pays ; si l'on ne parvenait enfin à introduire et à fonder parmi nous les institutions démocratiques en ce qu'elles ont d'essentiel, d'élémentaire et de vivace, c'est-à-dire l'existence communale, M. de Tocqueville paraît craindre qu'une des chances naturelles de cette égalité croissante ne fût un jour, tôt ou tard, l'assujettissement de tous par un seul, du moment qu'on n'aurait plus à espérer le gouvernement de tous par eux-mêmes.

M. de Tocqueville, au reste, ne presse pas trop cette sinistre pensée ; dans l'impartialité philosophique qui le commande, il se contente d'indiquer du doigt à l'horizon l'une des chances mauvaises, et il ne se livre à aucun mouvement vague de découragement ou de plainte. Telle n'est pas sa manière. Tout indique même en lui qu'il nourrit de meilleures espérances, et qu'il ne croit point le moment passé pour nous de diriger et de faire encore notre avenir. Il est bon toutefois, il est salutaire, au milieu de tant d'hymnes généreuses, mais toutes puisées en nous-mêmes, sur l'infaillibilité et les délices de cet avenir inconnu, d'entendre un rappel jeune et grave à la réalité, d'écouter un observateur positif et sévère.

Nous ferons remarquer, comme exemple de l'excellente manière à la fois expérimentale et philosophique de M. de Tocqueville, ce qu'il dit de la division du Corps législatif en deux branches aux États-Unis. Les Américains, en instituant deux Chambres, n'ont pas voulu créer une Assemblée héréditaire et une autre élective; ils n'ont pas prétendu faire de l'une un Corps aristocratique, et de l'autre un représentant de la démocratie; donner dans l'un un auxiliaire au pouvoir, et dans l'autre un organe au peuple : ils n'ont voulu que diviser la force législative, ralentir le mouvement des Assemblées politiques, et créer un tribunal d'appel pour la révision des lois. La Pensylvanie avait d'abord essayé d'établir une Assemblée unique, et Franklin, obéissant à la logique rigoureuse, avait poussé à cette mesure. L'expérience força bientôt de revenir à deux Chambres. « Ainsi, dit M. de Tocqueville, cette théorie

« (la nécessité de partager l'action législative en plu-
« sieurs Corps) à peu près ignorée des républiques an-
« tiques, introduite dans le monde presque au hasard,
« ainsi que la plupart des grandes vérités, méconnue
« de plusieurs peuples modernes, est enfin passée
« comme un axiome dans la science politique de nos
« jours. » Il y a loin de cette prudente et saine façon
de raisonner à tout ce qu'imaginent encore les uns sur
les vertus inhérentes à une Chambre aristocratique et
de grande propriété qu'ils voudraient reconstituer artificiellement, et à tout ce que déduisent les autres
d'extrêmement logique sur l'unité simple d'une Chambre ou Convention souveraine qu'aucun pouvoir collatéral ne contrôlerait.

M. de Tocqueville, quelle qu'ait été sa préoccupation
de l'Europe en écrivant sur l'Amérique, n'a pas pour
but de conclure directement de l'une à l'autre; il le déclare formellement, et la pensée qui circule dans tout
l'ouvrage en fait foi. Il a voulu montrer, par l'exemple de
l'Amérique, que les lois et surtout les mœurs peuvent
permettre à un peuple démocratique de rester libre,
mais il est très-loin de croire que nous devions suivre de
près ces exemples et nous asservir à ces moyens. « Car
« je n'ignore pas, dit-il, quelle est l'influence exercée
« par la nature du pays et les faits antécédents sur les
« constitutions politiques, et je regarderais comme un
« grand malheur pour le genre humain que la liberté
« dût en tous lieux se produire sous les mêmes traits. »

Un de ses premiers chapitres porte sur ce qu'il appelle *le point de départ*, sur l'origine même des divers États américains et l'esprit infusé en eux dès le commencement. Son idée est que les peuples, même dans leurs développements les plus éloignés, ne peuvent se séparer jamais des circonstances qui ont accompagné leur naissance et leur formation. Il nous montre donc, particulièrement dans la Nouvelle-Angleterre, les puritains, les émigrants de toute secte, persécutés ailleurs, venant là chercher asile, s'y réunissant dans certaines nécessités communes, dans certains droits primordiaux, et sauf quelques erreurs et préjugés inévitables, y pratiquant aussitôt l'alliance de l'esprit de religion avec l'esprit de liberté. Toute la moralité de la démocratie en Amérique est dérivée de cette union originelle. Faut-il donc, pensais-je en lisant, quitter la patrie, pour que de tels résultats s'accomplissent, et n'y aura-t-il jamais, au sein du vieux monde, un moment où tous les vaincus, les blessés, les puritains des diverses opinions donneront l'exemple d'une union sur un terrain commun incontesté, et offriront un concours de bon sens vers une liberté pacifique et solide?

Le livre de M. de Tocqueville, si on le parcourait complétement, fournirait sujet à l'examen de toutes les questions capitales de la politique moderne ; nous n'avons voulu que le caractériser dans sa tendance et dans l'esprit qui l'a dicté. En louant ce livre si récemment publié, on ne fait au reste qu'enregistrer le jugement, déjà établi, qu'en ont porté toutes les personnes compétentes et graves. Les suffrages des Chateaubriand, des Royer-Collard, des Lamartine, ont été exprimés assez hautement pour qu'on puisse les consigner, sans crainte de se laisser tromper à des apparences complaisantes. Il faudrait remonter fort loin pour trouver parmi nous un livre de science et d'observation politique, qui ait à ce point éveillé et satisfait l'attention des penseurs.

Le style dans lequel est écrit l'ouvrage de M. de Tocqueville est simple, sobre, mesuré avec une sorte d'harmonie régulière, séante au sujet. On peut le trouver parfois un peu didactique et théorique, et procédant par formes abstraites. Beaucoup de faits et de détails historiques rejetés dans les notes auraient pu, en se mêlant dans le texte, le rompre, le diversifier heureusement, comme il arrive dans cette grande manière de l'*Esprit des lois*. Excellent sous le rapport philosophique, incomplet seulement sous celui de l'art, le style de M. de Tocqueville, grâce à ce qu'il rejette, est plus normal et plus droit de déduction; mais il faut, surtout dans le premier volume, se détourner souvent vers les notes qui complètent le texte ou le modifient.

1ᵉʳ avril 1836.

LA COMTESSE MERLIN

SOUVENIRS D'UN CRÉOLE.

Les Souvenirs, quand ils sont écrits par des personnes du monde, sans prétention littéraire, ont toujours de l'agrément. Les lecteurs tout à fait contemporains de l'écrivain de Souvenirs aiment à refeuilleter avec lui au hasard quelques années de leur vie ; ceux qui sont venus plus tard, s'ils ont l'esprit curieux, ouvert, un peu oisif, pas trop échauffé à sa propre destinée, apprennent beaucoup de détails à ces causeries familières et devinent toute une société légèrement antérieure, au sein de laquelle ils s'imaginent volontiers avoir vécu. Il y a quelque temps que, parcourant un de ces livres aimables et légers, les *Souvenirs* de madame Lebrun, je me plaisais à y retrouver tout ce monde facile, brillant, poliment mélangé d'avant la Révolution, gens de cour, gens d'esprit, Russes, Français, dont Delille était le poëte favori, et madame

Lebrun le peintre ordinaire. Cette nature vive, fraîche et sensible de l'auteur des Souvenirs, se peignait à mes yeux à travers ces récits plus ou moins semés de jolis mots et sur lesquels courait sa plume facile. Je me figurais bien la jeune femme artiste, non moins *chose légère* que l'abbé Delille, d'une joyeuse abondance de talent, active à tout peindre, les personnes, les cascades, l'arc-en-ciel de Tivoli, ses grâces au pinceau, au pastel, la draperie mythologique qu'elle savait jeter sur chaque objet ; j'assistais à l'inspiration mondaine et riante de l'art d'alors, et les *Souvenirs* me commenaient quelques-uns de ces portraits durables qu'on aime à revoir.

Une personne, qui n'en est aux Souvenirs qu'autant qu'elle le veut bien, vient de nous introduire dans des scènes et parmi un monde plus rapproché, mais qui déjà a besoin qu'on le rappelle. Nous retrouvons, en tête des *Souvenirs* de madame la comtesse Merlin, ces *douze premières années de ma vie* qui avaient autrefois débuté timidement, loin du public, et que leur succès dans l'intimité a naturellement encouragés à se prolonger et à se produire. La figure que font ces premières années, non plus isolées, mais dans l'accompagnement des autres plus éclairées et plus pompeuses, n'est pas moins aimable qu'en la nouveauté. Née à la Havane dans cet opulent climat qui plus tard lui faisait paraître l'Andalousie si chétive, et où les mouches volantes seraient seules des clartés suffisantes de la nuit, la jeune Mercedès Jaruco, élevée d'abord et très-gâtée chez sa grand'mère, puis mise au couvent où elle ne peut tenir et d'où elle s'échappe un matin, puis auprès d'une tante de chez laquelle elle s'échapperait non moins volontiers, nous apparaît dans sa beauté native, sachant lire à peine, souvent *sans bas*, un peu sauvage, ne s'arrêtant jamais entre un désir et son but, courant à cheval et tombant, grimpant à l'arbre et s'évanouissant au toucher d'une couleuvre, bonne pour les nègres, dévouée au premier regard pour ce qui souffre ; on se plaît à admirer une enfance si franche et si comblée des plus riches dons, racontée avec finesse et goût par la femme du monde. Il y a dans cette partie du récit une sobriété de style et une simplicité de tour qui est du tact par opposition à l'abondance même des sensations. L'épisode de la mère Inès et la peinture du couvent sont semés de traits discrets et justes, sur cet effet mystérieux des religieuses aux formes vagues se perdant dans les corridors, sur cette marche furtive de la jeune fille serrant le mur auquel, de temps en temps, elle s'appuie pour se rendre plus légère ; un art délicat a touché ces points. La fuite de chez la tante, la mystification du bon moine Fray Matéo qui ne peut courir après l'espiègle fugitive, sont gaiement contées, et la rencontre de la pauvre négresse qui pleure sur son enfant mort termine cette folle aventure en sensibilité naturelle et touchante. La pauvre mère ne sait que montrer la terre qui recouvre son enfant et

s'écrier en son idiome natal, *Alkanaa, Alkanaa!* « Elle
« parlait pourtant assez bien espagnol, nous dit l'au-
« teur du récit, mais elle n'en prononça pas un mot.
« Il semble que dans les grandes douleurs, on revient
« à la langue naturelle, comme on se réfugie dans le
« sein d'un ami. »

L'arrivée de la jeune Mercedès à Cadix, puis à Madrid où elle retrouve sa mère, sa famille ; l'état de la société peu avant l'invasion des Français ; les accidents gracieux qui formaient de légers orages ou des intérêts passagers dans cette existence de jeune fille, puis l'invasion de Murat, la fuite de Madrid, le retour, la cour de Joseph, et le mariage ; tels sont les événements compris dans ces deux premiers volumes de *Souvenirs*. Nièce du général O'Farrill, ministre de la guerre sous Joseph, et parfaitement informée de tout le détail de ces temps mémorables, madame Merlin réfléchit dans ces pages les sentiments de son oncle et les siens propres, de manière à nous transporter aisément à l'époque et aux lieux dont il s'agit. Mais ce qui ne nous a pas intéressé le moins dans la lecture de ces volumes, ce sont les divers endroits qui nous servaient à reconnaître et à composer dans notre pensée l'image de l'auteur même. On est difficilement accepté pour deux talents divers en ce monde ; ceux qui vous ont accordé le premier sont les plus prompts à vous chicaner sur le second. Ils veulent bien admirer une fois pour toutes un mérite en vous, mais deux, c'est trop fort. L'auteur

de ces *Souvenirs*, que déjà de grands dons de nature et d'art recommandent à l'admiration, aurait peine à éluder, en s'offrant sous une autre forme au jugement du monde, cette disposition un peu maligne qu'il a de ne louer qu'à son corps défendant, si l'absence de toute prétention d'abord, et puis une cordialité noble, sociable, une nature manifestement bienveillante et généreuse, n'engageaient le lecteur qui a tant de fois applaudi. Madame de La Fayette écrivait à madame de Sévigné : « Votre présence augmente les divertisse-
« ments, et les divertissements augmentent votre
« beauté lorsqu'ils vous environnent : enfin, la joie est
« l'état véritablement de votre âme, et le chagrin vous
« est plus contraire qu'à personne du monde. » Ninon écrivait encore à Saint-Évremond : « La joie de l'es-
« prit en marque la force. » L'auteur de ces *Souvenirs*, à mesure qu'ils se déroulaient devant nous, et que nous nous plaisions à composer son image, nous paraissait ainsi une personne chez qui la joie, une joie qui n'exclut nullement la sensibilité, est compagne de la force de l'âme. Née dans des climats brillants où la terre est pétrie d'une meilleure argile, développée d'abord et grandie en liberté, un peu *sauvage*, comme elle dit, ayant puisé ses premières idées sur l'hiver dans les romans, nous la voyons, dans le cours de ces volumes, fidèle à ce culte de l'été de la vie, de la jeunesse, de la beauté dont elle aime à couronner en toute occasion ses louanges. En arrivant dans le monde européen, en

y entrant par l'Espagne, sa seconde patrie, contrée de caractère et d'allure encore franches, elle a pu ne pas trop se heurter d'abord et s'acclimater. Ainsi elle nous est venue, une de ces natures actives et utiles à la société qu'elles décorent, gardant de l'entraînement malgré l'expérience et l'impulsion native à travers la finesse acquise ; talent sympathique et éclatant, toujours dévoué aux infortunes comme aux agréments d'autrui et prodigue de lui-même. Est-ce donc une chose si peu rare que le bonheur bienveillant, pour ne pas le saluer ?

Avril 1836.

DEUX PRÉFACES

Depuis que les morceaux, recueillis dans le premier volume de cet ouvrage [1], ont paru en 1832, l'auteur s'est trouvé insensiblement engagé à en composer dans le même genre un plus grand nombre qu'il n'avait projeté d'abord, et il n'a pas tardé à concevoir la réunion de ces divers Portraits ou articles critiques comme pouvant former une galerie un peu irrégulière, assez complète toutefois, et propre à donner une idée animée de la poésie et de la littérature contemporaine. S'il se permet donc aujourd'hui de réimprimer ces morceaux en les recueillant, c'est qu'il les a conçus au moment où il les écrivait comme devant former une espèce de tout, et comme ayant peut-être à gagner à ce rapprochement. Sans s'exagérer la valeur de ces études, presque toutes dirigées sur des contemporains, genre de critique qu'on est assez porté dans le monde

1. Ces quelques pages sont extraites du tome II des *Critiques et Portraits littéraires* auquel elles servaient de préface.

littéraire, un peu sérieux, à ne pas compter, il a semblé que quelques avantages compensaient les gênes nombreuses et les inconvénients du genre. Quand on étudie quelque grand écrivain ou poëte mort, La Bruyère, Racine, Molière, par exemple, on est bien plus à l'aise, je le sens, pour dire sa pensée, pour asseoir son jugement sur l'œuvre; mais le rapport de l'œuvre à la personne même, au caractère, aux circonstances particulières, est-il aussi facile à saisir? Et quand on croit l'avoir bien aperçu et qu'on l'exprime avec assurance, pour ne point avoir à craindre de rencontrer des observateurs informés de plus près, est-on plus certain d'avoir pénétré par conjecture jusqu'à l'intime vérité? Avec ses contemporains au contraire, quelque mobile et inachevée que soit l'œuvre, quelque contraignantes que soient les convenances, si l'on a saisi la clef, une des clefs de leur talent, de leur génie, on la peut toujours laisser voir, même quand il ne serait pas séant de s'écrier tout haut : *la voilà*. En parlant des morts, on est plus *véridique* par rapport à soi, je le veux bien; on dit tout ce qu'on sait; mais on sait moins, et ainsi l'on est souvent peut-être moins *vrai* par rapport à l'objet, que lorsque, sachant plus, on ne dit qu'avec le sous-entendu des amitiés et des convenances.

L'écrivain est toujours assez facile à juger, mais l'homme ne l'est pas également. Quelle différence d'exactitude et de vérité nous sentons dans nos jugements successifs sur un même individu, si nous l'avons vu en personne ou si nous n'en avons qu'entendu parler, si nous le connaissons pour l'avoir rencontré ou pour avoir vécu avec lui ! Après des années d'intimité, nous découvrons encore quelque chose. Oh ! qu'un homme est difficile à connaître, même quand cet homme n'est pas nous-même, et qu'il est tout simplement un autre ! Dès qu'on cherche l'homme dans l'écrivain, le lien du moral au talent, on ne saurait étudier de trop près, de trop bonne heure, tandis et à mesure que l'objet vit.

— « Mais à quoi bon s'occuper tant des détails, des minuties de l'individu ? l'œuvre reste, si elle doit rester ; rien de grand ne se perd dans la mémoire des hommes. » On m'a souvent opposé ce genre de raisons sévères, et ce que je viens de dire y répond en partie. L'observation morale, mêlée à l'appréciation littéraire, n'est pas tenue de suivre, d'une marche inflexible, la chaussée romaine de l'histoire. Je remarquerai ensuite qu'historiquement parlant, ce qu'on appelle *la mémoire des hommes* tient souvent en littérature au rôle attentif et consciencieux de quelque écrivain contemporain dont le témoignage est consulté.

Tout en croyant d'ailleurs autant que personne au génie et aux œuvres dominantes, tout en m'inclinant devant les monuments que consacre la gloire, je ne suis pas de ceux qui ne s'inquiètent que du grand ; et les hommes, les œuvres secondaires m'intéressent singulièrement en bien des circonstances. C'est pour moi véritablement affaire d'équité. Il est (qu'on veuille y songer) un niveau de réputation au-dessous duquel on ôte tout ce qu'on peut aux hommes de talent ou même de génie en louanges et en gloire. Toutes les fois qu'on peut les passer sous silence on le fait; on les pille sans mot dire; on ne met pas son amour-propre à les citer à tout propos, à les louer à tort et à travers, comme cela a lieu à l'égard de ceux qui ont passé le niveau. Oh! pour ceux-ci, à l'instant on leur accorde tout et plus encore s'il se peut; c'est un point d'honneur et une émulation de les célébrer, c'est une idolâtrie. Ainsi se concilient les deux penchants des hommes en masse : idolâtrie et détraction. La bonne critique a pour devoir de ne pas se régler d'après ces préjugés et ces constructions factices. Et c'est envers des contemporains connus de près qu'on peut s'acquitter avec le plus de certitude de cette justice de détail, qui n'est qu'un fond plus vrai donné au tableau littéraire d'un temps.

Si, sur plusieurs de ces points secondaires, l'auteur avait réussi à fonder quelques jugements nouveaux, à préparer quelques-uns des éléments qui s'introduiront un jour dans l'histoire littéraire de notre époque, il aurait atteint l'objet de sa plus chère ambition. Il a souvent regretté, en lisant les livres de critique et de biographie des deux siècles précédents, la disette et l'insuffisance de secours semblables. Perrault, Baillet, Niceron, Goujet, Vigneul-Marville, Brossette, etc., etc., sont encore lus avec profit malgré leur manque absolu de sentiment littéraire. Fontenelle, d'Alembert, De Boze, Fréret, Vicq-d'Azyr et Condorcet, ont davantage approché dans leurs *Éloges* du but tel que je l'entends. J'ai souvent envié aux Anglais quelques-unes des belles biographies de Johnson, celle de Parnell par Goldsmith, aux Allemands celle de Hœlty par Voss; je ne parle pas des autres ouvrages en ce genre plus considérables. Mais dans ces charmants écrits de moyenne mesure, les renseignements critiques, précieux et fins sont mis en œuvre avec intérêt et art.

Cet art, dont j'aurais voulu animer et revêtir quelques-uns des Portraits ici rassemblés, me sera peut-être une excuse et m'a du moins été un dédommagement pour les inconvénients d'un genre qui touche à tant de sensibilités vivantes; car l'art vit en partie des difficultés même et des délicatesses de son sujet. Quelques Portraits flatteurs, où il entre de l'art, et qu'on peut sauver de ce grand naufrage de tous les jours, sont une compensation à bien des ennuis habituels dans le métier de critique. La bienveillance donne le ton général à la plupart des morceaux, et à cet égard je me suis dit quelquefois que c'était une transformation de l'Éloge académique que je tentais. Mais cette bienveillance, si l'on veut prendre la peine d'en peser l'expression et d'en démêler la pensée, ne semblera pas aussi complaisante qu'on le croirait à un premier coup d'œil, et elle ne va jamais, je l'ose dire, jusqu'à fausser et altérer la vérité. Au milieu de tant de mesures glissantes que nous avions à garder, et de la séduction de l'art même, qui n'est pas le moindre écueil, le vrai est resté notre souci principal.

Bien qu'écrits dans le but d'être rassemblés, ces morceaux qui ont paru successivement, gardent trace, en plus d'un endroit, de circonstances et de dispositions qui se sont modifiées et ils offrent ainsi de légers désaccords. En tâchant de les compléter et de les perfectionner dans le détail, nous n'avons pas cherché à faire disparaître ces marques, pour ainsi dire, originelles. Une fois entré dans cette voie de corrections, nous ôtions aux morceaux leur caractère. Si l'exactitude de la réimpression nous a coûté quelquefois, c'est quand il nous a semblé que nous avions été injuste à l'égard de quelques personnes, et passionné en quelques opinions. Sans qu'au fond nos jugements du passé et nos prévisions de l'avenir se soient détournés ni déconcertés, l'expérience plus vraie que nous avons faite des choses, dans le sens même de nos convictions, nous a rendu plus tolérant pour tous.

Un quatrième volume suivra plus tard les trois qui se trouvent publiés aujourd'hui, et suffira, nous le croyons, à compléter l'ouvrage. Nous y réunirons quelques noms de poëtes et de romanciers, qui ont été omis jusqu'ici; un Discours final pourra résumer la situation générale de la littérature et conduire nos principaux contemporains jusqu'à la date même de cette dernière publication. Après quoi, coupant court à une tâche sans cesse recommençante et qui n'a aucune raison naturelle de finir, nous prendrons, s'il se peut, congé du présent pour quelque Étude moins mobile, pour quelque œuvre plus recueillie.

Avril 1839.

Dans l'Avertissement placé en tête des second et troisième volumes de cet ouvrage [1], qui parurent en 1836, j'ai dit, et il m'avait semblé, en effet, qu'un quatrième volume me suffirait pour épuiser les noms d'auteurs que je tenais à traiter encore. Voici pourtant deux volumes nouveaux, et je suis loin, selon toute apparence, d'avoir terminé. Décidément, ce genre de *Portraits* que l'occasion m'a suggéré, et dont je n'aurais pas eu l'idée probablement sans le voisinage des *Revues*, m'est devenu une forme commode, suffisamment consistante et qui prête à une infinité d'aperçus de littérature et de morale : celle-ci empiète naturellement avec les années, et la littérature, par moments, n'est plus qu'un prétexte. Ce qu'on appelle littérature, d'ailleurs, a pris un tel accroissement de nos jours que, par elle, on se trouve introduit et induit sans peine à toutes les considérations sur la société et sur la vie. Je ne prends donc plus à cet égard ombre de détermination, surtout

1. Ceci était la préface du tome IV des *Critiques et Portraits littéraires.*

négative ; je laisse ma série ouverte, heureux d'y ajouter à chaque propos (toujours avec soin), le plus qu'il me sera possible, et de ces Portraits, puisque la veine s'y mêle, je ne dis même plus : Je n'en ferai que cent [1].

[1]. Un collectionneur des plus distingués, à qui nous devons beaucoup pour cette publication, nous signale une note relative encore aux *Critiques et Portraits littéraires*, dans un petit volume paru sans nom d'auteur en 1842 et qui n'est qu'un choix de Portraits, extraits des œuvres de M. Sainte-Beuve, intitulé : *La Bruyère et La Rochefoucauld, Mme de La Fayette et Mme de Longueville*. Nous avons fait nous-même ici, dans ces *Premiers Lundis*, les derniers emprunts aux *Critiques et Portraits littéraires*, par deux importants morceaux (à part les Préfaces que nous venons d'en extraire) : *Espoir et vœu du mouvement littéraire et poétique après la révolution de 1830* ; — *Des Jugements sur notre littérature contemporaine à l'étranger* (1836) : tout le reste était déjà entré, comme on le sait, dans les autres galeries de *Portraits* : — *Portraits littéraires, Portraits contemporains, Portraits de Femmes*. — Les *Critiques et Portraits littéraires* relèvent donc essentiellement désormais du domaine de la bibliophilie, et la note suivante de M. Sainte-Beuve, qui aurait pu nous échapper, sans l'œil vigilant et attentif d'un amateur et d'un curieux, devient aujourd'hui très-essentielle pour tous ceux qu'intéresse l'histoire des livres :

« Pour les bibliographes seulement, dit M. Sainte-Beuve dans cette note, et ne fût-ce que pour l'estimable M. Quérard, l'auteur insère ici, faute d'autre lieu, le renseignement qui suit :

« Les *Critiques et Portraits*, auxquels se rattache ce petit volume, forment, à cette date de 1842, cinq volumes in-8° : le premier volume publié en 1832, les second et troisième en 1836, les quatrième et cinquième en 1839. De plus, le premier volume a eu une *seconde édition véritable* en 1836, et a été notablement augmenté et corrigé dans cette réimpression, reconnaissable à ses 560 pages, et au postscriptum de la préface. Mais, contre ce qu'on croyait prévu, la première édition, non épuisée, du premier volume a continué de se débiter de préférence à la seconde, qui n'a été mise qu'incomplétement en circulation, et que l'auteur signale aux gens du métier, parce que c'est en définitive sur elle que, pour ces débuts critiques, il aimerait à être jugé. »

15 juin 1836.

DES JUGEMENTS

SUR

NOTRE LITTÉRATURE CONTEMPORAINE A L'ÉTRANGER.

Il arrive assez fréquemment de l'étranger des diatribes fort vives contre notre littérature actuelle, nos drames, nos romans, etc., etc. En réponse à l'admiration, à la bienveillance enthousiaste avec laquelle nous avons accueilli ses derniers grands hommes, l'Angleterre, en particulier, découronnée comme elle l'est aujourd'hui de ses plus beaux noms littéraires, se montre d'une sévérité singulière contre la France, qui, seule pourtant, depuis la disparition des Goethe, des Schiller, des Byron et des Scott, continue d'offrir une riche succession de poëtes, et une variété renaissante de talents. Comme ce n'est pas du tout ici une défense systématique ni *patriotique* que nous prétendons faire, nous laisserons dès l'abord le chapitre des drames qui, d'ailleurs, composés la plupart pour les yeux, sont plus dans le cas d'être jugés à une première vue, même par des étrangers qui ne feraient que passer. Mais un article du *Quarterly Review*, reproduit par la *Revue britannique* avec une certaine emphase et des réserves qui sont un peu là pour la forme (car elle-même a souvent exprimé pour son compte des opinions analogues), intente contre toute notre littérature actuelle un procès criminel dans de tels termes, qu'il est impossible aux gens d'humble sens et de goût, dont notre pays n'a pas jusqu'ici manqué, de taire l'impression qu'ils reçoivent de semblables diatribes importées de l'étranger, lorsque toutes les distinctions à faire, toutes les proportions à noter entre les talents et les œuvres, sont bouleversées et confondues dans un flot d'injures que l'encre du traducteur épaissit encore.

C'est une question sur laquelle il y a lieu au moins de douter que celle de la compétence des étrangers à juger une littérature tout à fait contemporaine, surtout quand cette littérature est la française. A moins d'y être préparés par des voyages, par un long séjour et toutes sortes de renseignements qui équivalent à une naturalisation, que peuvent dire ces étrangers, sinon que d'approchant plus ou moins et de provisoire? Certes, au XVIIIe siècle, je n'aurais pas récusé comme juges très-compétents Bolingbroke, Horace, Walpole, Hume ou Grimm. Mais ils connaissaient la France et la bonne compagnie d'alors, autrement que pour avoir

passé six mois en Touraine, comme a fait peut-être
l'auteur de l'article. Je m'en remettrais encore très-
volontiers à des juges comme Mackintosh, esprits sages, subtils, prompts, et bien introduits, bien pour-
vus, dès leur début, de l'indispensable cicerone. On a
vu pourtant des natures d'élite plus réfractaires malgré
un long séjour. M. W. de Schlegel, cet illustre critique, a toujours été assez injuste, et, malgré les années
qu'il a vécu ici, toujours assez mal informé à notre
égard. Pour moi, j'oserai le dire, quant à ce qui est
tout à fait contemporain et d'hier, et qui demande une
comparaison attentive, éveillée et de détail, un étranger, quelque instruit et sensé qu'il soit, ne peut, de-
meurant absent, porter qu'un jugement approximatif,
incomplet, relatif, et, pour parler dans le style en
usage sous Louis XIV, qu'un jugement *grossier*, comme
le ferait le plus reculé des provinciaux qui voudrait
être au fait de la littérature de la capitale. Les plus
grandes intelligences n'échappent pas à cet inconvénient. Goethe, si sagace et si ouvert à toutes les impressions qu'il ait été, jugeait un peu de travers et
d'une façon très-subtile notre jeune littérature contemporaine; il y avait manque de proportion dans ses
jugements; ce qu'il pensait et disait là-dessus au temps
du *Globe*, pouvait être précieux pour le faire connaître,
lui, mais non pour nous faire connaître, nous. Il était
d'un goût incertain, équivoque, en ce qui nous concernait; et nos destinées littéraires ne dépendaient nul-

lement de ses oracles. Le grand critique Tieck a fait, il y a quelque temps, une sortie contre notre littérature actuelle; il n'y tenait compte que des excès, et l'anathème portait à faux. Pour juger une littérature contemporaine, surtout quand c'est la française, il faut être là, observer les nuances, distinguer les rangs, dégager l'original de l'imitateur, séparer le délicat et le fin d'avec le déclamatoire, noter le rôle qui souvent se mêle vite à l'inspiration d'abord vraie; il faut discerner cela non-seulement d'auteur à auteur, mais jusqu'au sein d'un même talent : de loin, il n'y a qu'à renoncer.

L'article du *Quarterly Review* peut être bon, suffisant, relativement à l'Angleterre; c'est une mesure d'hygiène morale, je dirai presque de police locale. On nous croit malades, pestiférés : on fait défense à toute personne saine et bien pensante de nous lire; à la bonne heure ! Faites la police chez vous, Messieurs; vous avez bien commencé par Byron, Shelley, par Godwin, par plusieurs de vos vrais poëtes et de vos grands hommes, que votre pruderie a mis à l'index; ce serait trop d'exigence à nous de nous plaindre. L'auteur de cet article courroucé peut, et même doit être un homme instruit, de sens, *scholar* distingué, sachant le grec, l'histoire, les langues. Son article, pour nous autres Français, est tout simplement... (le mot d'*inintelligent* rendrait faiblement ma pensée), et il offre une confusion en tout point, qui doit nous rendre très-humbles et un peu sceptiques dans les jugements que nous portons des littératures auxquelles nous n'avons pas assisté, même quand nous avons les pièces en main et que nous les avons compulsées soigneusement.

La filiation que l'auteur commence par établir entre les romanciers actuels et ceux du siècle dernier est toute factice. M. de Balzac n'émane aucunement de Jean-Jacques. Crébillon fils n'a jamais eu, au XVIIIe siècle, l'influence régnante que l'auteur lui attribue; sa vogue ne fut jamais de la gloire, et resta toujours très-secondaire. En parlant des romans du siècle passé, l'auteur oublie trop que, sur le pied dont il le prend, il n'aurait pas manqué alors, s'il avait vécu, de confondre ce qu'il veut bien séparer aujourd'hui. *Gil Blas* lui-même, à jamais consacré, a dû un peu scandaliser en son temps les puritains d'outre-Manche et les évêques théologiens, s'ils l'ont seulement entr'ouvert. Dieu sait avec quelle horreur on parlait alors de Voltaire dans les honnêtes familles d'Angleterre, de Voltaire que l'auteur oppose à Jean-Jacques, comme un homme de génie à un fou. Tout ce tableau qu'on nous donne du XVIIIe siècle est faux, chargé, noirci par la passion politique, et tendant à faire ressortir notre enfer actuel, qui, selon l'auteur, en est venu.

Sa manière de commencer le procès qu'il nous intente par l'examen sérieux et appliqué de Paul de Kock, doit faire sourire les gens de talent qu'il inculpe, et

d'un sourire plus fin et plus malicieux que l'auteur ne voudrait assurément, s'il savait sa méprise : mais il faut l'y laisser. En causant quelquefois avec des étrangers d'esprit nouvellement débarqués et tout affamés de nos illustres, cela va assez bien d'abord... Lamartine, Béranger... ce n'est pas trop de confusion... allons... Puis, tout d'un coup, à la troisième ou quatrième question, l'auteur chéri qu'ils ont au fond du cœur échappe... « Et Paul de Kock ! » s'écrient-ils. On a bien de la peine à leur expliquer que ce n'est plus du tout la même chose, qu'il peut bien avoir son mérite, qu'il l'a probablement, mais qu'on ne sait pas au juste, qu'on ne l'a pas lu. L'auteur anglais ne s'est donc pas heureusement orienté en commençant ; il aime, en lisant, le pêle-mêle ; il y a un peu de béotisme dans son début ; comme il est fier et rude, ce n'est pas nous qui essaierons de le ramener et de lui indiquer les sentiers plus sûrs, moins à portée de son regard :
Heu ! liquidis immisi fontibus aprum !

M. Hugo, qu'il introduit très-naïvement après Paul de Kock, est tout d'abord dénoncé, pour sa *Notre-Dame*, comme un disciple de Scott, comme un plagiaire de *Quentin Durward*. Scott a été lu, admiré, aimé, et, si l'on ose dire, compris ici de telle sorte, qu'on n'est pas suspect quand on lui refuse une part de plus. Non, la *Notre-Dame de Paris* ne ressemble pas à un roman de Walter Scott. L'auteur anglais s'est laissé prendre à une couple de scènes où figure Louis XI. L'inspiration fondamentale de *Notre-Dame*, qui est la Cathédrale, appartient en original à M. Hugo, et ne pouvait être exécutée que par un écrivain de ce style. Mais *style*, qu'est-ce cela? Nous n'expliquerons pas à l'auteur anglais quel cas nous faisons de M. Hugo sous cet aspect. De loin, et d'une langue à l'autre, on n'y regarde pas de si près; on ne va qu'au gros du roman, ce qui contribue à faire, en propres termes, un jugement fort *grossier*, comme j'ai remarqué déjà qu'on le disait fort poliment sous Louis XIV.

Une femme célèbre qui, en arrivant à la gloire, a été si indignement accueillie de toutes sortes d'injures qu'elle se doit à elle-même (pour le dire en passant) de redoubler de respect quand elle prononce certains noms illustres de son sexe; cette femme, qui ne le cède à aucun homme en talent, n'échappe pas à la prise de l'auteur anglais. Il cherche ridiculement et en grammairien commentateur l'origine de son nom emprunté; il lui conteste son titre (fort réel) et ses *armoiries* (auxquelles elle ne tient guère); et cette légèreté railleuse, cette convenance de ton, ont vraiment leur prix et toute leur délicatesse, ou le sent, de la part d'un auteur qui vient nous prêcher le décorum. Les parties contestables et critiquables de ce talent supérieur sont confondues avec ses pages les plus charmantes. Les œuvres les plus suaves et les plus chastes de sa plume ont passé, chez l'auteur anglais qui nous lisait en masse, dans une même bouchée, pour ainsi dire, que les plus fortes ; *Lavinia* n'a fait qu'un seul morceau avec *Leone Leoni*. Pour prendre une comparaison tout à fait à la portée d'un respectable scholar, comme nous aimons à supposer qu'est l'auteur, c'est un peu, qu'il le sache bien, comme s'il avait avalé, sans s'en douter, Anacréon dans Archiloque. *Indiana* et *Valentine* tombent frappées du même coup que *Lélia*, laquelle est livrée net au bourreau. M. de Vigny doit se féliciter d'avoir échappé, tant par ses drames que par ses romans, productions d'un talent si rare et si fin, à cette critique quelque peu cyclopéenne. L'auteur anglais a fait du moins à M. de Balzac la grâce insigne de discerner son *Eugénie Grandet* d'avec *le Père Goriot*.

Quant à la question des respects dus au mariage, et des atteintes qu'un illustre auteur y aurait portées par ses écrits, et des conséquences sociales que l'écrivain anglais y rattache, c'est un point qui vient d'être traité, et par l'auteur même inculpé, contre un adversaire français trop distingué, trop capable et trop courtois, dans des termes trop parfaitement convenables et dignes [1], pour que je prétende m'en mêler. Ce sont là matières graves et discrètes, auxquelles d'ailleurs la défense, selon moi, nuirait presque autant que l'attaque, si cette défense se prolongeait et devenait une thèse opposée à une autre thèse. Que la littérature actuelle soit assez peu prude, qu'elle aime les excep-

---

1. *Revue de Paris*, 29 mai 1836, Réponse de George Sand à M. Nisard.

tions, les cas singuliers, les situations scabreuses ou violentes, je ne le nierai pas, et je lui souhaiterai un peu plus de tempérance, au nom de la morale sans doute, mais aussi au nom du goût. Le goût, il faut bien le dire, n'est pas tout à fait la même chose que la morale, bien qu'il n'y soit pas opposé. La morale, établie d'une façon stricte, peut être quelquefois en méfiance du goût et le faire taire; si difficile et si dédaigneux qu'il soit, elle est moins étendue et moins élastique que lui. Quand une personne de principes et de croyance religieuse me parle contre un certain genre littéraire au nom de sa conscience, je m'incline et ne discute pas; c'est de sa part un motif supérieur qui interdit un danger, un écueil; il n'y a pas de comparaison à faire entre les avantages gracieux qu'on pourrait réclamer, et les inconvénients funestes qu'elle y croit voir. Quand Racine fut convaincu de la doctrine de Nicole, il cessa de faire des tragédies. C'était le parti le plus sûr. Devant saint Paul, Anacréon et Horace n'existent pas; la ceinture de Vénus est à quitter pour l'austère cordon. Mais la société n'en est pas là, et, dans la discussion présente, lorsqu'en prenant le parti sévère, on se tient simplement à la morale du monde, à ce qu'on appelle être honnête homme, à la morale qui admet la comédie et la tragédie, *Tartufe* et *Phèdre*, et la ceinture de Vénus et les jardins d'Armide, oh! alors le goût peut intervenir en son nom et faire valoir ses motifs. Or, depuis qu'il y a des sociétés civilisées, des littératures polies, ces littératures, soit sur le théâtre, soit dans les poésies lyriques, soit dans les autres genres d'imagination, ont vécu sur des exceptions pathétiques, passionnées, criminelles souvent, sur des amours, des séductions, des faiblesses, et les œuvres qu'on admire le plus parmi les hommes sont celles qui ont triomphé dans la forme et l'expression, dans un certain charme qui y respire, dans une certaine moralité qui résulte autant de la beauté de la production que de la conclusion expresse, ou qui même est quelquefois en sens contraire de cette conclusion littérale qu'on y pourrait voir. Cette beauté, il faut en convenir, cette harmonie de contours et de composition, qui peut réparer jusqu'à un certain point les désordres du fond, nos écrivains modernes, si éclatants dans le détail, ne l'ont guère, et c'est là peut-être ce qu'il faudrait leur demander plutôt qu'une moralité directe que l'art véritable n'a jamais cherchée et qu'il fuirait, j'en suis sûr, obstinément, sitôt qu'on la lui afficherait avec solennité. Le mariage, entre autres choses essentielles dans la vie, est de celles qui se respectent d'autant plus qu'on en parle moins et qu'on les prêche moins. Qu'on en jouisse, qu'on y trouve avec vertu le bonheur, mais toute inspiration n'est pas là. Dans l'état de démocratie ou plutôt de classe moyenne où nous allons de plus en plus, il y a un écueil, un faux idéal tout à fait à éviter pour l'art et pour le goût. Qu'on s'imagine une littérature qui serait de nature à satisfaire à première vue, bon Dieu! les susceptibilités moralistes d'outre-mer, les ménages vertueux, mais étroits, de toutes les provinces, ou encore la majorité d'une Chambre des députés (je demande pardon à tout ce que cette majorité renferme de membres individuellement-spirituels) : le jour où il y aura une telle littérature, claire, évidente, bien déduite, bien moralisante, n'offrant incontestablement que d'honnêtes tableaux, ce jour-là la société aura gagné beaucoup en tout autre point que le goût. Cette espèce de littérature, qui sera un symptôme de tant d'autres prospérités et de tant de mérites désirables, adviendra, nous l'espérons ; mais il devra y avoir à côté une littérature un peu moins à l'usage de ces bons et honnêtes esprits étrangers, de cette majorité de classe moyenne, de Chambre des députés, etc., etc.; il y aura toujours une littérature plus en quête des exceptions, des idées avancées et encore paradoxales, des sentiments profonds, orageux, tourmentants, dits poétiques et romanesques. Heureuse cette littérature à la fois plus démocratique et plus aristocratique, plus raffinée et plus audacieuse, moins *moyenne* en un mot, si elle n'est pas jetée hors de toute beauté et de tout calme d'exécution, hors d'un certain bon sens indispensable au génie et de certaines conditions éternelles de l'art, par la pruderie, l'honnêteté exemplaire et les prétentions établies de l'autre littérature! Aujourd'hui nous n'en sommes pas là. Toutefois, au bruit de la réaction morale qui semble depuis quelque temps s'organiser, et à laquelle l'article reproduit par la *Revue britannique* vient prêter sa grosse voix, nous concevons qu'il y ait de quoi mettre hors des gonds une littérature, même un peu plus patiente que ne l'est la nôtre. L'article en question est, dans son genre, une manière de grossièreté qui vaut (en fait d'offense au goût et à la vraie décence) tout ce qu'il impute à cette littérature un peu relâchée. Si l'article était resté là où il a paru, c'est-à-dire hors de France, nous l'y aurions laissé à l'usage des préjugés *tories* et des vanités littéraires nationales qu'il caresse ; mais, puisqu'on a jugé à propos de nous le reproduire en France comme une pièce qui a quelque intérêt et quelque gravité, il nous a été naturel d'en dire notre avis. Au reste, un seul ouvrage où un sentiment vrai, une situation touchante, une idée digne d'être méditée, apparaîtraient sous des formes qui auraient attrait et fraîcheur, servirait plus la cause du goût et de la morale délicate que toutes ces discussions et récriminations stériles que, pour cette raison, nous nous hâtons de clore. Ceci soit dit sans faire bon marché pour notre nation de cette faculté de vraie critique qu'elle a toujours possédée et dont elle n'est pas si dénuée aujourd'hui. C'est en France encore (que les *reviewers* étrangers daignent le croire) que les ouvrages qu'on lui reproche de faire naître, sont le plus promptement, le plus finement critiqués raillés sinon par écrit toujours, partout ailleurs, en causant, au coin d'une rue ou d'un salon, dans la moindre rencontre de gens qui à demi mot s'entendent. Athènes enfin n'est pas si anéantie qu'on s'en vante là-bas : elle existe, je ne dis pas à l'Académie tous les jours, ni dans le gros des journaux ; mais, bien qu'éparse, c'est un plaisir de plus de la savoir là et de la retrouver. Que si l'auteur de l'article ou autres de son bord me demandaient où se dérobent par hasard ces coins d'Athènes, je me garderais bien de le leur dire. Quand des gens comme ceux-là surviennent en tumulte, il faudrait avant tout, si l'on était sage, se tenir coi dans le plus petit des buissons de l'Hymette, leur abandonnant à discrétion toute la Béotie et même tout le Péloponèse.

15 juin 1837.

LE POËTE FONTANEY[1]

La *Revue des Deux Mondes* et les écrivains qui y travaillent viennent de perdre un collaborateur qui était pour presque tous un ami. M. Fontaney, dont les piquants *Souvenirs sur l'Espagne*, publiés sous le pseudonyme de *lord Feeling*, ne sont certainement pas oubliés, est mort, il y a peu de jours, âgé de trente-quatre ans environ, après une maladie de langueur qui pourtant ne faisait pas craindre une fin si prompte. M. Fontaney était un homme parfaitement distingué, dans le sens propre du mot, un de ces hommes auxquels il n'a manqué qu'une situation plus heureuse et plus élevée qui fît valoir en eux tous les mérites de

---

1. A propos de cet article, nous prions le lecteur de se reporter à la belle pièce des *Pensées d'août : En revenant du convoi de Gabrielle* (page 227 de l'édition Michel Lévy), et à la note mélancolique qui l'accompagne. Ajoutons-y un détail artistique qui nous est donné par M. Auguste Préault sur cette sympathique figure de poëte, et que n'eût point rejeté l'auteur des *Portraits contemporains* et des *Premiers Lundis* : c'est qu'il y a eu un très-beau portrait, genre *Titien*, de Fontaney par le peintre Louis Boulanger.

l'esprit et du caractère. Dès 1827, il commença de se lier avec les écrivains et poëtes de l'école nouvelle, vers laquelle l'attirait une vive inclination. Ami de Charles Nodier, de Victor Hugo et des autres, il jouissait surtout de comprendre, et ne s'exerçait lui-même que rarement, bien qu'avec distinction et sentiment toujours. Sa vocation, ce semble, si elle avait pu se développer naturellement, eût été le commerce des poëtes, des artistes, parmi lesquels il n'aurait pris, à titre de poëte lui-même, qu'une place modeste ; il se faisait de l'art une si haute idée, il avait un tel dédain du goût vulgaire, qu'il n'admettait guère les essais incomplets et qu'il ne voulait que les œuvres sûres. Ajoutez à cette noble qualité de l'esprit toutes les délicatesses et les fiertés de l'honnête homme et du *gentleman*, pour parler son langage de *lord Feeling*; on comprendra quelles difficultés et quelles amertumes une telle nature dut rencontrer dans la vie. Il souffrit beaucoup. La révolution de juillet, qu'il épousa avec ardeur et dévouement à l'heure de la lutte, laissa de côté et en dehors : de tels hommes pourtant auraient mérité d'être employés. Des fonctions vagues d'attaché à l'ambassade d'Espagne, sous M. d'Harcourt, ne lui procurèrent d'autre résultat qu'une première connaissance de ce pays, quelques amitiés qui lui restèrent, et d'ailleurs beaucoup de désappointements personnels. Il n'eut jamais d'autres fonctions; mais depuis, chargé de correspondance pour certains journaux, il revit l'Espagne, il visita l'Angleterre ; il savait à merveille ces deux pays, parlait leur langue dans toutes les propriétés de l'idiome, chérissait leurs poëtes, leurs peintres : il était intéressant à entendre là-dessus. Sa douleur, son inquiétude seulement se demandait s'il parviendrait à rendre et à produire tout cela. Des infortunes privées, tout un roman désastreux que tous ses amis savent, s'y joignirent et achevèrent de ruiner, non pas son courage qui fut grand jusqu'au bout, mais sa santé et ses forces. D'une main affaiblie il écrivait encore dans cette *Revue*, il y a peu de temps, de bien fermes et spirituelles pages sur les romans et poésies du jour [1] ; si quelque ironie chagrine y perce, il n'est aucun des blessés, aujourd'hui, qui ne le lui pardonne. Ses contemporains, ses amis de dix ans déjà, perdent, en M. Fontaney, un de ces hommes avec qui l'on sent, avec qui l'on est d'accord même sans se revoir, et qui font, en disparaissant successivement, que notre meilleur temps se voile, et que la vie devient comme étrangère [2].

1. Articles signés Y. C'était M. Fontaney aussi qui avait écrit dans la *Revue* des esquisses sur le parlement anglais fort remarquées, et signées *Andrew O'Donnor*.

2. Un autre poëte, ami de l'illustre critique, M. René Biémont, sous-chef à la mairie du sixième arrondissement de Paris, veut bien nous communiquer, sur notre demande, une quinzaine de lettres des plus intéressantes qu'il a reçues de M. Sainte-Beuve, et dont les premières sont déjà anciennes. Bien que cette communication ait été provoquée par nous, surtout en vue de la prochaine Correspondance dont nous préparons la publication, nous en dé-

tachons tout de suite un fragment sans date précise, qui est une dernière note sur Fontaney :

« Paris, 1er juin.

« Monsieur,

« L'extrême surcharge d'occupations où je suis m'a empêché de répondre plus tôt à votre aimable et honorable consultation. C'est en effet à votre ou plutôt à *notre* mairie que j'ai vu plus d'une fois Fontaney. La poésie lui a été à la fois bonne et fatale. Si c'est elle qui lui a fait quitter son modeste emploi pour les chances de la vie littéraire, elle l'a déçu, puisqu'il est mort à la peine, sans atteindre même à ce peu qu'on appelle la renommée. La poésie, telle que je la conçois dans certaines positions et dans une certaine mesure, c'est, Monsieur, un accompagnement du travail, une consolatrice au logis, une récréation aux heures de relâche. C'est une musique de l'esprit qui en entretient la douceur et la délicatesse, et qu'on cultive en vue d'elle-même et de soi-même. Je ne conseillerais donc à personne de se priver de l'usage de cet aimable talent quand il est naturel, facile et qu'il se confond avec la sensibilité. De même je ne conseillerais à personne de s'y confier assez pour y mettre toutes ses espérances et pour vouloir faire par là son chemin... »

15 septembre 1838.

HIPPOLYTE FORTOUL

GRANDEUR DE LA VIE PRIVÉE.

La pensée sérieuse et élevée de cet ouvrage le distingue de tant d'autres productions romanesques du moment, et mérite une attention que soutient le talent de l'auteur. M. Fortoul est, jusqu'à présent, connu surtout dans la critique; il y a porté de la verve, de la poésie, mais aussi, il faut le dire, de la fougue, des préoccupations systématiques. Il était en tête de ceux que l'*humanitarisme* semble avoir le plus atteints, et qui, non contents d'un ensemble d'inspiration délicate ou généreuse, en poursuivent à tous les moments et dans tous les détails l'intention accusée et l'expression voulue. Il aurait volontiers demandé à un tableau de Decamps un symbole et contemplé dans une chanson de Béranger une synthèse. Flottant de Béranger à Quinet, il essayait de les comprendre l'un et l'autre dans une même formule. C'est un travers dans la critique, mais qui succédait à un autre travers, et qui s'explique par la réaction. Le *romantisme* dans la critique a dû, en effet, amener par contre-coup l'*humanitarisme*. On n'avait voulu voir dans une œuvre que les conditions de l'*art pur;* cela a conduit les contradicteurs à n'y voir que l'idée sociale et le bon motif amplifié jusqu'au grandiose. La révolution politique de 1830 a donné le signal naturel à ce revirement littéraire. M. Fortoul, jeune, atteint, j'imagine, un moment par le *romantisme*, s'était bientôt retourné contre, et avait emprunté à un système, qu'il jugeait plus large et plus fécond, des principes qui ne valent pourtant que pour ce qu'on y met de particulier et de correctif perpétuel dans l'application. Mais ce sont là des formes de passions et comme de maladies, que les jeunes talents doivent presque nécessairement traverser; ils deviennent d'autant plus mûrs qu'ils s'en dégagent plus complétement. On ne passe point indifféremment sans doute par ces divers systèmes; on en garde des impressions, des teintes, un pli; mais enfin l'on en sort quand on a un talent capable de maturité. Ce qui est bon à rappeler, c'est qu'on n'en sort jamais, après tout, qu'avec le fonds d'enjeu qu'on y a apporté, je veux dire avec le talent propre et personnel : le reste était déclamation, appareil d'école, attirail facile à prendre, et que le dernier venu, eût-il moins de talent, portera plus haut en renchérissant sur tous les autres.

La plus sûre manière de sortir du raisonnement systématique et de la fougue esthétique est de *faire*, de s'appliquer à une œuvre particulière; on y entre avec le système qu'on veut vérifier et illustrer; mais, si l'on a quelque talent propre, original, ce talent se dégage bientôt à l'œuvre, et, avant la fin, il marche tout seul, il a triomphé. L'imagination et la sensibilité, quand on les possède, ont vite reconnu leurs traces, et la vraie poétique est trouvée.

Quelque chose d'analogue semble aujourd'hui arriver à M. Fortoul. L'idée dominante des deux volumes qu'il vient de publier n'est pas tout d'abord celle à laquelle nous avait accoutumé le critique humanitaire; elle se montre même précisément opposée. Dans une Introduction, l'auteur raconte comment, en un château assez voisin de Paris, chez le duc de..., qui, par ambition, s'est fait partisan très-avancé des idées nouvelles, une société nombreuse, composée de militaires, de députés, d'artistes, de journalistes, se met à discuter un soir le grand sujet à la mode, à savoir si la source du *progrès* est dans la vie publique et sociale, ou s'il la faut chercher au foyer domestique. L'auteur, qui prend part à la discussion, est seul de ce dernier avis, et, pour l'appuyer, il demande la permission de lire à la compagnie un manuscrit de sa composition; c'est Simiane, *ou la poésie de la vie privée*, le premier des deux romans.

Il se présente quelques objections à faire sur ce préambule. D'abord ce duc, qui a eu deux ancêtres ministres sous Louis XV, qui a puisé dans sa famille une pensée politique suivie et des *traditions* ambitieuses; ce duc, aujourd'hui démocrate et socialiste avec arrière-pensée, quel est-il? On cherche son nom, car il est notablement désigné ; mais on ne le trouve pas ; il n'y a pas en France de telles familles, de telles traditions politiques transmises, suivies et transformées; cela sent plutôt les grandes famille *whigs*. Et puis toute cette société réunie dans le château nous est donnée comme très-factice, très-bigarrée, très-déplaisante en somme, et elle doit l'être. On rencontre assurément, en France, de tels salons aujourd'hui, et plus qu'on ne voudrait ; mais c'est un singulier auditoire pour y venir plaider la vie privée et soutenir une thèse en faveur des humbles vertus.

La Grandeur de la Vie privée ! pourquoi cette affiche? J'aimerais autant qu'on inscrivît au frontispice de l'ouvrage : *la Gloire de l'Humilité, le Sublime de la Médiocrité !* La vie privée, en tant qu'elle est vraie, se *vit* avant tout, se pratique, se démontre par l'exemple et par le récit; elle ne se préconise pas.

Qui sapit, in tacito gaudeat ille sinu,

a dit le poëte élégiaque ; ce qui n'est pas moins vrai des félicités et des vertus domestiques que des amours mystérieuses. Lors même qu'on y lève le voile pour enseigner, il ne faut pas mettre l'enseigne.

Mais on s'explique aisément cet appareil de plaidoyer par la disposition précédente de l'auteur. Arrivé de l'idée humanitaire à l'idée domestique par une sorte de réaction intérieure, il a été d'abord un peu outré comme on l'est dans toute espèce de réaction. Il s'est, dans son nouveau rôle, posé en adversaire contre son ancienne idée qu'il s'occupe beaucoup trop de combattre face à face pour en être tout à fait guéri. Entré dans l'idée de la vie privée, non point par l'humble porte, si l'on peut dire, mais par la brèche, il y a dans sa prise de possession une chaleur de débat et un air de triomphe qui ne disparaîtront qu'avec un peu de long usage. On ne doit plus s'étonner qu'à ce premier jour, monté sur le toit modeste, il y arbore et y agite le drapeau.

Le premier des deux romans, *Simiane*, est moins animé que le second, et la dissertation y empiète sensiblement. Au commencement du mois de mai 1737, un jeune homme et une jeune femme arrivent à Vevey, dans le canton de Vaud, et là, au bord du beau lac, interrompant leur voyage, ils font choix d'une habitation élégante et rustique; ils continuent, durant des années, d'y vivre dans l'amour fidèle, dans l'admiration de la nature et l'adoration du créateur. Ce que l'auteur veut prouver, c'est que, par ce dévouement de l'un à l'autre, par ce perfectionnement continuel de leur âme dans la solitude, ils remplissent tout aussi bien leur rôle ici-bas que les autres en se lançant dans l'arène poudreuse et souvent bourbeuse. J'abonde dans cette idée; seulement, comme les jours des heureux se ressemblent tous et que l'histoire en est plus difficile que celle des malheureux, on trouvera que ce commencement rempli de conversations et d'extases n'a pas, pour le lecteur, la vivacité qu'il eut pour les amants. Il n'est donné qu'à un petit nombre de peintres d'écrire sur ces pages blanches de la vie. Rousseau, Bernardin de Saint-Pierre l'ont pu; quelques poëtes l'ont fait par un chant lyrique, par un hymne une fois exhalé. L'auteur a, dès le début, le désavantage de se rencontrer trop directement avec Jean-Jacques, avec Byron, dans les descriptions de la même nature. Au milieu d'un remarquable soin d'écrire et de peindre, une certaine précision de ligne et une certaine gloire de couleur lui manquent. Il ne serre pas d'assez près ses contours, il ne jette pas aux objets ou n'en reçoit pas de ces traits de flamme qui fixent l'image et qu'on emporte. Cette extrémité du Léman où il place sa scène d'idylle est, pour la simplicité et la précision du dessin, d'une grandeur tout à fait classique. A certains jours sombres de l'hiver, ces montagnes de neige striées de noir font l'effet, à l'œil fidèle qui s'y attache avec lenteur, de la plus austère et de la plus délicate gravure. Qu'elles sont belles ainsi, même sans un seul rayon! Mais aux jours glorieux, et quand l'éblouissement des mille reflets, déjouant le regard, n'ôte rien pourtant de cette précision éternelle qui les caractérise, comment les saisir? Demandez au peintre de *Childe-Harold* et de *Chillon*. A défaut du cadre en lui-même, on peut du moins en montrer les impressions dans l'âme des amants et y suivre, par le sentiment ému, les belles ombres plus flottantes. M. Fortoul n'a pas manqué de le faire ; mais ici encore il luttait avec de présents et poétiques souvenirs, il rencontrait M. de Lamartine sur son lac consacré. Lorsque l'auteur de *Simiane* nous montre Juliette s'enivrant des douces paroles amoureuses dont la musique se mêle à l'oscillation du bateau, quand il nous murmure un peu longuement quelques-unes de ces tendresses infinies : « A quoi servirait au « ciel d'être la plus étincelante merveille qui soit sortie « des mains du créateur, s'il ignorait lui-même sa « beauté? Mais le limpide miroir des eaux a été ré- « pandu sur le globe pour qu'il pût y contempler « sa face radieuse et jouir ainsi de lui-même, » il se rappelle involontairement et nous rappelle les strophes de l'*Adieu à la Mer*, qui nous ont tant bercés :

> Le Dieu qui décora le monde
> De ton élément gracieux,
> Afin qu'ici tout se réponde,
> Fit les cieux pour briller sur l'onde,
> L'onde pour réfléchir les cieux.

Dans la lutte honorablement inégale, mais un peu trop opiniâtre, de ce commencement, M. Fortoul a dû éprouver que tout n'est pas vain dans ces efforts pittoresques qu'il a dénoncés quelquefois comme *arriérés*, et qu'il y a un art propre, constamment digne du plus sérieux souci, dans cette reproduction précise et splendide de la nature, dans cette transparence limpide de couleur, dans ces coups de pinceau du génie, que toutes les théories du monde ne donnent pas sans doute, mais qu'elles doivent reconnaître, saluer et cultiver.

L'intérêt, qui languissait dans le tête-à-tête, se relève avec l'arrivée d'un tiers; c'est Rousseau lui-même qui, jeune, inconnu encore et s'ignorant, ouvre un jour la barrière verte du jardin de la maisonnette, et s'avance, sans trop savoir pourquoi, mais invinciblement attiré par l'image du bonheur qu'il rêve et par un air de clavecin qu'il entend. M. Fortoul nous le dépeint avec fidélité et avec amour; c'est bien le Rousseau des premières années des *Confesions*, à la veille des *Charmettes*. Il devient en peu d'instants l'ami de Simiane et de Juliette; il s'assoit à leur table. Laissons dire le romancier dans une page heureuse :

« Après dîner, Simiane essaya de faire causer son
« *ami*, et il lui adressa quelques questions littéraires.
« Son ami ne fit aucune réponse satisfaisante; il igno-
« rait presque le nom de Voltaire. Il parlait, du reste,
« de toutes les choses du cœur avec une facile élo-
« quence, et son esprit n'était pas sans ressource; mais
« il n'avait aucune teinture de ce qu'on appelle littéra-
« ture, et qui est, aux yeux du monde, le plus beau
« fruit de l'éducation. Il avait vu beaucoup, et peu lu;
« il avait eu déjà de grandes sensations, mais il était
« complétement étranger à l'art de les exprimer. Il

« avait erré comme un pauvre enfant aux pieds de ces
« Alpes où il avait reçu le jour; et l'abondance de sen-
« timents qu'il avait éprouvés au milieu des misères
« d'une vie incertaine n'avait trouvé d'autre forme
« pour se répandre que la musique, cette langue de
« l'air, du vent et de l'orage, que le génie a ravie à
« Dieu, et que ce jeune homme avait apprise tout seul
« en écoutant les échos de ses montagnes. D'ailleurs, il
« était paisible, confiant et bon; il se jetait dans l'im-
« prévu avec cette insouciance naturelle aux êtres qui
« ne croient pas que le mal puisse exister; il ne se
« plaignait pas de la fortune, qui l'avait exposé aux
« chances les plus dures, et il remerciait la nature des
« instincts qu'elle lui avait donnés et des trésors de
« jouissances inconnues qu'elle avait renfermés dans
« son âme. Aussi, le soir, quand il prit congé de ses
« hôtes, il leur laissa l'idée qu'il était né pour être
« heureux, et qu'il mourrait ignoré et content au bord
« du lac, seul témoin destiné à recevoir l'entière con-
« fidence de ses pensées. »

Rousseau ne donne plus de ses nouvelles, et ses amis croient qu'il les a oubliés. Mais l'été prochain, il reparaît, et ouvre un matin, encore à l'improviste, la claire-voie du verger. Cette fois, il est sombre, amaigri; il souffre de son génie déjà, et de ses fautes; il déplore son innocence perdue, il déplore surtout son inaction forcée et son manque de carrière. Le voilà devenu ambitieux; la lutte a commencé; les *Charmet-*

tes tirent à la fin. Il repart de chez ses amis, pour revenir de nouveau à quelque prochaine saison; chaque retour est peint à ravir, et comme l'unique accident qui projette une émotion intermittente et croissante dans l'heureuse et monotone existence des amants :

« A la fin de l'hiver de 1741, par un beau jour, Simiane venait de greffer ses poiriers; il tenait encore sa serpette, et s'était jeté sur l'herbe. Étendu tout du long, il écoutait les sons que Juliette tirait de son clavecin, et en même temps il suivait des yeux les nuages qui flottaient au gré du vent dans l'azur du ciel. Tandis que son regard nageait dans l'espace, il sentit une ombre se placer devant son soleil; aussitôt, sautant sur ses pieds, il s'écria :

« — C'est lui ! »

Cette fois, le génie a enfin parlé net chez Rousseau, et il éclate par tous les signes évidents, soit dans l'éloquence de ses discours, soit dans les désirs orageux de son âme. « A Paris, — oui, à Paris, s'écrie-t-il, c'est le vœu de tous les pauvres insensés qui se croient appelés à remuer le monde! Lui aussi, il veut dire à la société ce qu'il pense d'elle ; il veut essayer si son esprit ne serait point par hasard le pivot sur lequel e siècle doit tourner. » Simiane se déclare alors, et, pour le guérir du fatal projet, après avoir consulté Juliette du regard, il raconte sa propre histoire. Simiane n'est autre chose qu'un Rousseau *anticipé*, un Rousseau qui n'a pas voulu l'être; né dans les Alpes aussi, venu à

Paris jeune et orphelin, avec mille livres de rente, il a tenté la route des lettres; il a porté à Montesquieu un manuscrit, que le grand homme a jugé très-favorablement; il a fréquenté le café Procope et causé avec les beaux esprits. L'auteur, on le conçoit, prend occasion du récit de Simiane pour juger la première moitié du XVIII° siècle et en retracer les principales figures; aussi, dans le récit de Simiane, sent-on par trop l'auteur de nos jours. Simiane va porter son écrit à Montesquieu, que les *Lettres persanes* ont placé *à la tête de la réaction* qui s'est prononcée contre la grandeur et le despotisme de Louis XIV. On ne parlait pas encore en ces termes-là du temps de Montesquieu et avant les doctrinaires. Ces anachronismes d'expressions ou d'idées sont plus fréquents qu'on ne voudrait. Dans le portrait de Montesquieu, je ne crois pas qu'il soit exact de faire du grand écrivain un causeur aussi insignifiant et aussi dénué de saillies que nous le montre M. Fortoul; il ne faut pas trop s'en tenir à ce que dit Montesquieu de lui-même sur ce point : on lit dans les *Mémoires* de Garat une conversation de l'homme illustre, déjà bien près de finir, laquelle est, au contraire, tout étincelante d'images et de traits. La composition du café Procope est un peu arrangée à plaisir. Voltaire n'y causait guère avec Piron, et Vauvenargues, bien que logé rue du Paon, n'y allait pas [1]. Mais, à part

---

1. Voir le *Tableau du* XVIII° *siècle*, par M. Villemain, tom. II, pag. 94 et suivantes.

ces critiques de détail, il n'y a que des éloges à donner à la vue d'ensemble jetée sur la littérature d'alors, et à ces couleurs de flétrissure énergique, encore mieux applicables à la nôtre aujourd'hui. S'il y a quelque anachronisme ici, il n'est pas choquant, et on l'accepte, parce qu'il laisse jour aux accents les plus généreux échappés à l'âme de l'auteur. Les amours de Juliette et de Simiane ont du charme, de la vérité, et je n'y vois guère à reprendre que ces visites un peu trop gothiques, et qui sentent l'année 1828, au haut des tours de Notre-Dame. On peut se mettre au-dessus de son siècle par la morale ; mais par le goût à ce point-là, c'est impossible.

Le récit de Simiane a touché Rousseau, mais ne l'a pas converti. Il semble même, plus tard, que l'exemple de Rousseau, et ses succès, revenant jusqu'au sage ami, aient réveillé la tentation dans son cœur et jeté une ombre d'un moment sur sa félicité longtemps inaltérable. Mais Simiane, une dernière fois, a triomphé des désirs de gloire masqués en projets généreux. Les regards de sa Juliette, consultés assidûment et relus, un voyage de tous deux au Mont-Blanc, qui était alors une nouveauté et comme une découverte, réparent son âme et la rétablissent dans la modération vertueuse. « Les hautes montagnes, a-t-on dit, consternent aisément celui qui habite au pied, ou du moins elles le modèrent et le calment ; elles mettent l'homme à la raison. » Simiane reste dans la raison, ainsi que dans le bonheur; lorsque Rousseau, déjà célèbre, les visite encore, il emporte de leur dernier embrassement une de ces fraîches et à la fois solennelles images, qui, en présence de Thérèse et de tant d'illusions flétries, sauvaient l'idéal dans son cœur.

Ce personnage de Simiane à côté de Rousseau est vrai; celui-ci a eu de tels amis, ses égaux d'esprit et d'âme, et obscurs; on peut relire l'éloquente page qu'il consacre à la mémoire de l'un d'eux : « Ignacio Emmanuel de Altuna était un de ces hommes rares que l'Espagne seule produit, et dont elle produit trop peu pour sa gloire... [1]. » Simiane est un de ces Emmanuels de Jean-Jacques, restés inconnus.

Que manque-t-il à ce premier volume de M. Fortoul? De vouloir moins prouver, d'être plus court, plus sobre et plus réduit de forme, surtout d'être *parfait* de style. A une donnée aussi simple, il fallait l'expression excellente et achevée, ce que La Bruyère appelle l'expression *nécessaire*. L'auteur, dans ses nobles efforts, ne l'a souvent qu'approximative et suffisante. Beaucoup d'à peu près, çà et là des répétitions négligentes (*délicieuse* deux fois dans la même phrase, page 228), parfois de ces inadvertances triviales qu'il faut laisser à nos romanciers sans délicatesse (ainsi cette phrase, page 155, *comme le plus grand imbécile qui eût jamais battu le pavé de Paris*); — tout cela ne saurait être en-

---

[1]. *Confessions*, partie II, livre VII.

tièrement racheté, dans un roman sans action, par des pages élevées et éloquentes, fussent-elles nombreuses.

Le roman du second volume, *Steven*, offre précisément cet intérêt d'action qui se faisait vainement attendre dans *Simiane*. L'auteur ne s'est pas proposé le contraste dans une intention littéraire et pour but d'agrément, mais toujours d'après sa même vue morale. La compagnie, devant laquelle il a lu son premier roman, lui reproche d'avoir fait l'apothéose de l'égoïsme, et il tient à montrer, par un nouvel exemple, que le foyer domestique n'a pas moins son inspiration, sa flamme active, que son renoncement et son sacrifice. Le talent de romancier, qui se manifeste dans *Steven*, est très-vif, et, à ne prendre les choses que par le dehors, on peut regretter, pour le succès de lecture, que ce roman n'ait pas précédé l'autre. La scène se passe dans le Hartz, vers 1714; le paysage est grandement décrit; les personnages historiques, à demi mystérieux, y sont jetés tout d'abord à la Walter Scott et sans les longueurs. Je n'analyserai pas en détail ce qu'il faut plutôt engager à lire. Le jeune Steven de Travendahl, fils d'un général de Charles XII, qui a péri à Pultawa, s'est retiré dans ce pays de Hartz avec sa mère, avec sa sœur; devenu le chef respecté des intrépides mineurs, il n'a, d'ailleurs, qu'une pensée : servir sa mère, lui obéir, consoler sa triste sœur Mina, qu'une langueur secrète dévore. On est au moment où Charles XII, délivré de prison, a quitté la Turquie; le bruit

de son retour le devance. Partout en Allemagne, on
l'attend, on l'a cru voir passer dans chaque cavalier
inconnu, les peuples prêts à saluer, comme toujours,
l'homme du destin, les gouvernements attentifs à saisir le conquérant déchaîné. Son neveu, le jeune duc
de Holstein, et le vieux chancelier Mullern, qui précède de peu Charles XII, se sont donné rendez-vous
dans le Hartz. Charles XII y arrive lui-même. Steven,
Suédois de naissance et de cœur, fils d'un des braves
de Pultawa, se trouve placé entre toutes ses affections
et tous ses devoirs. L'action du roman, dans les deux
tiers, ne mérite guère que des éloges. Charles XII
peut sembler un peu arrangé après coup, sans doute,
dans les projets de pacification et de liberté européenne
que lui suppose l'auteur; Steven peut sembler un peu
avancé, lorsqu'il fait saluer à ses hôtes, dans la personne de ses mineurs, *les premiers gentilshommes de
l'Europe, et cette seule et immortelle noblesse du travail
qu'il a l'honneur de commander*. Mais ce ne sont là que
des traits accessoires auxquels le lecteur prend garde
à peine, tant l'ensemble va, marche, se presse, tant le
drame ne vous laisse pas; tout est bien jusqu'au moment où Steven se trouve face à face avec Charles XII.
Mais ici, quand le roi, en hâte de partir, et dont le
danger redouble à chaque minute, demande et commande à Steven des chevaux, et de lui rendre son compagnon de voyage, qu'on lui retient parce que c'est le
fiancé de Mina; quand Steven, non content de résister

par piété domestique, étale cette piété, la discute, l'oppose avec faste au rôle du conquérant, quand il s'écrie : « L'homme que vous venez d'appeler un enfant se lève du sein de son obscurité pour se placer devant vous, et pour se mesurer à vous, sans orgueil comme sans crainte... Ce n'est pas parce que je commande que j'ose me comparer à vous, mais parce que j'obéis... J'ai vaincu un ennemi plus redoutable que vous..., je me suis vaincu moi-même; » alors le drame cesse en ce qu'il avait de naturel et d'entraînant; le système reparaît, se traduit de nouveau à la barre sous forme de plaidoyer. Steven n'est plus qu'une espèce d'allégorie représentant l'*héroïsme de la vie privée,* qui se dresse de toute sa hauteur; et Charles XII, stupéfait, n'a que raison, lorsqu'il lui dit (un peu tard) : « J'admire la complaisance avec laquelle je vous écoute. » Sans cette scène malencontreuse, *Steven* restait jusqu'au bout un excellent roman. Je sais que la scène devait se faire, qu'elle était essentielle à l'idée. De quelle façon était-elle possible? Je ne me chargerais certainement pas de l'exécuter ni même d'en fixer la mesure. Mais ce qui me paraît certain, c'est que l'auteur y a outre-passé les conditions de vraisemblance et d'intérêt, parce qu'à ce moment il a perdu de vue ses personnages en eux-mêmes pour s'adresser à la galerie.

Steven n'est pas moins une très-grande preuve de talent dramatique et pittoresque. M. Fortoul va continuer sa série de romans dans la même voie morale. Qu'il veuille s'inquiéter moins de la démonstration et plutôt de la vie, du naturel, du pathétique de son sujet, comme il en est si capable. La démonstration ressortira mieux sans être plaidée; c'est chose humble et modeste que la vie privée, c'est chose surtout bonne à la longue, salutaire dans l'ensemble, et qui pénètre par le parfum des exemples. La meilleure démonstration serait celle qui transpirerait dans une suite de récits fidèles et de peintures variées; on oublierait souvent le but, on ne le discuterait jamais; puis, à un certain moment, comme après un doux et captivant séjour chez des amis heureux, on se sentirait devenu autre, converti à leur vertueux bonheur et le voulant mériter.

15 septembre 1838.

THÉOPHILE GAUTIER

FORTUNIO. — LA COMÉDIE DE LA MORT.

M. Théophile Gautier n'est pas du tout sorti de la même école que M. Fortoul; non-seulement il se raille volontiers de la direction *humanitaire* dans la critique ou dans l'art, mais il se passe très-bien, dans l'une et dans l'autre, d'un point de vue moral et d'un but utile quelconque; il lui suffit en toutes choses de rencontrer ou de chercher la distinction, la fantaisie, l'éclat, la rareté de forme ou de couleur. Il est de ce qu'on appelle l'école de l'*art pour l'art*, et il en a même poussé quelques-uns des principes dans l'application avec une rigueur et une nouveauté qui lui font une place à part. M. Théophile Gautier était trop jeune, avant 1830, pour se produire dans le premier mouvement de la poésie romantique; mais il entra et persévéra en cette ligne, lorsque plusieurs l'abandonnaient ou songeaient du moins à en modifier le développement. S'occupant d'abord de peinture, vivant avec plusieurs amis, poëtes, peintres, sculpteurs, de la pure vie d'atelier, il en eut les préoccupations exclusives, le genre sans nuance, et, qu'il nous permette de le dire, quelques-unes des singularités extrêmes, en même temps que l'émulation sérieuse, les études sincères, l'ardeur et l'audace d'esprit. Quoiqu'il soit toujours délicat de juger ses confrères et successeurs, surtout en ce métier *irritable* de poésie, quoique à l'égard de M. Théophile Gautier notre rôle de juge et de donneur de conseils puisse sembler encore plus délicat, puisqu'on a bien voulu mêler de loin notre nom et notre exemple à son talent, il y a quelque chose qui met à l'aise, c'est un sentiment envers lui et envers ses mérites poétiques, un sentiment de bon vouloir équitable, dont nous sommes sûr et dont nous espérons, malgré quelque sévérité, qu'il ne doutera pas. Il sortit donc de ces années préparatoires avec un renfort de couleur, une science de tons et une décision d'images à tout prix, qui, après quelques essais moins remarqués, ont trouvé enfin leur cadre et leur jour : dans l'école, aujourd'hui renouvelée, de M. Hugo, M. Théophile Gautier est au premier rang.

Son livre de poésie, qui le classe véritablement, *la Comédie de la Mort*, s'intitule ainsi, non-seulement à cause de la première pièce qui porte ce titre particulier, mais aussi, sans doute, à cause d'une impression générale de mort qui réside au fond de la pensée du poëte, qui ne le quitte pas même aux plus gais moments, et qui ne fait alors que le convier à une jouissance plus vive de cette terre et de ses couleurs. C'est, après tout, la même idée qu'on sait familière à Horace et aux poëtes épicuriens : *Eheu! fugaces, Posthume, Posthume...*; mais, au lieu d'être exprimée sur le mode de l'inspiration antique, cette pensée prend, chez M. Théophile Gautier, la forme gothique et romantique ; et elle s'apparente directement aux peintures d'Orcagna ou d'Holbein, aux moralités des XIVe et XVe siècles.

La première pièce, qui est la plus considérable, a de la profondeur, et si le poëte n'avait réservé qu'à de tels sujets sa plus grande vigueur et sa crudité de tons, on n'aurait que peu de reproches à lui faire; ici du moins, il y a proportion entre l'expression et l'idée. Dans son premier point de vue intitulé *la Vie dans la Mort*, le poëte, errant le 2 novembre dans un cimetière, y suppose la vie non encore éteinte, et essaye de se représenter les tourments, les agonies morales, les passions ulcérantes de tous ces morts, si, vivant encore d'une demi-existence, ils pouvaient sentir et savoir ce qui se continue sans eux sur la terre :

> Sentir qu'on a passé sans laisser plus de marque
> Q'au dos de l'océan le sillon d'une barque ;
> Que l'on est mort pour tous ;
> Voir que vos mieux aimés si vite vous oublient,
> Et qu'un saule pleureur aux longs bras qui se plient
> Seul se plaigne sur vous.

Tout ce qui suit, d'une énergie croissante, a sa vérité funèbre ; le dialogue du *ver* et de la *trépassée*, l'apparition de Raphaël dont le masque se ranime et profère contre le siècle des cris d'anathème et de désespoir, ces scènes fantastiques s'admettent dans la situation et dans le monde où l'auteur nous transporte ; on résiste d'abord à l'horreur, mais bientôt on y cède, tant les coups sont redoublés et souvent puissants.

Le second point de vue, *la Mort dans la Vie* (et ces espèces de jeux de mots symétriques, *vie dans la mort, mort dans la vie*, sont bien dans le goût du moyen âge), présente une vérité réelle plus aisée à reconnaître, tout ce qu'il y a de mort et d'enseveli au fond de l'âme de ceux qui passent pour vivants :

> Et cependant il est d'horribles agonies
> Qu'on ne saura jamais ; des douleurs infinies
> Que l'on n'aperçoit pas.
> Il est plus d'une croix au calvaire de l'âme,
> Sans l'auréole d'or, et sans la blanche femme
> Échevelée au bas.

> Toute âme est un sépulcre où gisent mille choses...

Dans le voyage à la Lénore, que fait ensuite le poëte, il est bien à lui de nous présenter le vieux Faust qui, désabusé de la science où il n'a pu trouver le dernier mot, dit pour conclusion : *Aimez, car tout est là !* tandis que don Juan, au contraire, désabusé de ses amours sans fin, renvoie à Faust ou à Salomon, et s'écrie : *Étudiez, apprenez !* Mais on admet moins aisément que Napoléon, qui est ensuite évoqué, conseille Tityre et Amaryllis, et regrette de n'avoir pas été berger en Corse. La grande figure historique récente ne se prête pas à la palinodie morale comme ces êtres de fantaisie, Faust et don Juan, qui flottent, depuis des siècles, au gré de la tradition et des poëtes.

En somme, la première et principale pièce du receuil de M. Théophile Gautier a, je le répète, profondeur et sincérité. Si elle reproduit tout à fait la mythologie et le fantastique des moralités et des peintures du moyen âge, elle n'en est pas un simple pastiche ; le manque absolu de foi et l'idée de néant qu'y jette l'auteur, en deviennent l'inspiration originale ; après tout, cette image physique de la mort, horrible, détaillée, continuelle, obsédante, ce n'est que celle qu'avaient les chrétiens de ces âges pieusement effrayés ; mais le poëte, en prenant les images sans la foi, les éclaire d'une lueur plus livide, et qui les renouvelle suffisamment. Il a senti (certains de ses accents l'attestent) le mal qu'il a exprimé avec tant de violence ; l'angoisse du néant a passé par là.

Voilà pour l'éloge...[1].

---

1. Il faut se reporter, pour la suite et la fin de l'article, à partir de ce passage, au tome II, page 516, des *Portraits contemporains*, édition de 1869.

15 octobre 1838.

REVUE LITTÉRAIRE [1]

En donnant ses *Traditions populaires de Franche-Comté*, poésies suivies de notes [1], M. Auguste Demesmay a voulu animer et rajeunir sous forme d'art un ouvrage qui aurait pu être de pure érudition. Il a voulu concilier et marier le sentiment poétique qu'il possède avec celui des souvenirs légendaires qu'il a recueillis. Il y a réussi. Et d'abord, pour les esprits sévères qui aiment avec raison qu'en recueillant même les songes et les fantaisies de l'imagination dans le passé, on soit fidèle à la lettre et qu'on transmette scrupuleusement les vestiges, l'ouvrage de M. Demesmay a ses notes aussi considérables que le texte et qui forment une moitié du volume. Les témoignages des historiens, des poëtes, n'y font pas faute; les chants si gracieusement gothiques *à la Vierge*, que le révérend père Chrysostôme Colin, gardien des capucins de Pontarlier, allait

---

1. Publiée dans la *Revue des Deux Mondes*.

chantant dans ses tournées évangéliques, et qui lui étaient arrivés quasi du XIII° siècle en droite ligne, au bon père, sont enregistrés avec soin. Les ballades sur les aventures merveilleuses des sires de Joux y sont produites dans leur naïveté même. Veut-on savoir ce qu'étaient autrefois, au dire populaire, ces colossales statues de rochers, dressées par la puissante main de la nature, et auxquelles le montagnard du Jura a donné le nom de *Dames d'Entreporte?* La ballade, à peine altérée en passant de bouche en bouche, le raconte au long :

> Ors, écoutez naïve histoire,
> Histoire des jours d'autrefois,
> Quand chevaliers aimaient la gloire,
> Dieu, les dames et les tournois.
> Au fond d'un cloître l'ai trouvée
> Par un vieux moine conservée
> Dans un missel, de lettres d'or
>   Tout brillant encor.

Le sire de Joux, après avoir bien chevauché et guerroyé contre l'infidèle, s'était retiré, vieux, dans ses châteaux et ses donjons; il avait trois filles *belles à rendre un ermite amoureux.* Trois nobles jouvenceaux les aimèrent :

> Jeune Amaury de haut lignage
> De Loïse est enamouré ;
> C'était bien le plus mignon page
> Qu'en Bourgogne on eût admiré.
> . . . .
> De Berthe l'ardente prunelle
> Enflamme Gaston le vaillant :

> Par saint George ! au nom de sa belle
> Il irait défier Satan !
> . . . .
> Arthur qui brûle pour Hermance
> Était renommé troubadour,
> Il possédait la gai-science
> Et savait beaux refrains d'amour.

Tous trois se croient aimés, et on les trompe tous trois ; car ces cœurs de châtelaines superbes et volages n'avaient d'amour que faux-semblants.

> Aussi bientôt notre beau page
> Que suit, triste, son lévrier,
> Quitte ces lieux où l'on outrage
> Amour et foi de chevalier.
> Arthur, qui ne veut pas maudire,
> En soupirant détend sa lyre...
> Mais Gaston dit : — « M'en vengerai,
> Ou bien en mourrai ! »

Et Gaston, le violent, décide tous les seigneurs des environs à s'interdire pour eux-mêmes et à défendre à tout loyal chevalier la porte de ce château que la félonie déshonore. Alors, les dames aux abois, et n'ayant pour servant d'amour que l'Ennui, ne savent plus que devenir :

> « Autant vaudrait être cloîtrée !
> Quoi ! vivre sans être adorée !
> A ses pieds n'avoir pas un cœur
> Qu'on traite en vainqueur ! »

Le vieux père s'irrite de ce délaissement par orgueil pour son blason, et il convoque un grand tournoi. La main des trois filles est promise aux trois vainqueurs. Oublieux de leur foi trompée, tous y viennent; le pas d'armes brille au complet; mais, jeu du sort! les trois vainqueurs sont Bras-de-fer, Raymond-le-Bossu, et Hugue-au-Pied-Fourchu.

Les trois dames, effrayées du choix, veillent toute la nuit et tiennent conseil : et le matin, Berthe, *d'une voix de velours*, demande pour elle et pour ses sœurs aux prétendants de ne les suivre à l'autel que voilées : *c'est un vœu fait par modestie!* et les preux d'applaudir. On a deviné : au moment où le mariage est consommé, le voile tombe, et c'est la main d'une vassale qui a reçu l'anneau de chaque noble amant. Les trois chevaliers furieux se tournent vers le sire de Joux en l'accusant; mais lui-même, que ce spectacle renverse, tombe et meurt suffoqué de colère au moment où il leur jette son démenti :

> Cependant sur leurs haquenées
> Galopaient les dames de Joux,
> Fuyant, ainsi que trois damnées,
> L'ombre d'un père et leurs époux.
> Les preux, que la fureur transporte,
> Les poursuivent vers *Entreporte*,
> Noir défilé que Dieu creusa
>   Aux flancs du Jura.

> Accours, accours, terrible sire!
> Aux flancs poudreux de ton coursier
> Plante avec rage, avec délire,
> Ton mordant éperon d'acier.
> Il bondit, vole, écume et sue,
> Ton bon coursier. — Bride abattue!
> Vengeance!... On ne peut t'échapper,
>   Tu n'as qu'à frapper!

Tu frémis! — Que crains-tu? — L'orage.
L'éclair s'échappe en longs sillons;
Dans les sapins le vent fait rage,
Siffle et mugit en tourbillons.
Tout s'assombrit dans la vallée,
L'oiseau tremble sous la feuillée,
La terre s'ébranle, et l'Armont
    A voilé son front.

O miracle! horrible surprise!
Sous un lourd manteau de rocher,
Voilà que chaque dame emprise
Se sent à la terre attacher;
Leurs cris d'angoisse terrifient;
Leurs yeux éteints se pétrifient;
On ne voit plus que trois géants
    De rocs nus et blancs.

« Les coursiers se cabrent, les chevaliers s'enfuient; et l'un d'eux, l'un des anciens amants, Arthur, le tendre troubadour, entre dans un cloître; c'est lui qui, en pleurant toujours sa belle, a donné, dit-on, le premier récit. On sent dans toute cette ballade des traces certaines, énergiques ou gracieuses, d'une antique rédaction : il faut lire la pièce en entier. Ce fort de Joux, où Mirabeau écrivait ses lettres brûlantes à Sophie, ne manquait pas, on le voit, en son beau temps, de tragédies d'amour. Dans les poésies qui sont de M. Demesmay, et où il a mis sa forme élégante aux souvenirs poétiques de sa patrie, on reconnaît un disciple souvent heureux de l'école de 1828, un lecteur enthousiaste des *Odes et Ballades*. Beaucoup de sensibilité, de simplicité, fait aisément pardonner çà et là moins de force et d'originalité qu'on ne voudrait. Partout dans cet agréable, instructif et somptueux volume, respire l'enfant passionné de sa contrée, l'écrivain désintéressé et bon, qui se croira trop comblé s'il fait agréer à quelques amis compatriotes, non pas son monument, mais son offrande. Dans une dernière pièce, intitulée *les Bluets*, il compare ses vers à cette simple fleur, qui suffit à la bergère :

De même il en advient pour tes vers, ô poëte !
Le sage, qui voit tout des yeux de la raison,
Loin de lui les repousse, et, secouant la tête,
    Il se dit : à quoi bon ?...

Qu'importe ce dédain ? si parfois une femme,
Pensive, en les lisant, à la fuite du jour,
Sent son œil qui se mouille et son cœur qui s'enflamme
    A tes récits d'amour ;

Si, parmi les amis qu'a chéris ton enfance,
Un seul peut-être, un seul qui t'aurait oublié,
Y trouve avec bonheur quelque ressouvenance
    D'une ancienne amitié ;

Ou, si d'enfants chéris une troupe rieuse
Qu'amusent tes récits, que charment tes accents,
En t'écoutant, devient meilleure et plus joyeuse,
    Et t'aime pour tes chants :

Ce rêve est assez beau pour enivrer ton âme !
Que t'importe la gloire et la postérité !
Vivre au cœur d'un ami, d'un enfant, d'une femme...
    Voilà ton immortalité.

Ces doux accents mêlés aux légendes devront, en effet, trouver plus d'un écho dans ces montagnes qui nous ont donné Nodier et Jouffroy, et Droz, et qui ont gardé le savant et bon Weiss.

15 octobre 1838.

CHARLES DE BERNARD

LE NŒUD GORDIEN. — GERFAUT.

C'est un Franc-Comtois encore, je le crois bien, mais beaucoup moins primitif, et raffiné, s'il en fût, que l'auteur de *Gerfaut*, M. Charles de Bernard. Il a gagné une réputation depuis trois ans environ, et chaque jour la confirme et l'augmente. Il a débuté, si je ne me trompe, dans le journal dit la *Chronique de Paris*, et sous l'aile de M. de Balzac ; il a été d'abord son disciple dans la nouvelle, et le voilà près de devenir aujourd'hui son rival dans le roman. M. de Bernard est un romancier ; il unit un rare et facile entrain dramatique à un précoce esprit d'observation ; à vingt-cinq ans il savait la vie, et il s'y joue en l'exprimant. Les nouvelles diverses, qu'il a recueillies dans son *Nœud Gordien* et son *Gerfaut*, permettent déjà de porter sur lui, sur l'ensemble de son talent et de son rôle possible, un jugement ou au moins un pronostic général. Dans toute la comparaison que je crois à établir entre M. de Bernard et M. de Balzac, loin de moi l'idée de louer l'un au détriment de l'autre, de séparer le disciple du maître en le mettant au-dessus! Sans M. de Balzac, il est fort possible que M. de Bernard eût fort longtemps tâtonné avant de trouver son genre et de savoir exploiter sa veine. M. de Balzac a découvert cette veine; c'est lui qui, le premier, après d'inconcevables *écoles*, a fini par bien saisir et par traiter dans ses moindres nuances la forme de sensibilité, d'imagination, de fatuité, de rouerie, qui caractérise un certain monde à la mode de notre temps. Mais à quel prix M. de Balzac a-t-il fait sa découverte et en a-t-il tiré parti? je ne parle plus des cinquante volumes inqualifiables qui précédèrent ses premières œuvres distinguées; je parle de ce qui se mêle à tout instant à ses œuvres les plus distinguées et les plus fines elles-mêmes. Ce filon heureux qu'il a trouvé, on dirait qu'il l'ignore, tant il le quitte souvent pour de fantastiques essais comme pour l'alchimie du genre. Son observation si pénétrante et d'une qualité presque magique s'obscurcit tout d'un coup, et se perd, en croyant se continuer, dans toutes les aberrations de l'invraisemblable. Quand Christophe Colomb (M. de Balzac me pardonnera la comparaison) découvrit l'Amérique, il ne savait qu'à demi ce qu'il faisait; il croyait rejoindre la Chine et prendre par le revers le grand kan de Tartarie; la tour de porcelaine, ou je ne sais quoi de pareil, lui semblait à chaque pas miroiter à l'horizon : il mourut sans comprendre, sans apprécier tout ce qu'il avait trouvé. Eh bien, pour revenir à M. de Bernard, il pourra bien être, s'il le veut, l'Améric Vespuce de cette terre dont M. de Balzac est le Christophe Colomb ; oui, l'observation du monde des dix dernières années, il la possède ; ce fond nouveau de sensibilité, de coquetterie, d'art, de prétentions de toutes sortes, ce continent bizarre qui ressemble fort à une île flottante, il y a pied et n'en sort pas. La tour de porcelaine ne lui fait pas mirage à l'horizon, il ne laisse jamais le réel pour le fantastique; quand une fois il tient nos originaux, nos travers, nos ridicules, il ne les lâche pas. S'il le veut, il y a en lui l'étoffe d'un romancier actuel, fécond et vrai ; son mauvais goût (car il en a) n'est que dans le détail; ainsi, il reproduit trop par moments le jargon psychologique du maître; il a des redoublements de bel esprit dans ses analyses, des drôleries et trivialités métaphoriques dans ses portraits, qui déplaisent au passage, mais sans avoir le temps de rebuter; il a une multitude d'allusions dont un trop grand nombre, pour ceux qui ne vivent pas tout à fait de cette vie du jour, sont déjà subtiles et obscures. Quelques traits de plume çà et là éclairciraient ces fautes courantes que rachète tant de verve, de vérité et d'amusement. Mais encore un coup, tout ce que nous disons à l'avantage de M. de Bernard n'est pas pour dégager son talent de l'obligation qu'il a contractée envers celui de M. de Balzac ; quand l'auteur d'*Eugénie Grandet* et de *la Femme de trente ans* finirait comme il a commencé, c'est-à-dire quand ses volumes heureux se trouveraient suivis d'autant d'œuvres illusoires qu'ils ont été précédés d'œuvres insignifiantes, quand lui-même, l'auteur de *la Femme de quarante ans* et de *Gerfaut*, serait devenu, par bien d'autres productions dont il est capable, le romancier régnant, il ne devrait pas, en avançant, séparer tout bas son progrès de son point de départ, car en littérature il est un peu comme un fils de famille ; il entre de plain-pied dans un genre ouvert, il arrive le lendemain d'un héritage riche, qu'il n'a qu'à grossir après l'avoir débrouillé.

La Femme de quarante ans, la plus belle perle du *Nœud gordien*, est un renchérissement plein de ressources et de grâce sur *la Femme de trente ans*. Cette seule nouvelle, qui a presque les dimensions du roman, suffirait à poser au complet le talent de M. de Bernard. L'observation y est parfaite dans sa finesse et sa subtilité ; chacun a connu et connaît quelque madame de Flamareil, toujours belle, toujours sensible, toujours décente, qui a graduellement changé d'étoile du pôle au couchant, qui en peut compter jusqu'à trois dans sa vie, dont le cœur aimant enfin a suivi assez bien les révolutions inclinées et l'orbite élargi du talent de Lamartine, des premières Méditations jusqu'à Jocelyn. Les trois amants successifs, le commandant Garnier,

Mornac et le jeune Boisgontier, sont des personnages d'aujourd'hui, du dernier vrai, saisis dans leur relief et assemblés, contrastés entre eux dans des situations habiles où le pathétique d'un moment cède vite au comique et à l'ironie. M. de Pomenars, le vieil oncle, si fringant, et qui est le malin génie de l'aventure, semble avoir soufflé son esprit au romancier et tenir la plume en ricanant; ou plutôt personne ne tient la plume; chaque personnage agit, se comporte, parle comme il doit; et si l'auteur se montre, ce n'est que pour les aider encore à mieux ressortir, comme un maître de maison plein d'aisance, qui s'efface ou reparaît à propos, et sait la vie.

Sans nous engager dans les autres nouvelles, la plupart connues, du *Nœud gordien,* nous retrouvons dans *Gerfaut* toutes les qualités que promet *la Femme de quarante ans,* et qu'on est sûr de ne plus perdre avec M. de Bernard, tant il les possède de source avec abondance et netteté. *Gerfaut,* pourtant, aspire à des dimensions plus imposantes : la description, la dissertation, y ont plus de part; mais tout cela si varié, si vif, si bien pris sur le fait, que d'ordinaire on y a peu de regret, nulle impatience. Gerfaut, le héros du roman, est aussi un des héros du jour, un écrivain à la mode, un dramaturge applaudi, un romancier qu'on s'arrache; à trente ans, après bien des efforts et de longues sueurs, il a gagné, lui aussi, son bâton de maréchal; il est aujourd'hui, comme dit spirituellement l'auteur, un de ces jeunes maréchaux de la littérature française dont Chateaubriand semble le connétable. Gerfaut, c'est comme un composé un peu idéalisé de M. de Balzac et de M. de Bernard lui-même; véritable gentilhomme, qui, au faubourg Saint-Germain, se nomme le vicomte de Gerfaut, et qui, ailleurs, donne à corps perdu, en vrai lion, dans la moderne orgie littéraire. Il a rencontré dans une course des Alpes, puis retrouvé à Paris, la baronne Clémence de Bergenheim, une noble et chaste beauté; il l'aime, il peut se croire aimé, et, sous prétexte d'un voyage du Rhin, accompagné de Marillac son fidèle Achate, il se jette dans les Vosges et va tenter aventure autour du château où la baronne, fuyant l'amant qu'elle porte en son cœur, passe l'été avec son mari. Marillac est une des plus gaies figures que romancier de nos jours ait rencontrées : *artiste* avant tout, ayant pour le bourgeois le mépris du grognard de l'empire pour le *pékin;* peintre, chanteur de salon, dramaturge en second ou en tiers, *bousingot* s'il n'y prend garde, *jeune-france* d'atelier sur toutes les coutures, en un mot vraie *lune* de Gerfaut : chaque grand homme de nos jours a son Marillac près de lui. Par quelle série d'événements et quelle adresse de tactique Marillac et Gerfaut se trouvent-ils naturellement introduits au château, accueillis du baron, et pouvant s'y livrer en toute aisance, Marillac à *l'art,* comme il dit toujours, Gerfaut à sa passion ? C'est ce que tout le monde ira chercher au plus vite dans l'intéressant roman, si l'on suit notre conseil. Le baron de Bergenheim, jeune homme de vieille race, et qui en a toutes les allures, officier d'ordonnance sous la Restauration, et que Juillet a jeté dans ses terres, court le sanglier, songe peu à sa femme, la croit froide et sûre, et, au moindre soupçon, laverait la tache dans le sang. La délicate et distinguée figure de Clémence se détache entre le roide et maigre personnage de sa vieille tante, mademoiselle Yolande de Corandeuil, e le frais visage, la gaieté étourdie de la sœur du baron, la charmante pensionnaire Aline. Tout cela joue, se rapproche, se concerte, se complique à merveille, jusqu'à ce que Gerfaut, qui touche au triomphe, se trouve arrêté devant le soupçon tout d'un coup éveillé du baron. A ce moment, le roman change de ton ; le terrible commence et les catastrophes se précipitent. Quoique un vrai talent dramatique s'y marque jusqu'au bout, j'avoue que cette fin me plaît peu, et, sans me gâter le reste, ne l'achève pas, à mon sens, avec autant de vérité qu'on a droit d'attendre. Je sais qu'un roman est toujours un roman ; mais pourquoi en avertir ? Gerfaut, homme célèbre d'aujourd'hui, a tué à la chasse le baron de Bergenheim ce matin ; madame de Bergenheim s'est jetée à la rivière ; on a supposé qu'en épouse passionnée elle n'avait pu survivre à son mari, que Gerfaut lui-même était au désespoir de son coup de fusil maladroit : les journaux ont inséré l'article nécrologique en ce sens. Et voilà qu'avant le soir un roman nous donne le fin mot de cette péripétie sanglante. N'est-ce pas là tomber dans l'art *à bout portant* comme le pratique Marillac? Le roman, si élastique qu'on le fasse, demande quelque distance et quelque horizon. Et puis, quel éclat d'horreurs pour s'être passé si incognito! La conclusion, beaucoup moins orageuse de *la Femme de quarante ans*, me paraît d'autant plus vraie, plus conforme, dans son ironie, à ce qui se passe chaque jour, même chez nos plus *dévorants*, dont aucun encore n'est si ensanglanté sous son gant jaune, qu'il voudrait le faire croire. M. de Bernard, dans cette fin, a trop cédé à la dramaturgie moderne; il y avait, j'ose le lui affirmer, sans pouvoir l'indiquer, quelque autre conclusion possible et vraie, qu'il eût trouvée en le voulant bien et en restant fidèle à tous ses caractères, même à celui du baron. Après tout, M. de Bernard, en se livrant vers cette fin au terrible à la mode, a pu se dire qu'il avait, dans les trois autres quarts du roman, payé assez largement sa dette à l'observation fine et franche, à la vérité amusante des mœurs, à cette nature humaine d'aujourd'hui, vivement rendue dans ses sentiments tendres ou factices, ses élégances et ses ridicules, ses affectations naïves ou impertinentes; car il a fait de tout cela dans *Gerfaut*, et bon nombre de ces pages, de ces conversations et de ces scènes scintillantes ou gaies, entraînantes ou subtiles, et parfois simplement plaisantes, auraient pu être écrites par un Beaumarchais romancier, ou même par un Regnard. Le rôle de Marillac surtout est une création heureuse, et qui mérite de vivre après que l'original aura disparu. Ce qui est si rare de nos jours, M. de Bernard a du comique. Qu'en conservant tout son esprit, il se garde seulement du brillanté; qu'à côté de ses explications psychologico-physiologiques qu'il ne craint pas de pousser jusqu'à l'*intussusception*, et de ses bouts de tirades séraphiques et swedenborgistes, dont, sous sa moustache, il sourit tout bas, il ne développe pas tant par contraste quelques scènes, gaies sans doute, mais un peu burlesques, de la livrée : ainsi la querelle du cocher de mademoiselle de Corandeuil avec le menuisier Lambernier. Qu'un peu de fusion et d'harmonie de ton mette l'accord entre les diverses parties de sa manière, sans pourtant en éteindre aucune. Çà et là quelque sobriété et simplicité de plume ne lui siéraient pas mal; il aura beau se retenir, il lui restera encore bien suffisamment d'esprit. Dans *la Femme de quarante ans*, par exemple, il est peu nécessaire, pour nous égayer, de comparer une grosse dame, en robe blanche et en cachemire vert, qui exhale force odeurs, *à une espèce de botte d'asperges au musc*. En un mot, que M. de Bernard, bien qu'il paraisse si bien savoir la vanité de la gloire elle-même, le néant et la raillerie de toutes choses, prenne plus au sérieux (sans en avoir l'air) son grand talent. Ce que M. de Balzac a de trop sur ce point, il peut, lui, railleur et très-peu chimérique, tâcher de se l'inoculer un peu. C'est un étrange conseil que je donne là, et l'inverse de ce qu'il faut dire à d'autres ; mais M. de Bernard me paraît le mériter. En l'attendant à ses prochaines œuvres, qui auront à satisfaire une curiosité à bon droit exigeante, nous conclurons en redisant dans notre satisfaction toute vive : lisez *Gerfaut*, lisez surtout *la Femme de quarante ans*.

1er novembre 1838.

H. DE BALZAC

ÉTUDES DE MŒURS AU XIXe SIÈCLE. — LA FEMME SUPÉRIEURE, LA MAISON NUCINGEN, LA TORPILLE.

Ces deux volumes sont précédés d'une préface qui n'en fait pas la portion la moins saillante. L'auteur, en parlant des trois nouvelles qu'il recueille et qu'il ap-

1. Cet article et les suivants, extraits de la *Revue des Deux Mondes*, à la date des 1er novembre 1838 et 15 février 1839, sont la continuation des bulletins littéraires, déjà reproduits en partie à la fin du tome II des *Portraits contemporains* (*Pensées et Fragments*, pages 524 et 530). Ces deux fragments, auxquels nous renvoyons le lecteur, et qui servaient d'en-tête auxdits bulletins de la *Revue des Deux Mondes*, se terminent l'un et l'autre, dans les *Portraits contemporains*, par trois points de suspension. Le premier morceau, qui précède immédiatement l'article ci-dessus, a été interrompu par M. Sainte-Beuve à ces mots : « Ce dernier point nous mène assez droit à la récente publication de M. de Balzac... » Il se relie donc naturellement à l'article qu'on va lire. — Nous avons éprouvé néanmoins quelque hésitation à le reproduire, ainsi que les trois autres, qui viennent en ces mêmes mois (novembre 1838 et février 1839), car la Table de la *Revue des Deux Mondes*, publiée en 1857, met les divers *Mouvements littéraires* de ce temps-là sous le nom de Charles Labitte. Mais une note de

pelle trois *fragments*, s'excuse de ce qu'on y trouvera d'incomplet, d'irrégulier, et se rejette au long sur les nécessités matérielles qui le commandent. Après un parallèle détaillé entre lui et Walter Scott, à qui il dit qu'il ne se comparera pas; après avoir opposé les chefs-d'œuvre de l'art italien à nos peintures et sculptures de *pacotille*, il ajoute : « Le marbre est si cher !
« l'artiste aura fait comme font les gens pauvres,
« comme la ville de Paris et le gouvernement qui met-
« tent des papiers mâchés dans les monuments publics.
« Eh ! diantre, l'auteur est de son époque et non du
« siècle de Léon X, de même qu'il est un pauvre
« Tourangeau, non un riche Écossais. Toutes ces
« choses se tiennent. Un homme sans liste civile n'est
« pas tenu de vous donner des livres semblables à
« ceux d'un roi littéraire. Les critiques disent et le
« monde répète que l'argent n'a rien à faire à ceci...
« Rubens, Van Dyck, Raphaël, Titien, Voltaire, Aris-
« tote, Montesquieu, Newton, Cuvier, ont-ils pu monu-

---

la même Table, à propos de l'article sur *l'École du monde* (1er février 1840), qu'on lira plus loin, nous apprend que ces chroniques étaient rédigées de concert entre MM. Sainte-Beuve et Labitte, et signale particulièrement l'article sur *l'École du monde* comme étant de M. Sainte-Beuve. Dans notre doute, nous nous sommes borné à prendre de ces bulletins ce qui se rattache directement aux fragments déjà recueillis par M. Sainte-Beuve, et ne se trouve pas mentionné dans la liste des œuvres de Ch. Labitte en tête de ses *Études littéraires*. Cette liste porte exclusivement, dans les chroniques de la *Revue des Deux Mondes*, de novembre 1838 et février 1839, sur des travaux de moyen âge, de philosophie et de sciences.

« mentaliser leurs œuvres sans les ressources d'une
« existence princière ? J.-J. Rousseau ne nous a-t-il
« pas avoué que le *Contrat social* était une pierre d'un
« grand monument auquel il avait été obligé de renon-
« cer ? Nous n'avons que les rognures d'un J.-J. Rous-
« seau tué par les chagrins et par la misère... » Après
avoir quelque temps continué sur ce ton, l'auteur
s'attache à une phrase échappée à M. de Custine
dans son livre sur l'Espagne : « En France, dit le spi-
« rituel touriste, Rousseau est le seul qui ait rendu té-
« moignage par ses actes autant que par ses paroles
« à la grandeur du sacerdoce littéraire ; au lieu de vivre
« de ses écrits, de vendre ses pensées, il copiait de la
« musique, et ce trafic fournissait à ses besoins. Ce
« noble exemple, tant ridiculisé par un monde aveugle,
« me paraît, à lui seul, capable de racheter les erreurs
« de sa vie... Il y a loin de la dignité d'action du pau-
« vre Rousseau à la pompeuse fortune littéraire des
« spéculateurs en philanthropie, Voltaire et son écho
« lointain Beaumarchais... » M. de Balzac, après avoir,
non sans raison, remarqué que cette sévérité contre les
auteurs qui vendent leurs livres siérait mieux peut-
être sous une plume moins privilégiée à tous égards
que celle de M. de Custine, se donne carrière à son
tour, se jette sur les contrefaçons, agite tout ce qu'il
peut trouver de souvenirs à la fois millionnaires et
littéraires : la conclusion est qu'à moins de devenir
riche comme un fermier général, on se maintient

mal aisément un grand écrivain. Les impressions que causera cette préface seront très-diverses, et il y en aura de toutes sortes, à la vue de pareilles assertions. Pour nous, l'impression a été surtout pénible : cette longue discussion de la pauvreté et de la richesse d'un écrivain nous a semblé triste. Eh! sans doute, l'argent, dans la vie et dans le talent de l'écrivain, pèse pour quelque chose. Mais à la pauvreté hautaine, étalée et presque cynique de Jean-Jacques, à la délicatesse de haut goût et un peu aristocratique de M. de Custine, à cette longue demande d'indispensables millions et de liste civile littéraire par M. de Balzac, je ne veux opposer, comme vérité, tact et dignité, qu'une page d'un écrivain bien compétent : « En vous rappelant sans
« cesse, écrit quelque part M. de Sénancour, que les
« vrais biens sont très-supérieurs à tout l'amusement
« offert par l'opulence même, sachez pourtant compter
« pour quelque chose cet argent qui tant de fois aussi
« procure ce que ne peut rejeter un homme sage.
« Pour dédaigner les richesses, attendez que vous ayez
« connu les années du malheur; que de longues pri-
« vations aient diminué vos forces, et que vous ayez
« vu, dans la pauvreté, le génie même devenir stérile,
« à cause de la perpétuelle résistance des choses, ou
« de la faible droiture des hommes. Il vous sera permis
« de dire alors que rien d'incompatible avec le plus
« scrupuleux sentiment de notre dignité ne trouverait
« une excuse dans l'or reçu en échange ; mais vous

« saurez aussi que des richesses loyalement acquises
« seraient d'un grand prix, et vous laisserez la préten-
«tion de mépriser les biens à ceux qui, ne pouvant
« s'en détacher, s'irritent contre une sorte d'ennemi
« toujours victorieux. » Voilà le cri à demi étouffé
d'une nature haute que la pauvreté comprime : mais,
cela dit, il faut se taire. Il le faudrait surtout, lorsque,
recherché du public, on peut, en quelques semaines
de travail, se procurer ce qui eût suffi à l'année d'un
grand écrivain frugal d'autrefois. Oh! pourquoi de tels
discours ? Pourquoi initier le public à ces misères que
la fierté dérobe si elles sont vraies ? Cette préface de
M. de Balzac a le malheur de ressembler, au style
près, à l'une des nombreuses préfaces de *Paul et
Virginie*.

Nous ne parlerons pas des deux premières nouvelles,
la Femme supérieure, déjà publiée dans un journal, et
la Maison Nucingen, à laquelle, sans doute à cause
d'un certain argot dont usent les personnages, il nous
a été impossible de rien saisir. Les acteurs, qui reviennent dans ces nouvelles, ont déjà figuré, et trop d'une
fois pour la plupart, dans des romans précédents de
M. de Balzac. Quand ce seraient des personnages in-
téressants et vrais, je crois que les reproduire ainsi
est une idée fausse et contraire au *mystère* qui s'attache
toujours au roman. Un peu de fuite en perspective
fait bien. Une partie du charme consiste dans cet
indéfini même. On rencontre un personnage, un

caractère dans une situation ; il suffit, s'il n'est pas le personnage essentiel, qu'il soit bien saisi : il aide à l'effet, et on ne se soucie pas de le suivre ensuite à perpétuité dans ses recoins. Presque autant vaudrait, dans un drame, nous donner la biographie détaillée, passée et future, de chacun des comparses. Grâce à cette multitude de biographies secondaires qui se prolongent, reviennent et s'entrecroisent sans cesse, la série des *Études de Mœurs* de M. de Balzac finit par ressembler à l'inextricable lacis des corridors dans certaines mines ou catacombes. On s'y perd et l'on n'en revient plus, ou, si l'on en revient, on n'en rapporte rien de distinct.

La plus intéressante des trois nouvelles, la seule même qui le soit, s'intitule *la Torpille*. Ce n'est pas un autre sujet que la courtisane amoureuse :

> Et son amour me fait une virginité.

La cheville ouvrière de la conversion est une manière de personnage mystérieux qui, jusqu'à la fin, a tout l'air d'être un honnête jésuite espagnol, et qui se trouve, au démasqué, n'être qu'un de ces sublimes roués dont l'auteur a une escouade en réserve. Le portrait, la description de la personne et de la vie de *la Torpille* (c'est l'odieux nom de la pauvre fille perdue) accusent ces observations profondes et fines particulières à l'auteur, et respirent une complaisance amollie qui s'insinue bientôt au lecteur, si elle ne le rebute tout d'abord : c'est là un secret et comme un maléfice de ce talent, quelque peu suborneur, qui pénètre furtivement, même au cœur des femmes honnêtes, comme un docteur à privautés par l'alcôve. L'amour, au sein de la courtisane de dix-huit ans, est analysé chatouilleusement. Quand le jésuite, qui la veut rendre digne de son jeune parent et protégé, l'a mise au couvent, le voile d'innocence ignorante et les restes secrets d'impudeur dans cette jeune fille sont poursuivis et démêlés comme les moindres veines sous-cutanées, comme les profonds vaisseaux lymphatiques par le préparateur anatomique habile et amoureux du cadavre. Il y a une page (450, 460) sur la passion du poëte, amant de la courtisane, sur son amour qui *vole, bondit, rampe;* et cette page me résume et me figure tout ce style même, qui ressemble souvent au mouvement brisé d'une orgie, à la danse continuelle et énervée d'un prêtre de Cybèle. Des mœurs telles qu'elles ressortent de ces prétendues peintures du jour, sont-elles réelles ? Elles sont du moins vraies en ce sens, que plus d'un, aujourd'hui, les rêve. Or, il n'est pas inutile de savoir même les rêves et les cauchemars d'une époque, comme disait Chapelain (en cela plus spirituel que de droit), de même que les médecins s'inquiètent quelquefois des rêves de leurs malades pour les mieux connaître.

A côté des portions bien observées, qu'exprime un style trop complice de son sujet, l'auteur a laissé échapper de singulières inadvertances : en un endroit, Marion

Delorme se trouve être une courtisane du xvi° siècle, par opposition à Ninon, qui est du xvii°; ailleurs, la vie de Mazarin est donnée comme *bien autrement dominatrice que celle de Richelieu,* lequel *meurt à la fleur du pouvoir :* cela devient fabuleux. Je ne sais pourquoi M. de Balzac a gâté le mot charmant qu'il cite de Mme de Maintenon. On avait mis dans un beau bassin propre de Versailles des poissons qui bientôt y mouraient : « Ils sont comme moi, disait-elle, ils regrettent *leur bourbe;* » ce que M. de Balzac paraphrase ainsi : « Ils regrettent *leurs vases obscures.* » Eh bien, il a dans son expression, là même où l'on ne peut le contredire par une autorité historique, beaucoup de ces sortes d'impropriétés : ce style, sans cesse remué, s'alanguit et *s'étire.* Mais prenons garde, en le trop décrivant, de l'imiter.

1er novembre 1838.

POÉSIE

I

LA THÉBAÏDE DES GRÈVES, REFLETS DE BRETAGNE,
PAR HIPPOLYTE MORVONNAIS.

En quittant le romancier raffiné de la *Torpille*, on ne saurait passer dans un monde plus différent. Ici l'air est pur ; nous sommes aux grèves des mers, en Bretagne, dans ce que le poëte appelle sa *Thébaïde*, c'est-à-dire dans le manoir de la famille, et au sein des joies intimes ou des douleurs d'une âme restée simple et chrétienne. M. Morvonnais a fait dès longtemps une étude approfondie et toute filiale de Wordsworth, de Crabbe, et lui-même il peut se dire à son tour le *Lakiste des mers*. Le volume qu'il publie contient ses propres impressions et les cantiques de son cœur dans la solitude d'un veuvage que remplit un souvenir aimé. La poésie de M. Morvonnais est abondante, cordiale, salubre pour ainsi dire, pleine d'images heureuses et particulières de la nature, féconde en effusions mystiques :

le fond a beaucoup de richesse et de fertilité ; la forme en est souvent indéterminée et quelque peu inculte. Cette poésie doit ressembler au manoir même et au paysage qu'elle décrit : une végétation forte et plantureuse, d'odorantes senteurs qui s'en exhalent, des herbes hautes qui envahissent (même dans ce qu'on appelle jardin) les sentiers mal dessinés ; une source qui coule dans un lit peu tracé et en déborde souvent. Rarement il y a un tableau terminé dans ces poésies, le cantique revient toujours et recommence ; c'est comme une redite patriarcale, biblique, qui a son charme, qui a aussi sa satiété. Ce qui est vrai du peu de composition de l'ensemble, ne l'est pas moins pour le détail du style : la phrase ne finit pas, le vers enjambe sur le vers et sur la strophe, sans qu'il en résulte beauté ni mouvement. Il y a des aspérités agrestes, il y a des duretés armoricaines. Et pourtant tout cela est bien d'un poëte, d'un chantre de famille et de coin du feu, d'un peintre de landes et de bruyères. Les âmes tendres et naïves se plairont à l'entendre et retiendront son nom entre ceux d'aujourd'hui qui cheminent aux mêmes sentiers. Voici une pièce qui, en justifiant nos éloges, ne fera sentir qu'à peine ce que nous critiquons :

A L'ENFANT.

Enfant, tes jeux sont doux à mon cœur paternel,
Mon chant intérieur monte vers l'Éternel
  Quand j'entends tes pas dans les salles,

A cette heure où le jour s'éteint mystérieux ;
Lorsque le vieux château, décrépit glorieux,
    Nous cache ses tours colossales.

Le seul bruit de tes pas ravive dans mon cœur
Des souvenirs tout pleins d'une exquise douceur
    De repos et de rêverie.
Marche donc, mon enfant, image du passé ;
Ranime mon esprit qui, voyageur lassé,
    Se traîne vers l'hôtellerie.

L'hôtellerie est loin, et le ciel est chargé.
Oh ! qui m'enseignera le chemin ombragé,
    Car il fait chaud sous les nuées !
Le chemin ombragé, c'est toi, mon bel enfant,
Toi plus doux à mon cœur que le soupir du vent,
    Ou le bruit des mers refluées.

Tout s'en va, mon cher ange, avec le flot des jours ;
L'homme voit au tombeau descendre ses amours
    Et ses espoirs les plus superbes.
Tu me tombas alors des trésors du Seigneur,
Comme un épi doré que trouve le glaneur
    Dans un champ dépouillé de gerbes.

Ton fracas me rappelle à de charmants tableaux,
Aux jours où je faisais retentir mes *sabots*
    Sur le parquet large et sonore.
J'eus une mère, enfant, un père, comme toi,
J'eus une aïeule aussi qui cultivait ma foi,
    Bien-aimés que je pleure encore.

J'éveillais le logis avant le point du jour.
Toute bouche pour moi n'avait que miel d'amour,
    Que caressantes gronderies.
De mon humeur fantasque on craignait les courroux ;
Et j'aurais, en jouant, toujours aimé de tous,
    Brisé glaces et pierreries.

Sur mon front de cinq ans, j'avais toujours des fleurs;
Le temps, comme une plume, emportait les douleurs
    Et de mon corps et de mon âme ;

Une rose en avril me jetait en transports ;
De la vie en mes sens abondaient les trésors;
    Je voltigeais comme une flamme.

Tels qu'un rayon de mai, tous ces trésors ont fui ;
Les heures de santé sont rares aujourd'hui ;
    Il a neigé sur la montagne ;
Mais j'ai, pour me charmer, ma lyre, don du ciel;
J'ai l'amitié, ce vase aux flots d'or et de miel ;
    Mais j'ai la mer et ma Bretagne.

J'ai la vieille Bretagne avec ses bruits si beaux,
Ses maisons du Seigneur, au milieu des tombeaux,
    Comme des mères de familles
Assises au milieu de leurs enfants aimés,
Au soir d'un de ces jours où les cieux allumés
    Ont chauffé le fer des faucilles.

J'ai les amis venant en automne au manoir ;
J'ai, devant le foyer, les lectures du soir,
    Et l'étude des saintes choses ;
J'ai, quand le vent gémit dans le long corridor,
La prière dans l'ombre et de beaux songes d'or
    Sur la couche où tu te reposes.

Que M. Morvonnais consente à faire entrer *l'art* pour quelque chose dans ses préoccupations solitaires; qu'en étudiant les *Lakistes* avec amour, il ne se borne pas à eux et ne s'y oublie pas jusqu'à laisser tout rivage. En France, on n'arrive au beau qu'avec des lignes terminées. Plus il avancerait dans le secret de l'art, et plus ses poésies, toujours vraies, paraîtraient naturelles. En réalisant ainsi le vœu de l'amitié, il élargirait le cercle des amis et gagnerait un public.

II

LES PREMIÈRES FEUILLES, PAR M. STANISLAS CAVALIER.

C'est le début d'une jeune âme qui obéit à sa sensibilité, à son amour de la nature, à ses rêves d'avenir. Ces sortes d'impressions, à un certain moment, sont communes à toutes les âmes : le poëte les a rendues pour son compte avec simplicité et mélodie. Ce qu'on pourrait lui reprocher, c'est de ne pas les avoir montrées assez particulières, et d'être trop resté dans des variations générales du thème lamartinien. Mais le poëte s'excuse d'avance ; il n'est pas né dans un pays de caractère, il n'a pas rêvé, enfant, aux grèves de l'Océan ; il n'a eu pour premier horizon que d'immenses plaines où le regard n'avait pas même de collines où se poser :

>   Et je n'eus pour parfums, dans ces plaines *sans sites*,
>   Que la senteur des blés et que l'odeur des foins,
>   Que le souffle embaumé des blanches marguerites,
>   Ou les exhalaisons d'autres fleurs plus petites
>   Aux rebords des chemins.

Depuis lors, il est vrai, il a vu Rome, il s'est bercé au golfe de Baïa ; mais il vient un peu tard pour redire ce que les *Méditations* ont chanté. Ce qu'il faut conseiller à M. Stanislas Cavalier, après ce premier essai qui est comme un voyage de curiosité et une visite émue dans le monde de poésie, c'est de choisir, s'il se peut, quelque endroit non occupé, ne fût-ce qu'aux *rebords des chemins*, de le marquer pour sien, et de le féconder assez pour avoir le droit de dire : *Ceci est à moi !* car *le tien* et *le mien*, c'est la première loi de l'art.

15 février 1839.

POÉSIE[1]

I

HYMNES SACRÉES, PAR ÉDOUARD TURQUETY.

M. Turquety est un poëte sincère. Il n'en est pas à son coup d'essai; c'est le troisième volume qu'il donne dans le même ordre d'idées religieuses. Le premier s'intitulait *Amour et Foi*, le second *Poésie catholique*. Avant ces trois recueils, M. Turquety, si je ne me trompe, en avait publié un moindre, où le côté de l'amour et l'inspiration gracieuse dominaient. Il y était disciple de l'école de 1828, et quelques vers tendres rappelaient deux ou trois des seules élégies charmantes

[1]. Nous reprenons ici, comme nous l'avons annoncé précédemment, la suite d'un bulletin de la *Revue des Deux Mondes*, dont M. Sainte-Beuve a déjà détaché, dans les *Portraits contemporains*, tome II, page 530, quelques pages de début qui se terminent ainsi: « Les talents surtout n'ont jamais été plus nombreux; c'est un devoir de la critique de ne pas se lasser à les compter, et d'en tirer avec soin et plaisir tout ce qui s'y distingue et qui s'en détache... »

qu'on connaisse de Charles Nodier. Depuis lors, M. Turquety a cherché à se créer un rôle propre parmi les poëtes modernes; retiré dans sa Bretagne, il a consulté les graves et habituelles préoccupations d'une vie monotone que les seuls rayons mystiques éclairaient parfois. De là ses trois recueils, dont les deux derniers sont d'un catholicisme rigoureux. La preuve que M. Turquety a bien consulté et rendu son inspiration secrète, c'est qu'il a trouvé dans d'autres cœurs une réponse. Il est du très-petit nombre de poëtes qui se vendent. Ses beaux volumes, magnifiquement imprimés, ne le sont pas à ses frais (chose rare parmi les poëtes modernes). M. Turquety a un public; en Bretagne, dans le Midi, à Toulouse, beaucoup de lecteurs fervents et fidèles le désirent : pour eux, il donne à des sentiments chrétiens qu'il rajeunit, à des dogmes qu'il exprime, une mélodie qu'on aime. « Voici, dit-il dans la préface de son nouveau recueil, le complément nécessaire de mes deux ouvrages antérieurs, voici quelques pas de plus dans la route où j'ose dire être entré le premier, où plusieurs ont marché depuis et où bien d'autres s'élanceront plus tard... » Et encore : « Un critique illustre a bien voulu déclarer qu'*Amour et Foi* était le premier mot d'une poésie toute nouvelle, la poésie du dogme pur... » Il y a ici, ce me semble, quelque illusion dans le poëte, et il y a eu de la part du critique illustre, qu'on ne nomme pas, quelque complaisance. Quoi ! l'idée de traiter poétiquement les solennités diverses de la religion, de les traduire en hymnes, est de l'invention de l'auteur, et ouvre une ère nouvelle à l'art? Mais saint Grégoire de Naziance a commencé, il y a longtemps ; Manzoni, hier, le faisait encore. Chez nous, tous les poëtes pénitents n'ont point pratiqué autre chose, Desportes, Bertaut, Godeau, Corneille, La Fontaine; Racine a traduit les hymnes du Bréviaire. M. Turquety, il est vrai, suit cette idée avec un sentiment de composition et d'ensemble systématique : ainsi, son présent volume, qui commence par un hosannah au Père céleste, s'achève par un hymne à son terrestre représentant, le pape. « Dieu d'abord, dit M. Turquety, puis la plus haute expression de l'humanité dans la personne du pape.» Plus d'éminents poëtes religieux se sont jetés de nos jours dans un christianisme vague, plus M. Turquety s'est voulu ranger au dogme et à la stricte tradition catholique romaine.

Le caractère qui me frappe le plus dans la poésie de M. Turquety, est la mélodie, l'élégance, la douceur rêveuse, et je préfère, entre ses pièces, celles auxquelles ces tons suffisent. On a été fort sévère autrefois dans cette Revue[1] pour son volume de *Poésie catholique*, et qu'il nous soit permis de dire qu'on a peut-être été injuste : on n'y a pas reconnu ces mérites touchants. Une pièce qu'on aurait pu indiquer était *le Deux novembre* ou *le Jour des morts*, simple, sobre,

---

1. Voir la note sur Turquety, page 260, dans l'article sur Achille du Clésieux.

voilée, et d'un christianisme attendrissant. Il y en a dans les *Hymnes sacrées* un certain nombre qui sont comme des feuilles glanées à la suite du *Cantique des Cantiques*, et qui respirent un parfum d'élégie aussi tendre que des cœurs contrits en peuvent désirer. Le poëte nous a traduit l'hymne mystique de saint Jean de la Croix, et il en reproduit l'esprit en mainte page. Je citerai celle-ci, par exemple, qu'il intitule : *Domine, non sum dignus:*

> C'était dans l'épaisseur du bois le plus profond,
> Une source coulait et murmurait au fond
>   Sur un lit de sable ou de pierre ;
> Et quand je fus auprès, sans que je visse rien,
> Une voix m'appela, disant : « Regarde bien,
>   C'est la fontaine de ton Père. »
>
> Oh ! je courus alors : j'étais plein de bonheur,
> Car j'avais bien souffert de l'ardente chaleur,
>   Et ma lèvre était tout en flamme.
> J'arrivai, mais à peine eus-je effleuré les bords
> Qu'un frisson douloureux me saisit tout le corps,
>   J'étais en face de mon âme.
>
> Et dans ce moment-là les colombes des cieux,
> Avec un cri d'amour, descendaient deux à deux
>   Pour y baigner leurs tendres ailes ;
> Et moi je reculai, je partis en pleurant,
> Hélas ! je n'osais boire au céleste torrent,
>   Moi n'étant pas aussi pur qu'elles.

Une jeune fille qui, après avoir été virginalement aimée, se serait faite religieuse, pourrait presque lire et chanter, sous la grille, cette mystique romance inspirée par son chaste souvenir :

DANS SA CELLULE.

A vous, ma Colombe voilée,
A vous les roses de l'espoir,
Et les brises de la vallée,
Et les enchantements du soir !

A vous la nuit silencieuse
Qui parfume nos régions ;
A vous l'étoile gracieuse
Qui fait pleuvoir tant de rayons !

A vous, fille des solitudes,
A vous les sublimes concerts,
Et les célestes quiétudes
D'un cœur dégagé de ses fers !

A vous qui, lasse de l'hommage
Qu'on vous prodigua tant de fois,
Avez tout quitté pour l'image,
La sainte image de la Croix ;

Et bien loin des routes mortelles
Dont l'éclat vous séduisait peu,
Avez replié vos deux ailes
Près du tabernacle de Dieu !

Oh ! dans cette enceinte profonde,
Vous reniez, vous dépouillez
Les derniers souvenirs du monde,
Comme autant de bandeaux souillés.

Là-bas, près du fleuve qui coule,
Vous n'avez plus, à tout moment,
Le frémissement de la foule
Qui vous suivait en vous nommant ;

Plus de ces parures brillantes
Qu'à votre âge on recherche encor ;
Plus de fêtes étincelantes
Du doux reflet des lampes d'or.

Mais, ô ma Colombe voilée,
Vous avez l'éternel espoir,

Et les brises de la vallée,
Et les enchantements du soir;

Et quand l'ombre apporte sa trêve
A vos labeurs interrompus,
Vous trouvez dans le moindre rêve
La paix du Ciel que je n'ai plus !

Nous avons cru devoir cette réparation à M. Turquety, de le citer en ce que sa poésie a d'aimable, plutôt que d'insister sur ce qu'elle laisse à désirer pour l'idée. En somme, M. Turquety, ce qui est rare, est un poëte convaincu [1].

II

LES BORÉALES, PAR LE PRINCE ELIM MESTSCHERSKI.

Ce n'est pas la première fois que de grands seigneurs russes se distinguent par leur facilité à emprunter, à manier la langue et la rime françaises. Au temps de M. de Ségur et de sa spirituelle ambassade, on jouait à Pétersbourg les tragédies qu'il faisait exprès, et pour lesquelles il n'eût pas manqué, dans ce grand monde tout français, de fort ingénieux collaborateurs. Un critique, qui m'a tout l'air d'appartenir d'assez près à la littérature difficile, a cru trouver dernièrement

---

1. M. Sainte-Beuve a porté un dernier jugement sur Turquety dans les *Notes et Pensées* qui ont remplacé la Table analytique à la fin du tome XI des *Causeries du Lundi*, page 517. — On peut lire aussi une note sur ce poëte dans le tome XIII et dernier des *Nouveaux Lundis*, page 398 (article *Malherbe*).

une grande preuve de l'insuffisance de la poésie nouvelle dans la *facilité* avec laquelle le premier venu, homme d'esprit, pouvait *se mettre au fait* de toutes les ressources du genre. Un peu moins de prévention aurait permis au critique de se souvenir qu'autrefois les étrangers, gens d'esprit, savaient s'approprier l'ancien genre tout aussi aisément qu'ils peuvent faire aujourd'hui pour le nouveau. La question d'ailleurs n'est pas dans les genres; elle est toute dans les personnes et dans les talents. Mais un talent étranger, si habile qu'il soit, peut-il arriver à posséder un idiome comme le nôtre et à le parler en des vers (soit classiques, soit romantiques) assez librement et naturellement pour s'y produire en pleine originalité? Les modèles qui l'ont introduit dans la langue qui n'est pas la sienne et sur lesquels il s'est façonné, ne resteront-ils pas présents à ses yeux et ne lui imposeront-ils pas à chaque instant leur empreinte? Ses œuvres n'en seront-elles pas inévitablement tachetées et bigarrées, comme cette fameuse toison des brebis de Jacob? M. le prince Mestscherski s'est posé la question, je le crois bien; mais il a passé outre, et il n'avait pas le choix. Amoureux de notre littérature et voulant y prendre pied au nom de la sienne, il a pensé qu'à sa poésie un peu de moucheture et de bigarrure ne messiérait pas, et que quelques grains d'Émile Deschamps ou d'Alfred de Musset, à la surface, ne seraient qu'un piquant de plus comme pour de certaines beautés. Son volume se divise en deux parts : la première, sous le titre de *Livre d'Amour*, est censée un legs d'un jeune poëte mort à Moscou ; mais ce linceul n'est qu'un domino rose pour oser dire tout haut ses tendresses. La seconde moitié du volume nous offre des traductions en vers, comme échantillons de la Pléiade russe : vingt-cinq morceaux tirés de douze poëtes contemporains. Tous sont vivants, excepté Pouschkine, le seul dont le nom, en même temps que le malheur, nous soit parvenu. Ces *Études russes*, que le prince Mestscherski nous donne comme un supplément modeste des *Études* si vives et si gracieuses d'Émile Deschamps, s'adressent aux poëtes français et méritent bien leur reconnaissance. Que le poétique traducteur étende le cercle des auteurs et des morceaux qu'il juge bons à produire, qu'il resserre à la fois de plus en plus sa correction élégante et, s'il se peut, sa littérale exactitude ; nous lui devrons accès en une littérature jusqu'ici close, et qui, probablement, ne nous ouvrirait pas cette porte sans lui. Parmi les pièces qu'il traduit et qui sont peut-être trop exclusivement lyriques, je distingue le *Novembre* de Pouschkinn, espèce d'élégie d'intérieur, et le piquant adieu du même *à une jeune Kalmouque* entrevue au passage, et qu'il est tenté de suivre dans la *kibitka*, espèce de chariot couvert où elle se rembarque pour le steppe immense. Elle n'est ni jolie, ni séduisante, comme on l'entend, et n'a aucune des grâces apprises :

Qu'importe? la grâce sauvage
Eût fait éclater dix cerveaux;
Et moi, j'y fus pris au passage
Pendant un relais de chevaux.
Qu'importe où notre cœur se loge!
Dès qu'il s'émeut tout coin lui sert,
Salon doré, soyeuse loge,
Ou la *kibitka* du désert!

Mais les pièces qui m'ont semblé caractériser avec le plus d'originalité le genre lyrique, âpre et grandiose, de cette nature sibérienne, sont celles du poëte Bénédictof. J'en citerai une fort belle, traduite avec un grand bonheur par le prince Mestscherski.

L'ÉTOILE POLAIRE.

Il est minuit. Le ciel rayonne en myriades
D'étoiles au feu transparent;
A son bandeau royal scintillent les Pléiades,
Et resplendit l'Aldebaran.
Mon regard a suivi leur course circulaire
Sans s'éblouir de leur beauté;
Mais, arrivé soudain à l'Étoile polaire,
Mon œil errant s'est arrêté.

Douce opale du ciel! que ta lueur charmante
Console après les pleurs du jour!
Blanche vierge du ciel! que ton regard m'aimante,
Et qu'il m'attire avec amour!
Sur les enfants du Nord les ténèbres farouches
Versent, hélas! de longs ennuis...
Toi qui veilles sans cesse et jamais ne te couches,
Tu nous es le soleil des nuits.

Quand, par ces nuits d'hiver, l'homme de la campagne,
Si vigilant et soucieux,
Veut connaître l'instant de quitter sa compagne

> Pour le travail, alors ses yeux
> Cherchent le *Chariot* qui toujours au ciel reste
> Exposant ses trains éclatants :
> Là sept étoiles d'or dans le livre céleste
> Indiquent le chiffre du temps.
>
> Le marin flotte au loin sur les vagues perfides :
> Où donc est le phare allumé !
> Il le demande en vain au fond des mers avides
> Où le rivage est abîmé.
> Le rivage est aux lieux où tes flammes s'animent,
> Phare suprême et solennel !
> Le fond est à la voûte où tes pointes s'impriment,
> Ancre d'argent jetée au ciel !
>
> Tous les astres là-haut dansent leurs lentes rondes,
> Toi seule tu suspends tes pas.
> Le ciel change sa face où circulent les mondes,
> Toi seule tu ne changes pas.
> Étoile, serais-tu — mon âme le devine —
> Si chère au penseur agité,
> Parce que Dieu te garde en sa droite divine
> Comme clef de l'Éternité !

Cette Étoile polaire doit être aussi comme la clef du lyrisme du Nord. — Les stances et sonnets qui composent le *Livre d'Amour*, attribué au jeune poëte mort, ont souvent de la grâce et toujours une grande aisance. Il y règne parfois un mysticisme de langage amoureux qui rappelle certaines poésies du commencement du XVIIe siècle. Je ne voudrais pas qu'un amant parlant à sa maîtresse la nommât *sa sainte;* on sent trop le pastiche. Je ne voudrais surtout pas qu'il s'échappât jamais à dire :

> Et comme le croyant près de l'Eucharistie !...

Le volume est précédé d'une lettre en vers à M. Émile

Deschamps, qui a des parties d'une causerie tout à fait française et du fringant le plus spirituel.

III

LES NÉOLYRES, PAR A. M. DE MORNANS.

L'auteur de ce recueil n'est pas non plus Français d'origine ni de naissance ; sorti des vallées vaudoises du Piémont, il appartient à cette antique tribu persécutée, qui a su garder sa primitive croyance. Engagé aujourd'hui dans les fonctions saintes du ministère, il a cru, à l'une de ses courtes heures de loisir, pouvoir reproduire, sous un pseudonyme, d'anciens vers de jeunesse, que, plus heureux que Bèze, il n'a pas eu à rougir de refeuilleter. Un sentiment évangélique et chrétien les a inspirés, en effet, non sans mélange toutefois d'un certain *humanitarisme* moderne, d'un certain culte optimiste et confiant de la création et de la nature, qui fait songer à *Jocelyn* et qui l'a précédé :

> O Nature, immense Évangile
> Que rien ne saurait altérer !

La chute, comme on voit, doit être un peu oubliée dans les hymnes de cette jeune et belle âme. A travers beaucoup d'incorrections et des formes légèrement étranges, un parfum primitif et franc respire dans l'ensemble de ces poésies. Les petites pièces qui ont pour titre *la Coupe*, *les Batteurs de blé*, *le Troubadour d'Alcéonie*, donnent longtemps à réfléchir par le tour naïvement symbolique et mystique de leur rêverie. Il n'y a qu'une croyance profondément spiritualiste, on le sent, qui puisse produire, au printemps, cette manière d'aubépine. Voici, par exemple, une petite pièce qui a un bouquet d'anthologie chrétienne, autant qu'en un genre tout contraire une petite épigramme de l'anthologie grecque peut sentir son Hymette et son Musée :

LE PÈLERIN.

Regardant une étoile au ciel épanouie,
Un jeune homme marchait ; son léger manteau bleu
Diminuait toujours : ce manteau, c'est la vie,
Le voyageur c'est l'âme, et l'étoile c'est Dieu.

Mais les essais de vers blancs, qui terminent le volume, ne sont pas heureux ; mais on n'échappe jamais tout à fait, dans cette langue française adoptive, à des accents du premier terroir. La note de la page 124 contient une vraie faute. Montesquieu a dit quelque part : « Dans ma jeunesse, j'ai aimé des femmes que je croyais *qui* m'aimaient ; » il n'a pas dit : que je croyais *qu'elles* m'aimaient.

15 février 1839.

ALPHONSE KARR

CE QU'IL Y A DANS UNE BOUTEILLE D'ENCRE,
GENEVIÈVE.

On pourrait parler de beaucoup de romans : celui de M. Alphonse Karr en dispense volontiers, en nous donnant le fin mot de presque tous : *Ce qu'il y a dans une bouteille d'encre*. Je m'en tiens d'autant plus aisément à sa *Geneviève*, qu'elle est infiniment spirituelle et qu'elle n'a aucune espèce de prétention. Hélas ! elle n'en a pas assez. Quand on lit ces jolis chapitres courants, décousus, qui semblent des feuilletons négligemment effeuillés d'un journal, on se demande pourquoi l'auteur n'a pas daigné faire un livre, surtout le pouvant à si peu de frais. Il ne lui fallait plus qu'un peu de vouloir et ne pas mieux aimers e jouer, à chaque pause, du lecteur et de lui-même. Tel qu'il est, ce roman a de quoi plaire à quiconque n'est pas absolument dégoûté de ceux du jour. Il a des portions d'une finesse et d'une raillerie d'observations délicieuses : tout le début, qui nous déroule l'intrigue galante de madame Lauter avec M. Stoltz, est d'une grâce maligne, pleine de vérité. On y ferait à chaque pas, en se baissant, son butin de moraliste : « Chaque femme se croit volée de tout l'amour qu'on a pour une autre. » — « Madame Lauter, encore sur ce point, était comme toutes les femmes, — excepté vous, madame; — elle ne plaçait l'infidélité que dans la dernière faveur. » — « On ne se dit : *Je vous aime*, en propres termes, que quand on a épuisé toutes les autres manières de le dire; et il y en a tant que l'on n'arrive quelquefois à dire le *mot* que lorsqu'on ne sent plus la chose et que le mot est devenu un mensonge. » — « La justice du monde, comme la justice des lois, ne découvre presque jamais les crimes que lorsqu'ils n'existent pas encore, ou lorsqu'ils n'existent plus. » — Mais je m'arrête, de peur du sourire de l'auteur, pendant que je me baisse à ramasser ainsi les aphorismes qu'il sème en s'en moquant tout le premier : il me ferait niche par derrière.

Geneviève n'est pas de ces romans qu'on analyse; l'agrément en est dans le détail même. Les deux enfants de madame Lauter, après la disparition de son mari, grandissent et deviennent, Léon un artiste charmant, Geneviève une personne adorable et sensible : Albert et Rose, leur cousin et cousine germaine, avec qui ils ont grandi, ont aussi une vive fleur d'âme et de jeunesse. Ces deux jolis couples se troublent en s'aimant. Mais tandis que Rose répond à Léon, Albert ignore et méconnaît le sentiment de Geneviève, qui en souffre et qui en meurt. Cependant madame Lauter est morte de bonne heure, et son mari, reparu incognito et assez fabuleusement, espèce de millionnaire à la façon des héros de M. de Balzac, devient comme le *Deus ex machina* des péripéties finales. A côté des scènes plaisantes d'hôtel garni et d'atelier, d'étudiants en droit et d'artistes, l'auteur sait introduire de fraîches descriptions de la nature, et même de touchantes situations de cœur. Pourquoi, au moment où le sérieux commence, une ironie moqueuse vient-elle gâter ou gaspiller tout cela? Je lui passerais certains chapitres où, rangeant des vers sous air de prose, il s'amuse à les faire filer comme des troupes déguisées et à mystifier le lecteur qui n'y prendrait pas garde ; ces chapitres-là sont une critique lutine du jargon lyrique à la mode : ils valent mieux que notre critique sérieuse. Mais, dans l'intervalle qui sépare la mort de madame Lauter et son enterrement, lorsqu'on en est aux vraies larmes, comment glisser sous le titre de *Premier jour de Mai* un de ces chapitres bigarrés qui ont le masque d'une parodie? En suivant plus à bout la *Geneviève* de M. Karr, je ne finirais pas de réitérer les mêmes regrets, toujours redoublés, il est vrai, des mêmes éloges : ce qui deviendrait d'un ennui que ce léger et facile roman ne mérite pas. J'achevais de le lire mercredi matin, tandis que se faisait aux faubourgs populeux cette descente anniversaire qui, d'un seul flot, refoule notre humanité perfectible aux beaux jours de l'antique Sardanapale, et je me disais, en entendant ces échos lointains : « N'est-ce donc pas une débauche aussi que tant de grâce, de sensibilité, d'esprit fin et d'observation morale, s'employant et s'affichant uniquement pour mettre du noir sur du blanc, comme on dit, et pour vider l'écritoire ? — N'est-ce pas déjà une débauche, en lisant, que de s'y plaire ? »

15 avril 1839.

ALEXANDRE DUMAS

MADEMOISELLE DE BELLE-ISLE.

———

Entre tant de gens de talent qui se fourvoient, et qui semblent, à chacune de leurs œuvres nouvelles, vouloir réaliser sur eux-mêmes la décadence dont parle le vieux Nestor à l'égard des générations successives, c'est un vrai plaisir qu'un succès soudain, brillant, facile, qui, pour l'un d'eux, remet toutes choses sur le bon pied, et montre qu'une veine heureuse n'est point du tout tarie. M. Alexandre Dumas est un auteur aimé du public, et l'on a applaudi de bon cœur sa spirituelle et vive comédie. On a retrouvé de prime saut l'auteur de *Henri III*, d'*Antony*, même d'*Angèle :* de la rapidité, du trait, du mouvement, un entrain animé, impétueux, habile, qui laisse peu de trêve aux objections, qui amuse avant tout et enlève, qui touche quelquefois. La vocation dramatique de M. Dumas est si nettement décidée, qu'il y a lieu de s'étonner qu'il s'en détourne jamais pour des écrits dont l'intérêt unique est encore un reflet de ce talent de scène qui lui a été donné. Dans ses pièces mêmes de théâtre, il a, une ou deux fois, essayé d'un certain genre qui passe, avec raison, pour plus noble, plus sérieux et plus profond. Quoique de tels efforts, s'ils étaient suivis avec constance, soient de ceux qu'il y a presque obligation à favoriser, et quoique l'auteur de *Christine* ait paru un moment vouloir les poursuivre, nous croyons que c'est au théâtre surtout que l'effort ne doit point paraître trop prolongé. Si l'on a une vraie veine, l'important est de la développer et de la pousser un peu haut sans doute, mais avant tout de la reconnaître et de la suivre. M. Dumas qui, en un ou deux moments, avait pu sembler forcer la sienne, a bien plutôt, le reste du temps, donné à regretter qu'il en abusât en sens contraire par son trop de facilité à la répandre et à l'égarer dans des collaborations peu dignes de lui. Aujourd'hui il se retrouve lui seul et lui-même tout entier, à son vrai point naturel; il ressaisit le genre de son talent dans la direction la plus ouverte et la plus sûre. Qu'il y demeure et qu'il y marche : sans beaucoup de fatigue et avec autant de bonheur, il peut faire souvent ainsi [1].

[1] L'échec de *l'Alchimiste* au théâtre de la Renaissance vient trop à point confirmer notre remarque. Entre ces drames à grande prétention poétique et les mélodrames où il n'y en a plus du tout, n'est-il donc pas un juste milieu de carrière et comme une portée naturelle de talent ? Le succès de *Mademoiselle de Belle-Isle* semble

Le sujet, inventé ou non, se rapporte à cette bienheureuse époque du XVIII° siècle, qui est devenue, depuis près de dix années, la mine la plus commode et la plus féconde de drames et de romans. J'ai ouï dire à quelques vieillards qu'à leur sens, l'époque où il aurait été le plus doux et le plus amusant de vivre, eût été à partir de 1715 environ, dans toute la longueur du siècle, et en ayant bien soin de mourir à la veille de 89. Je ne sais si nous en sommes venus à penser comme ces vieillards ; mais, à fréquenter nos théâtres et à lire nos nouvelles, on le dirait quelquefois. Sous la Restauration, l'idéal, c'est-à-dire ce qu'on n'avait pas, se reportait à la gloire de l'Empire et aux luttes de la Révolution ; depuis 1830, c'est-à-dire depuis que nous sommes devenus vainqueurs et glorieux apparemment, notre idéal se repose et semble être aux délices de Capoue, à ce bon XVIII° siècle d'avant la Révolution, que, dès Louis XIV jusqu'après Pompadour, nous confondons volontiers sous le nom de *Régence*. Nous remontons sans doute au moyen âge aussi ; mais c'est là, surtout au théâtre, une fièvre chaude, un peu factice, et qu'il est difficile de faire partager au grand nombre : au lieu qu'avec le XVIII° siècle, nous ne nous sentons pas tellement éloignés que cela ne rentre aisément dans nos goûts au fond et dans nos mœurs, sauf un certain ton, un certain vernis convenu qu'on jette

assez l'indiquer à M. Dumas. Qu'il s'accoutume à pointer de ce côté, entre l'empyrée et le boulevard : *ni si haut, ni si bas.*

sur les personnages, un peu de poudre et de mouches qui dépayse et rend le tout plus piquant. Jusqu'à quel point est-on fidèle dans cette prétendue reproduction de belles mœurs à notre usage? Je ne l'oserai dire, et peu de gens d'ailleurs s'en soucient. Depuis les Mémoires de Saint-Simon, qui ne s'attendait guère, le noble duc, à ces ovations finales de vaudeville (s'il l'avait su, de colère il en aurait suffoqué), jusqu'à ce qu'on appelle les Mémoires du duc de Richelieu et contre lesquels s'élevait si moralement Chamfort, plus que rongé pourtant des mêmes vices; dans toutes ces pages on taille aujourd'hui à plaisir, on découpe des sujets romanesques ou galants, on prend le fait, on invente le dialogue : ici serait l'écueil si le théâtre n'avait pas ses franchises à part, si ceux qui écoutent étaient les mêmes tant soit peu que ceux qui ont vécu alors ou qui ont vu ce monde finissant. Mais nos parterres, ni même nos orchestres, ne sont pas tout à fait composés de Talleyrands : le dialogue paraît donc suffisamment vrai; s'il étonnait par moments, on se dirait : *C'était comme cela alors.* Le genre *Régence* couvre tout. Le Louis XIV même s'y confond; pas tant de nuances; les finesses de ton seraient perdues; l'optique de la scène grossit. Que l'ensemble remue et vive et amuse, c'est bien assez.

Quoi qu'il en soit, ce genre en vogue, qui contribue à défrayer bien des théâtres, ne s'était pas élevé jusqu'ici à une certaine hauteur, et on n'avait souvenir d'aucune pièce saillante. Les feuilletons de M. Janin qui y avait poussé plus que personne par ses réhabilitations sémillantes de Marivaux, de Crébillon fils, et qui ne perdait aucune occasion d'en rafraîchir l'idéal, étaient encore ce qu'on en retenait le plus. Le genre régnait; on ne savait où le prendre. M. Dumas vient de le porter tout d'un coup, de l'élever au niveau du Théâtre-Français, de l'y lancer avec verve et largeur : cela a passé sans faire un pli.

Le genre a fait son entrée dans la personne de son héros le plus légitime et le plus brillant, le maréchal de Richelieu. Nous venons trop tard pour une analyse que toutes les plumes spirituelles ont épuisée : nous n'en toucherons ici que ce qui est nécessaire à nos remarques. L'ouverture de la scène est heureuse et vivement enlevée. La marquise de Prie occupée à brûler les billets galants dont on l'assiége, et plaignant ce bon duc de Richelieu qui arrive sur le fait et lui rend à son tour la moitié de sa pièce : tout cela est engagé à merveille. Il ne s'agissait pas de broncher au début. Le succès de l'air tout entier dépendait de la manière dont on prendrait l'intonation. L'auteur s'est conduit bravement, il est entré *in medias res*, comme on dit; il s'est jeté là comme son héros à Port-Mahon. Il y a du coup de tête heureux dans M. Dumas. Une fois le ton pris et accepté et applaudi, le reste passe; le sujet a beau être scabreux, graveleux même : peu importe ! on a ri dès l'abord, on est aguerri. Molière, d'ailleurs, en son temps, n'était pas si chaste. Il y a telle pièce ou il ne fait que retourner d'un bout à l'autre l'éternelle plaisanterie, vieille comme le monde. Aujourd'hui, on ne supporterait plus le mot si franc, si gros; la chose passe toujours, et d'autant mieux, avec quelque ragoût rajeuni.

Il faut bien se l'avouer, le théâtre comique n'est une école de mœurs qu'en ce sens que, lorsqu'il est bon, il apprend comment elles sont faites, comment ici-bas cela se pratique et se joue. M. de Maistre, qui, dans d'admirables pages sur l'art chrétien, s'est pris à regretter que Molière, avec sa veine, n'ait pas eu la moralité de Destouches, est tombé, contre son ordinaire, dans une inadvertance; il a demandé là une chose impossible et contradictoire. Qui dit moralité en ce sens, dit peu de rire. Une comédie pourtant qui ne roulerait au fond que sur une certaine plaisanterie physiologique et sur une aventure matérielle, serait classée par là même; en amusant beaucoup, elle ne passerait jamais un étage secondaire; un conte de La Fontaine reste un conte, et Sganarelle, bien que né d'un même père, n'est en rien cousin germain du *Misanthrope*.

M. Dumas l'a senti; sa pièce courait risque de n'être pas cela. Le duc de Richelieu et la marquise de Prie rompent en éclatant de rire au nez l'un de l'autre. Le duc, par suite d'un pari, se trouve tenu d'être, la nuit prochaine, à minuit, dans la chambre à coucher de mademoiselle de Belle-Isle; la marquise tient contre; y sera-t-il ou n'y sera-t-il pas? et, lorsqu'il y est, lorsqu'au lieu de mademoiselle de Belle-Isle, il ne rencontre à tâtons que la marquise, s'en apercevra-t-il ou ne s'en apercevra-t-il pas? Voilà les questions qui s'agitent, voilà le fond et le nœud, si M. Dumas n'avait aussitôt paré à cette sorte de médiocrité de son sujet en y ajoutant, en y substituant, pour le relever, le pathétique développé des deux rôles de mademoiselle de Belle-Isle et de son chevalier. C'est un drame accollé à une comédie. L'endroit de la soudure est à la fin du second acte et au commencement du troisième. L'auteur a été habile, il a fait accepter au public sa substitution, dirai-je sa rallonge dramatique : on a pris le change, il a donc eu raison. La réflexion pourtant a droit de faire ses réserves.

Quelques-uns l'ont déjà dit : naturellement et dans la réalité, il est impossible que le duc de Richelieu, lorsqu'à la fin du second acte il se dirige à tâtons vers sa tendre proie, ne s'aperçoive pas presque aussitôt de la méprise et de la ruse. La personne de l'actrice, dans le cas présent, semble choisie exprès pour doubler l'invraisemblance. Mais même, taille à part, les objections ne manqueraient pas. J'en demande bien pardon, mais il y a là une véritable question physiologique au fond de la question littéraire (*anguis in herbis*) et qui ne fait qu'un avec elle. Il ne laisse pas d'être singulier qu'on en soit venu, sans s'en douter, à ce point que, pour juger de la vraisemblance d'une œuvre dramatique, il faille presque approfondir un cas de médecine.

légale : je saute dessus ; le public a fait de même.
M. Dumas ouvre le troisième acte en nous entraînant.

Si l'invraisemblance n'avait pas eu lieu, si le duc de
Richelieu avait reconnu, dès le second pas dans l'ombre, qu'il était mystifié, le troisième acte devenait tout
différent, ou plutôt il n'y avait plus de troisième acte,
mais seulement une dernière scène comique, un changement de tableau. Le chevalier d'Aubigny arrivait
furieux, on lui riait au visage ; Mme de Prie se frottait les mains ; Mlle de Belle-Isle, survenant, ne
comprenait rien, et d'Aubigny, rassuré, se gardait
bien de l'instruire : il emmenait vite sa fiancée. La
pièce, dans ces termes-là, n'était plus qu'une spirituelle
petite comédie anecdotique, un peu supérieure de
proportions et de qualité à l'agréable vaudeville *Dieu
vous bénisse*, du Palais-Royal. M. Dumas n'a pas voulu
qu'il en fût ainsi. D'Aubigny arrive ; mademoiselle de
Belle-Isle ignore tout ; ils parlent longtemps sans s'entendre, et, lorsqu'il a expliqué enfin sa colère, elle ne
peut l'éclairer d'un mot à cause de ce fatal serment
que Mme de Prie lui a fait prêter devant nous dans
une formule si rigoureuse. La scène où le duc arrive
à son tour et parle sans se douter que le chevalier
écoute, est très-amusante et parfaite de jeu, quoiqu'elle
ramène et promène trop à plaisir l'imagination sur les
impossibles erreurs de la nuit. Il part ; le chevalier,
sorti de sa cachette, renouvelle les plaintes, les
reproches, les instances : mais toujours le fatal

serment est là. N'admirez-vous pas l'importance du serment à la scène et le merveilleux ressort qu'il fournit à nos auteurs qui ne craignent pas de faire peser toute une pièce là-dessus ? Dans la vie, c'est autre chose : on est entre soi, deux mots expliquent tout. « Vous êtes inquiet, dirait mademoiselle de Belle-Isle « au chevalier; allons donc; sachez (mais ne le dites « pas) que je n'ai point passé la nuit ici ; j'ai promis de « ne pas dire où je suis allée ; j'ai donné ma parole à « madame de Prie ; ne me pressez pas trop, car je « vous dirai tout. — Vous insistez, vous paraissez dou-« ter : Raoul, je suis allée, cette nuit, à la Bastille... « Faites que je ne vous ai rien dit. » Mais toute la force du serment s'est réfugiée de nos jours à la scène. Les prédicateurs eux-mêmes ont d'ordinaire enseigné qu'on n'était pas obligé de tenir les serments téméraires : qu'importe ? un serment est toujours sacré dans ce monde théâtral, même de la Régence; on l'observe judaïquement. A mesure que le serment politique perd de sa valeur, le serment dramatique gagne en inviolabilité; c'est ainsi que la littérature exprime souvent la société, par le revers : on fait des bergeries au siècle de Fontenelle; on immole sur le théâtre son bonheur à la lettre d'un serment, dans le siècle où la parole d'honneur court les rues et où on lève la main sans rien croire.

L'habileté de M. Dumas n'en est que plus grande d'avoir fait marcher son drame, sans coup férir, à travers ces invraisemblances, et d'avoir tenu constamment en haleine le spectateur sans lui laisser le temps de regimber. Les scènes se suivent, s'enchaînent, en promettent d'autres : on veut aller, on est curieux de savoir, on ne s'attarde pas à chicaner en arrière. Le quatrième acte est très-heureusement rempli. Le personnage du duc de Richelieu, si bien joué par Firmin, y a tous les honneurs. Les deux meilleurs caractères de la pièce, les plus vrais d'un bout à l'autre, me semblent Richelieu et la marquise. Ce que celle-ci ne prend guère la peine de dissimuler en air cru, dur et matériel, peut bien n'être pas très-élevé et très-idéal, mais ne sort pas de la comédie et rentre tout à fait dans la vérité. Le moment où, écrivant au roi pour son compte, elle laisse reconnaître au duc son écriture, et répond à ses étonnements, sans cesser d'écrire, par ce brusque : *Vous ne devinez pas !* ce moment et cette parole achèvent le caractère. Quant au chevalier, c'est un frère d'Antony et de tous ces sombres héros modernes de la scène et du roman ; il a dès l'abord une vraie mine funèbre, un langage d'après Werther ; le duc de Richelieu et lui ne sont pas du tout contemporains. On s'en aperçoit bien, dans la scène du défi, à la surprise du duc, quand l'étrange proposition lui est faite de jouer sa vie sur un coup de dé. J'ai dit que la pièce de M. Dumas était un drame moderne accolé à une comédie de la Régence : le drame et la comédie sont en vis-à-vis dans cette scène, la comédie et le duc de Richelieu y ont le dessus heureusement.

Le rôle de mademoiselle de Belle-Isle a du touchant; il en aurait davantage sans cette réticence invraisemblable dont on lui sait mauvais gré. Sans dire même où elle a passé la nuit, il lui suffisait tout d'abord de protester qu'elle ne l'avait point passée dans l'appartement, pour tranquilliser le chevalier. Il y a dans le rôle de très-beaux moments, dont mademoiselle Mars tire le parti qu'elle sait toujours tirer et quelquefois créer : je ne fais que rappeler le *Vous mentez!* le *Et vous avez raison!* L'accent de la grande actrice ne sauve pas toujours certaines ingénuités un peu maniérées dans le langage. En un mot, on applaudit ce rôle pathétique, mais on n'y pleure pas un seul instant.

Le drame moderne reprend sa revanche et domine au cinquième acte : la lutte, encore une fois violente, entre mademoiselle de Belle-Isle dégagée de son serment, et le chevalier qui se croit éclairé trop tard, n'est adoucie que par l'approche du dénoûment bien prévu, et par l'idée qu'il est impossible que la catastrophe ait lieu désormais. Le duc accourt à temps pour relever le chevalier de sa parole ; celui-ci ne dément pas son caractère solennel et achève de se poser dans ce dernier mot : « *Mademoiselle de Belle-Isle, ma femme! — M. de Richelieu, mon meilleur ami!* » Le duc, tout ému qu'il est lui-même en ce moment, a dû sourire à ce brevet de meilleur ami qui lui tombe dans une bénédiction nuptiale ; peut-être y aurait-il un petit acte purement comique à ajouter au drame : *Deux Ans après*.

Quoi qu'il en soit de toutes ces remarques du lendemain, la soirée de *Mademoiselle de Belle-Isle* a été brillante ; succès facile, amusant et mérité d'un talent spirituel et chaleureux, qui a d'heureux coups de main à la scène, qui égale quelquefois ses imprudences par ses ressources, et qui, dans ses quinzaines bigarrées, s'il compromet aisément un triomphe par des échecs, peut réparer ceux-ci non moins lestement par des revanches. Faisons comme Richelieu dans cette partie de dés qu'il joue avec d'Aubigny ; ne nous souvenons que du coup que l'aventureux joueur a gagné.

Voilà dix ans à peu près que *Henri III* a paru, et que les premières promesses du drame moderne ont brillamment et bruyamment éclaté. A entendre nos espérances d'alors, il semblait que, pour l'entier triomphe d'un genre plus vrai et des jeunes talents qui s'y sentaient appelés, il ne manquât qu'un peu de liberté à la scène et de laisser-faire. Le laisser-faire est venu : après dix années, non plus de tâtonnements et d'essais, mais d'excès en tous sens et de débordements, on est trop heureux de retrouver quelque chose qui rappelle le premier jour, et qui délasse un peu à tout prix. Oh ! que le rôle serait beau pour un auteur dramatique qui le comprendrait et qui aurait en lui la veine ! Le public est si las ; il serait si reconnaissant d'être tant soit peu amusé ou touché ; il donnerait si volontiers les mains à son plaisir !

1er février 1840.

LE COMTE WALEWSKI

L'ÉCOLE DU MONDE [1].

Il est fort question depuis quelque temps des comédies qu'on ne joue pas, et même de celles qu'on joue à peine. Les feuilletons spirituels abondent; on livre des combats pour et contre; on en cause partout durant huit jours : ce sont des succès qui rappellent les beaux salons littéraires dans leurs plus élégants loisirs. La pièce de M. Walewski, qui a fait tant de bruit hors de

---

[1]. Publié dans la *Revue des Deux Mondes*. — On lit dans les *Lettres à la Princesse* (8 septembre 1865) : « Je suis bien peu en mesure, Princesse, auprès de M. Walewski. Imaginez que j'ai, il y a plus de vingt ans, dans la *Revue* de Buloz, critiqué — oui, critiqué de ma plume sa comédie de *l'École du Monde* ! De plus, j'ai quitté *le Moniteur* pour *le Constitutionnel*, lui étant ministre d'État et gouvernant *le Moniteur*. Il en a été choqué alors, malgré toutes les politesses que j'y ai mises, jusqu'à ne pas vouloir de mon nom dans une Commission de Propriété littéraire qui se formait à son ministère. Il dit *non* à Camille Doucet, qui me proposait. Des années ont passé déjà là-dessus, mais ce ne sont point des titres à être un bon *recommandeur*. »

la scène et tant de chuchoteries dans la salle [1], vient de paraître avec préface et dédicace. Nous venons de la lire à tête reposée, et de tâcher de nous former un avis sur cette œuvre controversée, qui résume l'observation de *plusieurs années que l'auteur a données au mouvement du monde.* Mais, dès le premier mot à dire, nous nous sentons arrêtés par un scrupule. Sommes-nous, ou non, des critiques *bien placés* pour juger de la pièce? Prenons garde de ressembler à notre tour à ceux qui *ont voulu décider en des matières où ils n'étaient pas tout à fait compétents.* Ce sont là les termes que l'auteur de la comédie sème à chaque page de cette préface, qui vient bien après une dédicace à Victor Hugo ; car elle est cavalière et de cette école autocratique, avec un certain parfum singulier d'auteur de qualité et d'homme du monde qui veut bien condescendre aux lettres. Qu'est-ce à dire que tout cela? M. Walewski est un excellent gentilhomme qui, pour faire dans le monde un personnage plus considérable, a acquis un journal et l'a dirigé ; qui, pour compléter et rehausser encore ce rôle à demi littéraire, a songé à la scène française, et s'y est risqué. M. Walewski est dans le cas de nous tous, journalistes et littérateurs par goût, par convenances (qu'il le sache bien, car en bonne

---

1. *L'École du Monde ou la Coquette sans le savoir,* comédie en cinq actes et en prose, par le comte Alexandre Walewski, fut représentée pour la première fois, sur le Théâtre-Français, le 8 janvier 1840.

compagnie les nécessités mêmes s'appellent des convenances), littérateurs à nos moments perdus (et nous en perdons beaucoup); il ne faut pas qu'il s'imagine que nous soyons plus contraints au métier que lui; nous sommes tous des amateurs, et il est étrangement venu à nous dire : « La presse qui semblait devoir, au moins par générosité, accueillir avec indulgence un homme du monde et lui faire les honneurs de la république des lettres, la presse, c'est-à-dire une partie de la presse, s'est montrée peu courtoise. » La presse ne devait et ne doit rien à M. Walewski que de le juger comme un de ses pairs, et, depuis sa préface, comme un de ses pairs qui laisse trop voir la peur maladroite d'avoir dérogé.

De la dédicace et de la préface il résulte que l'auteur a reçu force compliments et cartes de visite pour sa pièce : avant la représentation, c'était *le suffrage* (je copie textuellement) *des hommes les plus éminents dans le monde littéraire, dans le monde politique et dans le monde social;* depuis la représentation et pour contrecarrer les impertinences qu'en ont dites des critiques *mal placés,* « les juges réels de la pièce, ceux qui vivent parmi les choses et qui les voient, viennent tour à tour, auprès de l'auteur, s'inscrire en témoignage et lui apporter leur formelle adhésion. » Le moyen, maintenant, de refuser cette adhésion formelle et de prétendre à passer pour un juge !

Une chose entre mille a frappé M. Walewski depuis

qu'il observe le monde, c'est le danger, dit-il, auquel se trouve exposée une jeune femme qui, jetée sans défense parmi les médisances des salons, peut voir, dès le premier pas, sa réputation compromise et son avenir perdu : il en a fait le sujet de sa pièce. Une autre chose l'aurait pu frapper aussi, ce me semble, c'est le danger d'illusion et le travers auquel se trouve exposé un galant homme qui, jeté, jeune et riche, au milieu de l'éclat et des politesses du monde, et s'avisant un beau jour de s'y vouloir faire une réputation d'auteur, se met à croire à tous les compliments qui lui arrivent, et aux cartes de visites sur lesquelles on lui crayonne des *bravos*. Il aurait pu en faire le sujet de sa préface, et l'aurait rendue moins hautaine et moins naïve, mais plus amusante.

J'admire et je vénère le talent d'un illustre poëte, je crois aux grandes qualités de son cœur ; mais le cœur humain est là aussi, et je me risquerai à dire qu'une pièce de théâtre qui lui fera motiver au crayon un si chaleureux bravo[1], sera celle qui n'inquiétera jamais sa gloire. L'auteur de *l'École du Monde*, de cette pièce si *usagée*, en est-il donc à ne pas savoir encore cela ? — Il est vrai que c'est le cœur des littérateurs qui est

---

1. La Préface de *l'École du Monde* se termine ainsi : «.... Le lendemain de la représentation, il (l'auteur) trouvait, sur sa table, une carte de visite, qu'il conserve et qu'il tient précieuse. Au-dessous de son nom, un grand poëte avait écrit ces deux lignes : « Bravo ! vous avez déjà des ennemis, c'est beau ! »

fait ainsi ; celui des gens du monde l'est tout autrement. —

La comédie de *l'École du Monde* est assez agréable à la lecture ; elle n'a rien qui choque ; on ne laisse pas de s'intéresser à Émilie ; les autres caractères y sont assez bien esquissés ; on n'y manque pas aux usages ; il y a dans le dialogue de la correction, une certaine élégance, quelques traits spirituels. L'auteur se plaint qu'on l'ait traité en *novateur ;* il ne l'est pas le moins du monde, et il n'a pas là-dessus à se justifier. On lui a contesté encore la vérité des mœurs qu'il s'est piqué de rendre et l'espèce de haute société où il s'est voulu tenir. C'est M. Janin, dans les très-spirituels feuilletons qui récidivent depuis quelque temps sous sa plume de plus en plus heureuse, c'est lui qui a intenté et soutenu l'accusation. Le grand monde, l'espèce de grand monde où s'est confiné M. Walewski, existe-t-il dans cette pureté au milieu de nous, ou n'est-il qu'une convention scénique ?

La question, s'il m'est permis d'intervenir en si grave controverse, n'est pas là à mon sens. M. Janin, dans ses feuilletons sur la pièce de M. Walewski, a contesté la réalité de ce grand beau monde, comme dans sa lettre sur *l'École des Journalistes,* il avait contesté la réalité du vilain monde des journaux. Je crois que l'un et l'autre existent plus qu'il ne l'a dit, et lui-même, il le sait aussi bien que moi. Mais que fait M. Janin, quand il a un feuilleton à écrire ? Il considère son sujet en plein, sans tant de façon, rondement ; il voit ce qu'il en peut faire avec esprit, avec verve, avec bon sens à travers ; son parti pris, il va ; il s'agit, avant tout, que son feuilleton ait vie, qu'il se meuve, qu'il amuse ; son feuilleton, c'est sa pièce à lui, il faut qu'elle réussisse ; il ne l'écrit pas ce feuilleton, il le joue. Le plus ou moins de vrai et de réel dans le détail, que lui importe ? S'il a mis le doigt au milieu sur une idée juste et jaillissante, cela lui suffit. Il pousse au bout et il a gagné son jeu. Eh bien! pour nous en tenir à M. Walewski, l'essentiel reproche à lui adresser, c'est de n'avoir pas fait en grand, avec son sujet, précisément comme M. Janin fait avec son feuilleton. Le mouvement dramatique, comique, voilà ce qui lui a surtout manqué. En petit comme en grand, ne l'a pas qui veut. Dampré est vrai, je le crois volontiers ; nous savons tous une quantité de Dampré qui ne sont occupés, en effet, qu'à ce genre de séduction et à tendre leurs filets soir et matin. C'est le Valmont des *Liaisons dangereuses*, un peu moins sensuel et moins pressé d'arriver, c'est le don Juan, plus civilisé et sans trop d'esclandre. Mais il ne s'agit pas de savoir si Dampré et la duchesse, et chacun des personnages pris un à un, et trait pour trait, peuvent être plus ou moins des copies d'un certain monde réel ; il s'agit de savoir si tout cet ensemble est comique, intéressant, saisissant. Vous seriez La Bruyère et vous peindriez Onuphre (lequel est une critique pointilleuse et un contre-pied de

Tartufe [1]) que vous n'en seriez pas plus comique à la scène pour cela. Il y a une manière pleine, franche et sensée de prendre les choses (même finement observées en détail) et de les confondre un peu en les *créant*, qui est le vrai procédé et le vrai mouvement dramatique.

Le monde est plein de détails plus ou moins piquants à noter, à relever entre soi, mais qui ne sont matière à drame ni à comédie. Le monde restreint, choisi par M. Walewski pour les évolutions de son œuvre, peut exister quelque part, et il existe plus ou moins; mais il n'offre guère rien que de glacé. M. Walewski, en voulant y être fidèle de ton, a précisément compromis sa pièce; quand Molière a voulu faire rire aux dépens des *précieuses*, il a eu grand soin de charger. D'ailleurs, les restes de l'hôtel Rambouillet étaient encore menaçants du temps de Molière, et voilà pourquoi il en voulait, avant tout, déblayer la scène, afin d'y établir son franc-parler. Ici, rien de moins menaçant pour le gros du public que ce coin de monde de Dampré, de la duchesse et du commandeur: n'étant ni plus menaçant ni plus amusant qu'il ne l'est, il n'y avait nulle urgence de s'en occuper.

De cette objection générale sur le peu de vérité scénique, si l'on passait à la vérité réelle, et, pour ainsi

---

1. La Motte, le premier, l'a très-bien remarqué : « Molière est à la vérité un grand peintre, mais il lui est échappé de faux portraits. On peut voir dans La Bruyère un tableau de *l'Hypocrite*, où il commence toujours par effacer un trait du *Tartufe* et ensuite en *recouche* un tout contraire. »

dire, biographique des personnages, il y aurait beaucoup à dire. Il est faux, par exemple, que Dampré ait pu attendre si longtemps pour s'expliquer avec Émilie; avec ces sortes d'assiégeants, les années entières ne se passent pas dans des manœuvres si discrètes et si respectueuses. Cet hiver de retraite d'Émilie, pendant la maladie du général, était une trop belle occasion pour que Dampré la manquât. Ce retard admis, la scène dans laquelle le fat se démasque, l'impudence qui lui fait tirer argument de son tort même et de son manége prolongé près de la femme compromise, pour en arracher un succès, la menace misérable qui termine, tout cela est vrai, bien vu, animé : « C'est la seule scène de la pièce, » disait à côté de moi une femme.

Les scènes *assises*, dont il a été tant question, sont clair-semées de petits traits, de petites épigrammes anecdotiques qui ne seraient piquantes que si on en savait les personnalités, et qui ne peuvent, dans aucun cas, passer pour plaisantes. Nulle verve, nulle saillie, ni imprévu de détail ; toutes les surfaces semblent exactement frottées et polies. La plus grande invraisemblance dans une pièce si exacte d'étiquette est cette lettre remise à Dampré en pleine soirée chez la marquise, et décachetée devant tout le monde. Et que deviendrait la mince action de la pièce sans cela ?

1er février 1840.

REVUE LITTÉRAIRE

VICTOR HUGO. — M. MOLÉ. — LES GUÊPES.

M. Victor Hugo, à qui l'*École du Monde* est dédiée, prépare, nous assure-t-on, un nouveau recueil de poésies [1], qui suivra de près le résultat de la prochaine élection académique. Tout fait espérer que le retard apporté à cette élection aura été favorable au poëte dans l'esprit de plusieurs académiciens, auxquels il ne manquait que de laisser tomber d'anciennes préventions et de le mieux connaître. La seconde place vacante à l'Académie par la mort de M. l'archevêque de Paris a suscité jusqu'ici peu de compétiteurs : il semble qu'on ait senti qu'une haute décence venait ici se mêler à la littérature et la dominer en quelque sorte, pour restreindre les choix. M. Molé paraît indiqué dans l'opinion comme le plus convenablement placé pour hériter de ce fauteuil, qui a gardé un je ne sais

---

1. *Les Rayons et les Ombres* (1840). — M. Victor Hugo fut élu par l'Académie française l'année suivante, le 7 janvier 1841.

quoi imposant. Nous n'avons pas besoin de renouveler ici l'expression de nos vœux et de notre entière sympathie pour ce noble esprit, judicieux, élégant, ami des lettres, nourri par elles de bonne heure, et l'ayant prouvé par deux ouvrages que ses *Mémoires*, dès longtemps écrits, devront un jour couronner. M. Molé nous paraît offrir en lui véritablement cet heureux ensemble de considération personnelle, de politesse, de bon goût et de bon langage, qui désigne et qui, pour ainsi dire, définit avec une bienséance parfaite un membre de l'Académie française.

Les divers *on dit* littéraires et politiques, les propos courants sur les personnes et les choses sont devenus depuis quelque temps matière à des publications légères, périodiques, qui, sous cette forme nouvelle, ont assez réussi pour qu'on s'en occupe en passant et qu'on en relève l'espèce d'influence commençante. Il s'agit des *Guêpes* de M. Alphonse Karr, qui en sont à leur quatrième livraison du 1er février. Dans les trois premières, l'auteur a su amuser avec malice sans être par trop méchant. Qu'il y prenne garde pourtant : l'écueil est là. Il est difficile en ce métier de persévérer sans passer outre ; on ne pique pas *au premier sang*, aussi longtemps qu'on veut, et il vient un moment où l'action l'emporte et où l'on ne calcule plus. M. Karr a eu l'idée de dire dans ses *Guêpes* ce qu'on ne lui laisserait dire dans aucun journal, car tout journal a son genre de vérités particulières à l'usage des rédacteurs et des abonnés. Mais ce n'est pas tel ou tel journal qui a seulement ce genre de vérités restreintes, c'est la société elle-même qui ne peut jamais entendre qu'une portion de vérités, et, dès qu'on en est avec elle aux personnes, cette limite est bien vite atteinte. M. Karr a-t-il été toujours vrai dans ce qu'il a dit jusqu'ici? S'il n'a guère pour son compte d'animosités bien vives, n'a-t-il pas eu déjà ses complaisances? Et qu'est-ce que des *Guêpes* parfois complaisantes? Nous n'en voulons que tirer une conclusion, c'est que, si isolé qu'on se fasse, si désintéressé de tout et si moqueur absolu, on tient toujours à quelque chose ou à quelqu'un, ce qui est heureux, mais ce qui gêne le métier. Je concevrais plutôt encore une indignation réelle, sincère, ardente, souvent injuste, une vraie *Némésis;* mais ces guêpes, si acérées qu'elles soient d'esprit, pourtant sans passion aucune, ces guêpes-là ne peuvent aller longtemps sans se manquer à elles-mêmes. Comme tous les recueils d'épigrammes, mais des meilleures, les *Guêpes* de M. Karr n'échappent pas à l'épigraphe de Martial: *Sunt bona, sunt quædam mediocria,* etc.; il suffit qu'il y en ait de fort piquantes, en effet, et que l'auteur y fasse preuve en courant d'une grande science ironique des choses. On voudrait voir tant d'esprit et d'observation employé à d'autres fins. Et puis il y a fort à craindre que ces *Guêpes* ne pullulent; on parle déjà d'imitations; allons! *le Charivari* ne suffisait pas; nous aurons mouches et cousins par nuées.

15 avril 1840.

GEORGE SAND

COSIMA.

La première représentation de *Cosima* a eu lieu devant le public le plus nombreux, le plus choisi et le plus divers, le plus littéraire et le plus mondain qui se puisse imaginer. Il y avait une attente immense; il y avait autre chose que de l'attente encore, c'est-à-dire biendes petites passions en jeu. C'était là le premier prologue de la pièce, et très-intéressant en effet. On ne s'appelle pas George Sand impunément; on n'a pas remué depuis huit ans toutes les imaginations, ravi bien des cœurs, offensé et flétri bien des égoïsmes, heurté plus d'une autorité et d'une croyance, déchaîné tous les enthousiasmes, toutes les curiosités, toutes les colères, pour venir ensuite débuter un soir par un drame indifféremment attendu, impartialement écouté, comme on ferait pour un auteur nouveau-né qui ne sera connu que demain. Non pas certes que nous prétendions, dans cet état de la salle que nous appelons le vrai prologue du drame, avoir découvert rien qui ressemblât nulle part à de la malveillance prononcée contre l'auteur. George Sand est en possession d'exciter bien des sentiments, mais point de malveillance ; ceux mêmes qui s'irritent, ceux mêmes qui se portent les défenseurs empressés de bien des causes que l'illustre auteur n'attaque pas, rendent hommage sur de certains points, et n'auraient besoin que de quelque accident de rencontre, de quelque hasard lumineux pour faire volte-face à leurs préventions. Mais, s'il n'y avait pas de grosses passions en garde à la soirée de *Cosima*, il n'y avait que plus de menus sentiments. Et d'abord, ceux qui sont si chauds partisans de ce qu'on appelle la *réaction classique*, et qui la comprennent peu, ceux qui y voient autre chose que le noble plaisir d'entendre une jeune tragédienne de talent et de rapprendre, grâce à elle, ce qu'il n'aurait jamais fallu oublier, ce qu'il faut moins que jamais reproduire, ceux-là, épris contre le drame moderne d'une ferveur novice de croisés, et qui ne daignent plus faire de différence de *Hernani* à *Vautrin*, étaient quelque peu disposés d'avance à y confondre *Cosima*. Les romantiques eux-mêmes et leurs amis, s'ils étaient là, ne devaient pas être de cet avis du tout ; le nouveau confrère, déjà couronné par d'autres victoires en rase campagne, et qui leur arrivait à l'assaut sur le théâtre d'élite où ils n'ont guère eu qu'un pied, avait de quoi les inquiéter d'abord, et la cause ne leur semblait pas tout à fait commune. Elle ne le paraissait pas davantage, certainement, aux auteurs dramatiques de toute école et de toute nuance, qui n'aiment jamais à entrer en partage, surtout quand le nouveau venu est suspect de griffe de lion, et, sans mettre le cœur humain au pis, on peut supposer que ces auteurs de tous bords qui surveillent une première représentation, n'auraient pas voté à pensée ouverte pour un succès non marchandé. Et puis, il y avait bien des femmes du monde, charmantes, spirituelles, bonnes au fond et même très-indulgentes quelquefois, mais railleuses au dehors et très-prononcées contre tout scandale de la scène; elles n'eussent pas été si fâchées d'en voir un, et elles espéraient bien en faire justice à coup d'épigrammes, avec cette espèce de *cant* si naturel et si facile au beau monde de tous les pays. Mais il y avait surtout les indifférents curieux, les *badauds* de toute classe, s'attendant, sur la foi de je ne sais quelles sottes rumeurs, à des excentricités bien révoltantes et bien récréantes; on aurait tiré un coup de canon en plein drame, que cela n'eût pas été trop au-dessus de leurs espérances. George Sand, pour *Cosima*, n'avait pas précisément conçu la chose ainsi. En général, George Sand est un auteur beaucoup moins excentrique et moins extraordinaire que la badauderie d'une certaine renommée ne le voudrait faire; ses moyens sont très-souvent simples; ce qu'il a d'extraordinaire avant tout, c'est son talent. Et pour le style, voyez : en est-il un plus régulier, plus large, mieux marchant dans les grandes voies de l'analogie, de la clarté, du nombre? Le nom de Jean-Jacques revient inévitablement dès qu'il s'agit d'un maître à qui dignement le comparer. Si le fond et l'idée sont parfois plus à discuter que le style, il est en tout une certaine précision, une certaine franchise et un sérieux (nous y reviendrons), qui ne l'abandonnent jamais. En abordant le théâtre, George Sand ne s'est pas dit qu'il fallait tout changer. Talent fertile, il n'a songé qu'à produire sous une forme nouvelle un ouvrage de plus. Doué dans le roman de qualités dramatiques incontestables, il a pensé à appliquer ces qualités à la scène, en les modifiant, en les proportionnant au cadre circonscrit et plus sévère. S'interdire les développements, les grands effets déployés d'un style toujours sûr, c'était se retrancher sans doute une portion de ses forces, mais il lui en restait encore assez.

Comme on est empressé, au premier effort d'un beau génie vers un second genre, de lui contester la libre sortie du précédent et de l'y bloquer! Au premier discours de M. de Lamartine, on disait qu'il ne ferait jamais un orateur politique. Le passage du drame est pour George Sand une transgression beaucoup moindre; mais bien des gens ne peuvent pas s'y résigner.

On oublie ce que c'est à un haut degré que le *talent*, cette fertilité d'un esprit multiple qui ne dépend pas des formes, qui sait s'y faire place bientôt, et, après un court apprentissage du métier, être partout lui-même, à l'aise et souverain. On oublie trop, dans le cas particulier, ce que c'est qu'un talent actif, généreux, dont le plaisir est surtout d'aller, de tenter, qui ne compte pas un à un les pas accomplis, qui n'est point à une œuvre ni à un succès près, qui se sent comme plein de lendemains ; un talent au-dessus des glorioles, et qui ne marchande pas la gloire.

L'idée de *Cosima* est très-simple et très-autorisée : c'est la lutte de la passion et du devoir au sein d'un cœur pur qui va cesser de l'être ; c'est l'antique et éternel sujet du drame depuis *Phèdre* jusqu'à nous. Cosima est une jeune femme de Florence qui a un mari bourgeois, marchand, mais excellent, délicat et noble de sentiments, honnête et brave. Un étranger, un Vénitien passe ; il s'occupe d'elle ; sans lui parler à peine, il l'entoure de ses soins comme de prestiges ; elle n'a guère vu encore que sa plume au vent et son manteau, que déjà elle l'aime, comme toute jeune femme, même la plus pudique, aimera, si elle n'y prend garde, le jeune étranger.

Est-ce moral ? dira quelqu'un. Celui-là a oublié le cœur humain depuis Hélène et Ariane jusqu'à la religieuse portugaise, jusqu'à l'amante du Giaour ; celui-là n'a jamais voyagé jeune en des pays lointains, et n'y a jamais cueilli sur une tige fragile son plus délicieux souvenir.

Le rôle de Cosima est gracieux, fin et vrai ; celui

d'Ordonio n'est pas moins vrai, bien que moins aimable. Ordonio ne pense qu'à séduire et qu'à posséder. Fi donc! cela vous révolte? Allons, vous, messieurs, qui vous en vantez volontiers, et vous toutes surtout, qui tout bas le savez trop bien au prix de vos larmes, mettez la main sur le cœur, les trois quarts des gentilshommes qui passent et même de ceux qui séjournent ne sont-ils pas ainsi? Ordonio se fait aimer pourtant de Cosima, parce qu'il est beau, parce qu'il est jeune, parce qu'il est inconnu, parce qu'il a en réalité d'abord bien plus de distinction de ton et de tendresse menteuse que l'acteur Beauvallet ne lui en prête. Il y a à côté d'Ordonio, de l'amant égoïste, une douce et tendre figure d'amant discret et sacrifié. Néri est une variété d'un type affectionné de l'auteur et reproduit par lui en plus d'un endroit; c'est un Ralph plus jeune et plus gracieux. Il a de la pâleur au front, comme André et Sténio; mais son cœur est autrement ardent et capable des grands sacrifices. Ce caractère est vrai encore. Celui du mari de Cosima, Alvise, a de la noblesse et une belle expression morale. Chose singulière! cet auteur, si suspect aux religieux observateurs du mariage, n'a pas craint de mettre là en scène un mari à demi trompé, qui n'a rien de ridicule ni de paterne, mais plein de sérieux, et s'élevant à une éloquence parfois qui a gagné le public, quelque peu surpris. Au quatrième acte, lorsque Alvise, qui a entendu dans le parc les derniers mots d'adieu de sa femme et d'Ordonio, vient chez ce dernier lui demander raison de l'injure et lui raconter qu'il sait tout ; lorsqu'il arrive au moment même où sa femme était accourue chez le séducteur dans un accès de jalousie, et *tout exprès* (subterfuge du cœur !) *pour lui dire qu'elle ne l'aime pas*, rien de plus scabreux, on le comprend, qu'une telle scène ; Geffroy, qui représente Alvise, l'entame très-bien ; le gentilhomme impatient, relancé dans ses ruses, est obligé d'entendre au long la doléance, la sentence de l'honneur outragé. « Que ces bourgeois sont pédants ! s'écrie-t-il à merveille, et faut-il tant de discours avant de laver l'affront ? » Il écoute pourtant, et le public aussi. Il y a là une hardiesse courageuse et qui était en train de réussir ; pourquoi une fausse manière de Geffroy, qui dit bien en général, est-elle venue la faire détonner ? Dans le cours de sa plainte austère, Alvise, qui s'exalte, arrive jusqu'à dire à Ordonio : « Je vous observais depuis longtemps ;... je suivais tout... Si vous eussiez aimé vraiment,... si vous eussiez été aimé,... peut-être... alors... qui sait ?... oui,... j'aurais pu m'éloigner alors, me supprimer... » C'est là l'idée du moins, sinon les propres paroles, une idée de sacrifice, comme dans *Jacques*, et comme il est très-possible qu'un mari tel qu'Alvise la conçoive. Mais une pensée semblable était difficile à articuler ; acteur, il fallait en marquer l'effort, entrer, pour ainsi dire, dans la crainte de l'exprimer. Au lieu de cela, Geffroy l'a débitée comme la chose du monde la plus simple et la plus facile à penser et à dire, et le succès du passage en a été troublé.

Une idée fausse qu'ont sur George Sand quelques personnes prévenues, et qui perçait de leur part à la première représentation de *Cosima*, c'est de croire à je ne sais quelles situations et quelles images dont cet éloquent écrivain caresserait le tableau. Je le dis bien haut, parce que ç'a toujours été ma pensée : dans cette *Lélia* même, si attaquée en naissant, il n'y a rien qui n'émane d'un esprit plutôt sévère, d'une imagination sérieuse, trop sérieuse même, puisqu'elle ne prévoit pas toujours les chances de l'ironie et de la malignité. Il y a dans le travail de cette pensée ardente, au moment de la production, une sorte de candeur conservée ; je ne sais pas d'autre mot, et je le livre aux habiles railleurs, aux écrivains de toutes sortes, incorruptibles champions de la morale sociale. Mais tenons-nous à *Cosima*.

En général, il faut le dire, si l'on excepte madame Dorval, qui est toujours à excepter, et Geffroy, qui souvent a été bien, la pièce nous a paru jouée d'une manière insuffisante, sans ensemble, sans célérité, comme si les acteurs entraient peu dans leur rôle. C'est avec regret que nous avons vu Beauvallet refuser au rôle d'Ordonio la noblesse et la grâce qui en font une partie essentielle, et en charger sans nécessité l'odieux avec une brusquerie vulgaire, qui pouvait compromettre les mots les plus simples.

C'est ainsi que je m'explique surtout comment bien des délicatesses ont été peu senties et bien des finesses ont paru échapper. Au second acte, par exemple, quoi de mieux comme vérité d'analyse que cette scène entre Cosima et Ordonio, lorsque celui-ci, qu'on croyait mort, revenu à l'improviste, surprend Cosima en larmes, lisant la dernière lettre qu'elle a reçue de lui ? Elle se retourne, elle le reconnaît, elle s'écrie : *Toi ! toi !* lui dit-elle tout d'abord, comme en continuant son rêve ; mais bientôt, à mesure que l'explication se déroule à ses yeux et que sa raison se ressaisit elle-même, elle recule peu à peu, elle regagne insensiblement le terrain qu'un instant de surprise lui avait fait perdre, elle finit par le congédier. Et aussitôt après, quand l'oncle le chanoine arrive, et tout joyeux lui annonce d'heureuses nouvelles, elle s'est déjà élancée dans ses bras : « Vous les savez, mon enfant ? demande le chanoine. » *Non*, répond Cosima ; ce *non*, si naturel à la fois et si démenti par tout son geste, nous rouvre l'abîme profond de son cœur.

Rien de plus cruel, mais rien de plus finement observé qu'à la fin de cet acte, l'oubli qu'elle fait de Néri : par amour, par reconnaissance, il s'est dévoué pour sauver les jours d'Alvise accusé, il a subi la prison et peut-être la torture ; mais l'horreur s'éclaircit, Ordonio vit, Alvise est sauvé ; tous reviennent, et c'est fête entière. Le pauvre Néri seul, le dernier, reste près de la porte et n'a pas eu encore un regard ni une pensée de Cosima. Il est vrai que, dès qu'elle y pense et qu'on l'en avertit, elle répare, elle tombe à genoux devant lui; mais c'est trop après trop peu. Néri, s'il n'est pas tout à fait aveugle, ne s'en trouvera pas consolé.

Quelques inexpériences de mise en œuvre, inévitables à un début, ne me paraissent pas expliquer suffisamment le peu de relief que la première représentation a donné à des détails tels que ceux-là. La faute en est en partie aux acteurs, je l'ai dit, et en partie au public, il faut oser le dire. Une certaine fraction du public paraissait s'attendre à un genre d'extraordinaire qui n'est pas venu; cette sorte d'attention, nécessairement fort défavorable, lorsqu'elle a cherché à se porter et à se faire jour sur certains mots du dialogue, a été bientôt déjouée, car la suite ne répondait en rien à l'intention qu'on supposait voir percer et qu'on introduisait plus sottement encore que malignement. Deux ou trois fois notamment, quelques murmures soulevés ont fait peu d'honneur au goût littéraire de ceux qui se les permettaient. Ainsi, au premier acte, Cosima, qui n'entend parler depuis quelques jours, et à son oncle le chanoine, et à sa soubrette, que de son honneur à elle qu'Alvise son mari doit défendre, Cosima, ennuyée, excédée de cette surveillance qui la froisse comme femme de bien, et qui la tente comme toute fille d'Éve, s'écrie avec un sentiment douloureux d'oppression et en se dirigeant vers la fenêtre où elle apercevra peut-être l'ombre d'Ordonio : « L'air qu'on respire ici depuis quelque

temps *est chargé d'idées blessantes et de paroles odieuses.* »
Si on murmure à une telle phrase au lieu d'applaudir,
il faut renoncer, j'en demande pardon aux puristes du
parterre, à faire parler la passion moderne au théâtre
et à y traduire la pensée en d'énergiques images.

Il y a des inexpériences d'agencement sans doute,
je le répète pour ne pas avoir l'air de le dissimuler.
Quand on met des finesses dans une pièce de théâtre,
ce ne doit pas être comme dans un livre, où il suffit
qu'elles soient en leur lieu et place; il faut qu'à la scène
elles soient développées, éclairées et symétrisées d'une
certaine façon, afin qu'on ait le moment de les goûter
et que les plus grossiers n'en perdent rien.

Et puis certains caractères peut-être ne doivent pas
être trop vrais, trop réels. Ordonio, édition vénitienne
de Raymond de Ramière, est un égoïste, un fat un peu
cru, comme sont les trois quarts des hommes de cette
espèce dans leurs relations avec les femmes sensibles.
Il se pourrait qu'au théâtre on ne supportât pas en face
de telles vérités et qu'il fallût toujours une certaine dose
de *jeune premier* dans l'amoureux. Quelle est la dose précise de lieu commun qui est nécessaire, au théâtre, pour
faire passer une nouveauté ? Voilà le point important
du métier. Messieurs tels et tels le savent. Je m'imagine que c'est la haine de tout lieu commun qui a détourné du théâtre un des talents les plus foncièrement
dramatiques et les plus *réels* à la fois, M. Mérimée.

A la scène, comme au reste dans les romans, le dénoûment n'est presque jamais celui de la vie. *Cosima* elle-même m'en offre un exemple, et, en assistant au dénoûment, je me disais : Non, Cosima dans la vie ne s'empoisonnerait pas encore à ce moment-là; elle céderait, elle s'enfuirait avec l'homme indigne, avec l'amant exécrable, et ce ne serait que quinze jours après que, repentante, éperdue, ayant épuisé l'illusion jusqu'à la lie, elle se donnerait la mort. — Il est vrai que si Cosima se tue à ce moment dans le drame, c'est parce que la faute en son cœur était consommée.

Le nom de l'auteur, proclamé à la fin au milieu des applaudissements, a réduit à néant les quelques murmures passagers et comme honteux d'eux-mêmes qui s'étaient çà et là essayés. Quand le succès d'une pièce est contesté, c'est d'ordinaire au moment où l'acteur parvient à nommer l'auteur, que l'explosion du conflit est la plus forte. Ici l'acteur, aussitôt même entendu, n'a eu qu'à jeter au public le pseudonyme retentissant. On a compris du moins que, devant le masque à demi levé, l'entier respect recommençait, et que ce nom-là, pour tous, en ce temps-ci, c'était une gloire.

Il importe qu'aux prochaines représentations les acteurs aillent plus vite, se concertent mieux, que la pièce semble rapide comme elle doit l'être, et qu'en gagnant d'ensemble, elle ne perde pas non plus ses meilleurs mots et ses finesses.

FIN DU TOME DEUXIÈME.

TABLE DES MATIÈRES

Jouffroy. Cours de philosophie moderne	I	1
	II	14
	III	34
Doctrine de Saint-Simon		50
X. Marmier. Esquisses poétiques		61
L. Bœrne. Lettres écrites de Paris pendant les années 1830 et 1831, traduites par M. Guiran		63
Sextus, par madame H. Allart		70
Li romans de Berte aus grans piés, précédé d'une dissertation sur les romans des douze pairs, par M. Paulin Paris, de la Bibliothèque du roi		74
De l'expédition d'Afrique en 1830, par M. E. D'ault-Dumesnil, ex-officier d'ordonnance de M. de Bourmont		80
Étienne Jay. Réception à l'Académie française		83
La Revue encyclopédique, publiée par MM. H. Carnot et P. Leroux		91
Dupin aîné. Réception à l'Académie française		101
Mort de sir Walter Scott		108
E. Lerminier. Lettres philosophiques adressées à un Berlinois.		116
Thomas Jefferson. Mélanges politiques et philosophiques, extraits de ses mémoires et de sa correspondance, avec une introduction, par M. Conseil.	I	126
	II	142
Chronique littéraire		154

TABLE DES MATIÈRES.

Chronique littéraire..	170
Quinze ans de haute police sous Napoléon. Témoignages historiques, par M. DESMARETS, chef de cette partie pendant tout le Consulat et l'Empire.	185
LOÈVE-VEIMARS. Le Népenthès, contes, nouvelles et critiques.	197
Mémoires de CASANOVA DE SEINGALT, écrits par lui-même, édition originale, la seule complète.	209
ADAM MICKIEWICZ. Le livre des pèlerins polonais, traduit par M. DE MONTALEMBERT, suivi d'un hymne à la Pologne, par M. de LA MENNAIS.	226
E. LERMINIER. De l'influence de la philosophie du XVIIIe siècle sur la législation et la sociabilité du XIXe.	236
HENRI HEINE. De la France.	248
ACHILLE DU CLÉSIEUX. L'âme et la solitude.	260
L. AIMÉ MARTIN. De l'éducation des mères de famille, ou de la civilisation du genre humain par les femmes.	264
Revue littéraire et philosophique.	268
ALEXIS DE TOCQUEVILLE. De la démocratie en Amérique.	277
La comtesse MERLIN. Souvenirs d'un créole.	291
Deux préfaces.	297
Des jugements sur notre littérature contemporaine à l'étranger.	305
Le poëte FONTANEY.	318
HIPPOLYTE FORTOUL. Grandeur de la vie privée.	322
THÉOPHILE GAUTIER. Fortunio. — La comédie de la mort.	339
Revue littéraire.	344
CHARLES DE BERNARD. Le nœud gordien. — Gerfaut.	350
H. DE BALZAC. Études de mœurs au XIXe siècle. — La femme supérieure, la maison Nucingen, la Torpille.	360
Poésie. I. La Thébaïde des grèves, reflets de Bretagne, par HIPPOLYTE MORVONNAIS.	368
II. Les premières feuilles, par STANISLAS CAVALIER.	372
Poésie. I. Hymnes sacrés, par ÉDOUARD TURQUETY.	374
II. Les Boréales, par le prince ÉLIM MESTSCHERSKI.	379
III. Les Néolyres, par A. M. DE MORNANS.	384

ALPHONSE KARR. Ce qu'il y a dans une bouteille d'encre. —
  Geneviève.. 386
ALEXANDRE DUMAS. Mademoiselle de Belle-Isle............... 390
Le comte WALEWSKI. L'École du monde..................... 402
Revue littéraire. VICTOR HUGO. — M. MOLÉ. — Les Guêpes.. 410
GEORGE SAND. Cosima.. 413

www.ingramcontent.com/pod-product-compliance
Lightning Source LLC
Chambersburg PA
CBHW050918230426
43666CB00010B/2229